Radwanderführer
Allgäu · Bodensee

Die schönsten Radtouren

- Rund- und Streckentouren
- Route Stuttgart–Donau–Bodensee
- Bodensee-Rundtour

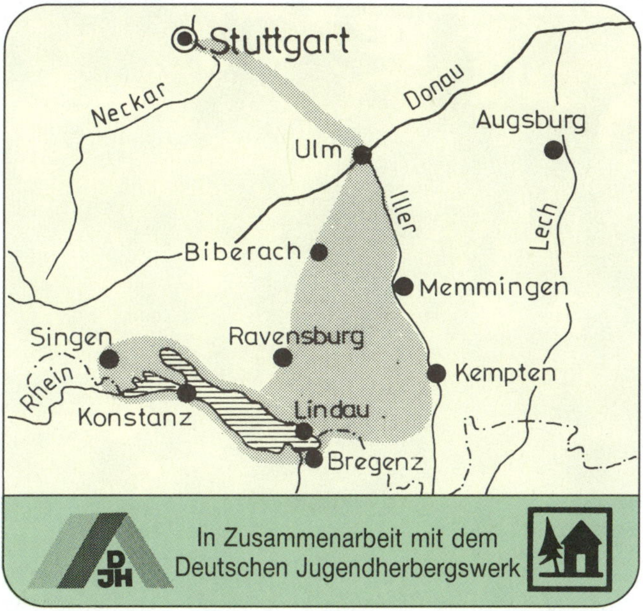

In Zusammenarbeit mit dem
Deutschen Jugendherbergswerk

Kompass Radwanderführer

Radwanderführer
Allgäu · Bodensee

Ausgewählt, abgeradelt
und beschrieben
von Julius und Brigitte Viel

Deutscher Wanderverlag
Dr. Mair & Schnabel & Co. · Stuttgart

wandern+ radwandern

Die große Wanderbuch-Reihe
für grenzenloses Wandern

Gesamte Kartographie:
Ing.-Büro Adolf Benjes

Umschlagbild:
(*Foto:* Klaus Puntschuh)
und Bild auf Seite 2:
Blick auf Stuttgart
(*Foto:* Ulrich Schnabel, Archiv DWV)

5., korrigierte Auflage 1994

ISBN 3-8134-0229-0

Satz: Gerda Kaul, D-73240 Wendlingen
Druck: Siegfried Roth, D-73277 Owen/Teck
Printed in Germany

Gedruckt auf 100% chlorfrei gebleichtes Papier

INHALT

Stuttgart – Bodensee

Zu Tour 1 **Stuttgart,** Blick auf Wohngebiet Bopser
(Foto: Ulrich Schnabel, Archiv DWV)

Streckenfahrten

Rund um den Bodensee

Rundfahrten

Frühling am Bodensee (Foto: Klaus Puntschuh)

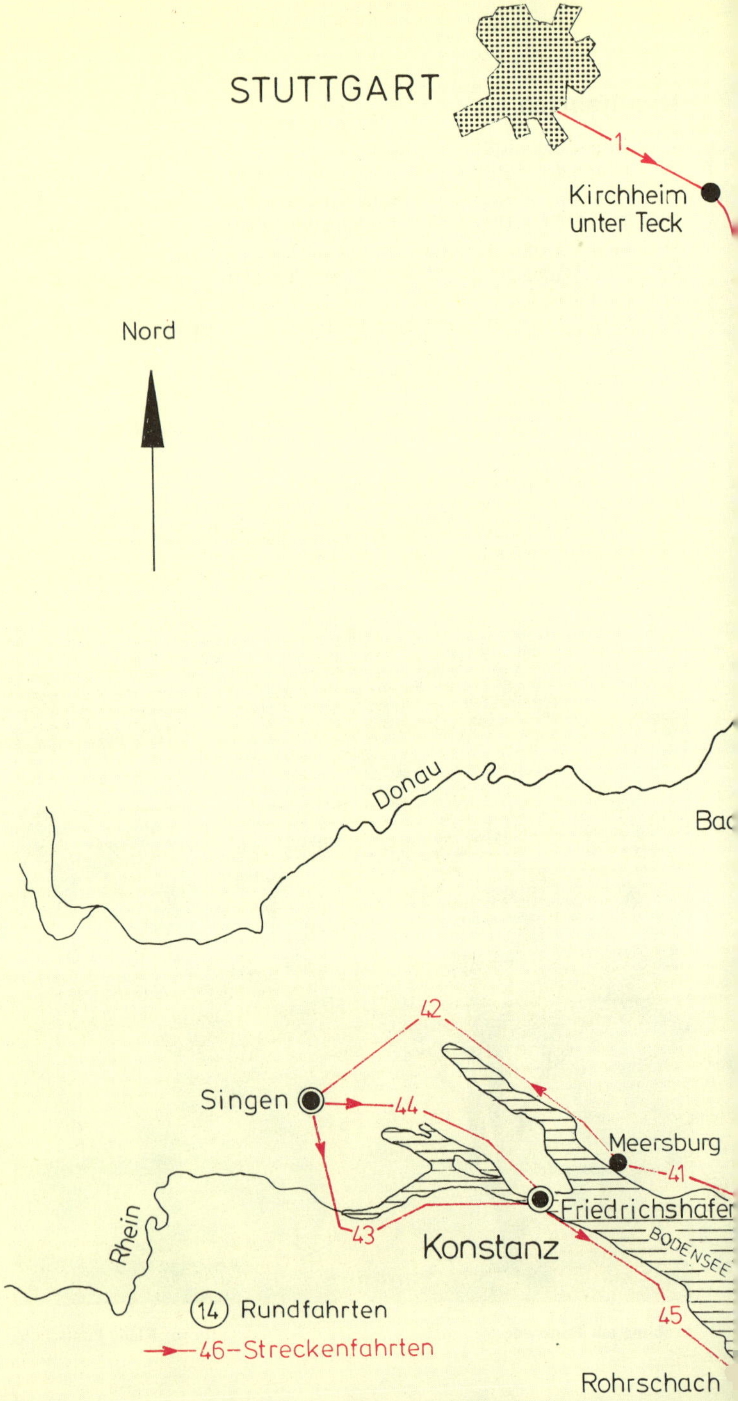
STUTTGART
1
Kirchheim
unter Teck
Nord
Donau
Bac
42
Singen
44
Meersburg
41
Rhein
Friedrichshafer
43
Konstanz
BODENSEE
45
14 Rundfahrten
46 Streckenfahrten
Rohrschach

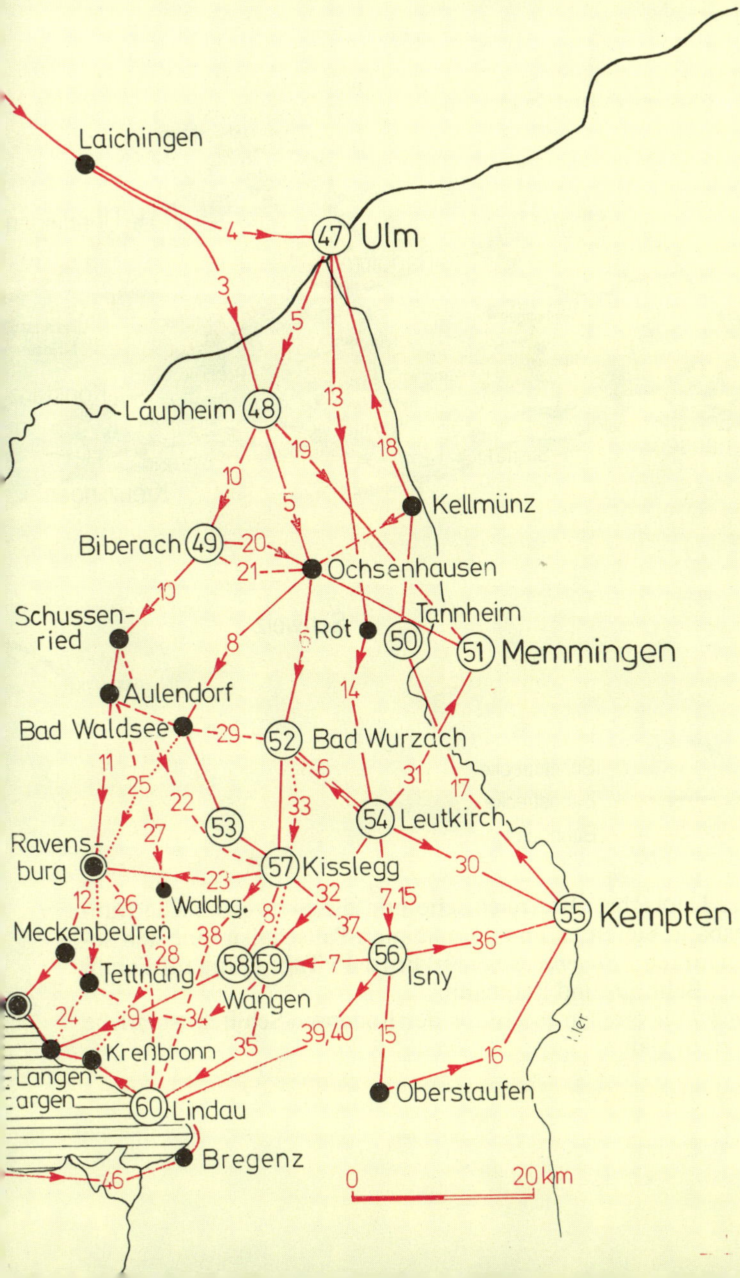

Laichingen
Ulm
Laupheim
Kellmünz
Biberach
Ochsenhausen
Schussen-
ried
Tannheim
Rot
Memmingen
Aulendorf
Bad Waldsee
Bad Wurzach
Leutkirch
Ravens-
burg
Kisslegg
Waldbg.
Kempten
Meckenbeuren
Tettnang
Isny
Wangen
Kreßbronn
Langen-
argen
Lindau
Oberstaufen
Bregenz
0
20 km

Übersichtskarte der Bodensee-Schiffahrtslinien und Eisenbahnen

Die Deutsche, Österreichische und die Schweizerische Bundesbahn bieten zu einer ermäßigten Pauschalsumme den sogenannten *»Bodenseepaß«* an. Er ist 15 Tage gültig für Schiff, Zug, Bahnbus und Bergbahn.
Auskünfte erteilen die Büros der Bodensee-Schiffahrtsbetriebe in allen Häfen.

Bundesrepublik Deutschland
Fricklingen
Salem
Mimmenhausen-
Neufrach
von Ulm · Ravensburg
Markdorf
Meersburg
Tettnang
Hagnau
Immenstaad
von München · Kempten
Bodensee
Friedrichshafen
Autofähre
Eriskirch
Kressbronn
Scheidegg
Kesswil
Langenargen
Nonnenhorn
Bad Schachen
Wasserburg
Romanshorn
Lindau
Zech
Arbon
Bregenz
Pfänder
Staad
Rhein
Rorschach
St.
Margarethen
Österreich
Rheineck
Heiden
Walzenhausen
von Bludenz
St. Gallen
von Chur

Orts- und Sachverzeichnis

Mit Nummern-Angaben der betreffenden Radwanderungen; *schräg*gedruckte Zahlen weisen auf eine Kurzbeschreibung im Text hin.

Zu Tour 3 **Blaubeuren** (Foto: Ulrich Schnabel, Archiv DWV)

Zu Tour 1 **Stuttgart, Staatsoper** (Foto: Ulrich Schnabel, Archiv DWV)

Bilderverzeichnis

mit Seiten-Angaben

Wie radeln Sie richtig?

Wer längere Zeit nicht mehr auf dem Fahrradsattel saß, sollte sich langsam an die Belastung gewöhnen. Empfehlenswert ist eine Anfangsstrecke zwischen 4 und 6 Kilometer, die zwei- bis dreimal pro Woche in mäßigem Tempo gefahren wird. Nach 6 Wochen kann das tägliche Kilometerpensum auf bis zu 20 Kilometer gesteigert werden; das Tempo bleibt jedoch mäßig. Eine Verteilung der Trainingskilometer auf mindestens zwei bis drei Tage bringt einen wesentlich größeren Effekt.

Für die sportlichen Radfahrer gibt es zwei Trainingsarten: »Ausdauerfahren« und das »Fahrtspiel«. Beim Ausdauerfahren wird eine Strecke von mindestens 20 Kilometern in möglichst gleichmäßigem Tempo zurückgelegt. Auf alle Fälle ist ein hohes Anfangstempo zu vermeiden. Wem das Ausdauerfahren zu langweilig ist, der kann zwischendurch auch ein sogenanntes Fahrtspiel per Rad machen. Dabei wird eine kürzere Strecke als bei Ausdauerfahren gewählt. »Ausreißversuche« und »Bergwertungen« wechseln – und damit auch das Tempo. Eine Trainingsform, die sich nur für gut Trainierte eignet.

Die Kontrolle
Ein einfaches Mittel, um das Wochentraining zu testen, ist die Punktzählung.

Für 2 Kilometer Radfahren erhalten Sie »1 Punkt«.

Anstatt in Kilometer kann auch in Zeiteinheiten gerechnet werden:

Für 7 Minuten Radfahren erhalten Sie »1 Punkt«.

Pro Woche sollten Sie zusammen mit anderen Sportarten auf mindestens 12 Punkte kommen.

Das Ergebnis
Ein bißchen trainiert, macht das Radeln noch mehr Freude. Es fällt nämlich leichter, und man selbst wird fit. Richtig dosiert ist regelmäßiges Radfahren ein wichtiger Beitrag zur Gesunderhaltung.

Vorwort

Schon unsere ersten Radwanderführer Mitte der 70er Jahre haben den Radtourismus so beflügelt, daß allerorten Radwanderwege (z. B. Donau-Bodensee-Radweg) ausgeschildert wurden und nach unseren Vorschlägen heute fast überall die Radwanderkarten hergestellt werden. So haben sich zuständig fühlende Behörden und Reisebüros veranlaßt gesehen, die zukunftsträchtige Idee des Radwanderns zur Erholung und Entspannung in ihre Programme und Angebote aufzunehmen. Wenn unsere neuen Vorschläge da und dort nun von »offiziellen« Beschilderungen abweichen, so ist dies aus rein landschaftlichen und fahrtechnischen Gesichtspunkten erfolgt. Wir mußten keine kommerziellen Rücksichten auf Gemeinden und andere Mitglieder der Verkehrsvereine nehmen. Es ist aber doch erfreulich, daß der Kompass-Radwanderführer so gern und gründlich studiert worden ist und zur »geistigen Befruchtung« beigetragen hat.

Dem baden-württembergischen Ministerium für Landwirtschaft und Forsten, Ministerialrat Dipper, müssen wir aber für seine wohlwollende Unterstützung noch extra danken.

Bei den 60 vorliegenden Radwandervorschlägen mit 2200 Kilometern Streckenlänge haben wir nicht an die Radrennsportler gedacht, sondern an Familien, an Ferien- und Feiertagsfahrer, überhaupt an Erholungssuchende in freier Natur. Selbstverständlich können unsere Vorschläge, zu zwei oder drei zusammengefaßt, und einem Radfahrer, der hundert und mehr Kilometer an einem Tag zurücklegen will, eine willkommene Anregung bieten. Ebenso ist es auch möglich, nach Wunsch die Touren abzukürzen. Nach Möglichkeit sind Wege und Landschaften ausgewählt, die nicht so überlaufen sind und deren Straßen nicht allzu sehr befahren sind. Da und dort war es allerdings unvermeidbar – glücklicherweise nur für kurze Strecken – von diesen löblichen Grundsätzen abzuweichen. Wir waren aber bemüht, die Fahrstrecken nach schönen Ausblicken in die Landschaft, mit Orten sehenswerter Kunstschätze und mit Bademöglichkeiten an Seen, Weihern, Freibädern oder auch Bächen zusammen zu stellen. Für die Fahrzeit haben wir einen Durchschnitt von 13 Kilometern je Stunde zugrunde gelegt; ein Tempo, das mit ganzer Familie auch bei Steigungen mit gelegentlichem Schieben eingehalten werden kann. Vesper- und sonstige Pausen sind aber nicht inbegriffen!

Viele Ausgangspunkte unserer Touren sind Stationen mit Fahrradservice der Bundesbahn oder der Verkehrsämter oder

(Foto: Ulrich Schnabel, Archiv DWV)

Gemeinden. Es empfiehlt sich aber, vorher telefonisch dort anzufragen, wann ein Fahrrad geholt oder abgegeben werden kann.

Um nun den besten Nutzen aus unseren Vorschlägen zu ziehen, ist es ratsam:

Nicht mit empfindlichem und teurem Rennrad, sondern mit einem strapazierfähigen Tourenrad, womöglich mit Zwei- oder Dreigangschaltung, die Fahrt anzutreten. Wetterfeste Kleidung kann vor manchen unliebsamen Überraschungen schützen.

Immer Badezeug und ganz sicher ein Handtuch mitzunehmen.

Sicherheitshalber, falls einmal der Weg schlecht ist, feste Schuhe anzuziehen (auch, daß man nicht mit den Zehen zwischen die Speichen kommt, bei Sandalen!).

Immer etwas zum Trinken, bei längeren Strecken auch zum Vespern, mitzunehmen, denn die hübschen Strecken führen nicht immer an Wirtschaften vorbei! Und es ist manchmal viel schöner, an einem abgelegenen Aussichtsplatz etwas zu sich zu nehmen als in einem verräucherten Gasthaus.

Vielleicht wäre es auch gar nicht so dumm, Zahnbürste und Schlafanzug dabei zu haben. Es könnte ja sein, daß es irgendwo sehr schön ist, und daß man erst am nächsten Tag weiterfahren möchte.

Flickzeug, Luftpumpe und Schraubenschlüssel gehören natürlich auch zu den unentbehrlichen Dingen.

Brigitte und Julius Viel

1 Von Stuttgart nach Kirchheim/Teck

Verkehrsmöglichkeiten Bahn bis Stuttgart und ab Kirchheim.
Tourenlänge 37 Kilometer.
Fahrzeit Knapp drei Stunden.
Höhenunterschiede Etwa 50 Meter Steigung.
Karten 1:50 000 Stuttgart und Umgebung, 1:200 000 Mairs Generalkarte (Blatt 21).
Wissenswertes Die Landeshauptstadt Stuttgart mit Altem und Neuem Schloß, mit Museen, Theater, Schillerplatz braucht zur Erkundung Tage. Die Wangener und die Hedelfinger Kirche stammen aus romanischer Zeit, sind gotisch und später umgebaut. Das klassizistische Schlößchen Weil ist fast der letzte Rest des ehemaligen königlichen Gestüts Weil.

Die ehemalige Freie Reichsstadt Esslingen ist in der Altstadt noch sehr gut erhalten und mit Altem und Neuem Rathaus, Frauen- und St.-Dionys-Kirche und der Burg sehenswert. In Deizisau ist die Kirche gotisch, das Pfarrhaus Renaissance. Köngen war das römische Grinario, man sieht einen rekonstruierten Eckturm des Kastells. Wendlingen hat eine spätgotische Kirche. Kirchheim besaß schon im 11. Jahrhundert Marktrecht. Es brannte 1690 weitgehend ab und wurde barock aufgebaut. Die Altstadt ist sehr hübsch mit Rathaus, Marktplatz, Marktbrunnen, Pfarrkirche St. Martin, Kornhaus und Schloß.

Zu Tour 1 **Stuttgart, Neues Schloß** (Foto: Ulrich Schnabel, Archiv DWV)

Hbf.
STUTTGART
B10
Untertürkheim
Wangen
Hedelfingen
Degerloch
Neckar
Weil
Esslingen
Pliensau-Vorstadt
Ostfildern
Altbach
Zell
Neckar
B10
Berkheim
Deizisau
0
1
2
4 km

Tourenbeschreibung Die Stadtmitte *Stuttgart* verläßt man am besten über die Neckar- und Hack- (oder die Landhaus-) -straße. Am Gaskessel vorbei radelt man geradeaus in Richtung Wangen (ab Schlachthof Radweg) und trifft dann beim »Brendle« mit der Landhausstraße zusammen. Durch *Wangen* auf der Hedelfinger Straße erreicht man *Hedelfingen,* das man auf der für Fahrräder freien Amstetter Straße durchquert. Immer geradeaus erreicht man *Weil* beim co op, läßt ihn rechts liegen (Wegzeiger Eßlingen) und kommt dann, wenn man nicht in der Klosterallee einen Abstecher zum *Schlößchen Weil* machen will, auf die Straße nach Esslingen. Der Radweg führt dann unter der Straße durch nach links *(ES-Pliensau-Vorstadt).* Man wendet sich nach rechts in die Parkstraße, am Verkehrsknotenpunkt zunächst Richtung Ulm, scharf rechts, dann in die Berkheimer Straße, die etwa 1 1/2 Kilometer direkt neben der B 10 als Radweg weiterführt. An der Brückenrampe bleibt man geradeaus auf der K 1215 in der Richtung nach Deizisau, die teils links, teils rechts einen Radweg hat. An der Einmündung im *Körschtal* hält man erst links, dann rechts auf dem Radweg vollends nach *Deizisau.* Am Ortseingang (zweite Kreuzung) wählt man die Hauptstraße kurz links, dann rechts, und gelangt immer geradeaus auf der Olgastraße aus dem Ort. Hier geht es kurz abwärts

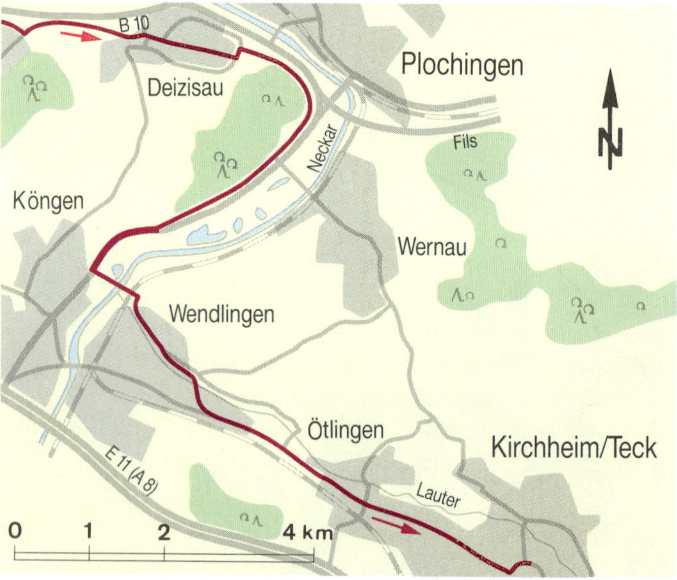

auf der Zeppelinstraße, dann vor der Hecke den Landwirtschaftsweg nach rechts, bei der Gabelung links abwärts zur Brücke mit dem Vesperplatz. Hier, wieder neben der B 10, nimmt man den Radweg am Waldrand. Man bleibt immer oberhalb der Straße bis kurz vor *Köngen.* Hier verläuft der Radweg direkt an der Landstraße. Beim Wegzeiger »Hüttensee« biegt man links ab in die Gottlieb-Daimler-Straße. Über die Brücke gelangt man in die *Wendlinger* Neckarstraße und bleibt, so weit wie möglich an der *Lauter,* der man aufwärts folgt. Aus der Wehr- radelt man in die Kirchheimer Straße und muß dann auf der Hauptstraße nach links einbiegen (Radweg). Über *Ötlingen,* das man durchfährt, kommt man nach *Kirchheim/Teck.* Bei starkem Verkehr Bahnfahrt bis Plochingen empfehlenswert, dann über die Neckarbrücke Richtung Wernau, Wendlingen nach Kirchheim. Wer möchte, kann die Tour 2 nach Laichingen gleich anschließen (47 km).

2 Kirchheim/Teck – Weilheim/Teck – Laichingen

Verkehrsmöglichkeiten Bahn bis Kirchheim, Bus ab Laichingen.
Tourenlänge 32 Kilometer. **Fahrzeit** Etwa 3 bis 4 Stunden.
Höhenunterschiede 600 Meter Steigung, 155 Meter Gefälle.
Karten 1:50 000 L 7322 Göppingen, L 7524 Blaubeuren, 1:200 000 Mairs Generalkarte (Blatt 22).
Wissenswertes Die Kirchheimer Altstadt mit teilweise erhaltenen Mauerpartien, mit den Fachwerkhäusern, dem Schloß, Rathaus und Pfarrkirche ist wohl beachtenswert. Die Kirche von Jesingen ist im Kern noch romanisch. Weilheim war im 11. Jahrhundert Hauptort der Zähringer, die ihre Stammburg auf der Limburg (einem Basaltkegel) hatten. Die St.-Peters-Kirche hat eine seltene »Rosenkranzmadonna«. Gruibingen besitzt noch eine romanische Kirche; die in Mühlhausen ist barock. Ein steinerner »Grueber« war für die Bauersfrauen zum »Ausgruben«. Der obere Querstein ist nicht zum Sitzen gedacht, sondern es wurden da die Körbe, die man auf dem Kopf trug, abgestellt. In Laichingen steht eine gotische, barock umgestaltete Kirche und im Zeughaus ist ein Heimatmuseum untergebracht. Laichingen war früher für seine Webereien weit bekannt.
Tourenbeschreibung Von der Stadtmitte in *Kirchheim* biegt man im Bogen links um die Altstadt mit der Fußgängerzone. Dann radelt man die Jesinger Straße ortsauswärts (teils Radweg

Lauter
KIRCHHEIM/TECK
N
Bhf.
Jesingen
Holzmaden
Aichelberg
E 11 (A 8)
Weilheim/Teck
Dettingen
Egels-
berg
Lindach
Kornberg
B 465
Nabern
Boßler
n. Owen
Limburg
Gruibingen
E 11 (A 8)
n. Neidlingen
0
1
2
4 km
Deutsches Haus

Zu Tour 1, 2 **Burg Teck** bei Kirchheim/Teck
(Foto: Ulrich Schnabel, Archiv DWV)

neben der Straße). In *Jesingen* hält man in der Richtung nach Weilheim, bleibt aber nach den letzten Häusern an der Kurve geradeaus, fährt über das Bahngleis ins Industriegebiet und wendet sich sobald als möglich (nach etwa 100 Metern) unbezeichnet nach rechts an den Bach. Neben der *Lindach* kommt man nun unter der Autobahn durch, dann durch Felder an den Stadtrand von *Weilheim.* Immer am Bach entlang durch die Untere Grabenstraße kommt man an die Neidlinger Straße. Hier zweigt man links nach Gruibingen ab, das man über die L 1213, in Kurven auf die Höhe steigend, am *Deutschen Haus* vorbei erreicht.

Man durchquert *Gruibingen* und radelt weiter nach Mühlhausen. Den Autobahnzubringer muß man kreuzen und gelangt dahinter an die ersten Häuser von *Mühlhausen.* Man biegt hier nach links in den Schönbachweg, fährt über den Bach und dann den für Radfahrer freien Weg dahinter nach rechts und auf dem alten Bahndamm weiter bis zum Ortseingang von *Gosbach.* Hier hält man rechts, kreuzt die Filstalstraße und radelt am »Hirsch« vorbei durch die Unterdorfstraße zur Ortsmitte und dann die Drackensteiner Straße weiter.

Vor dem großen Handelsgebäude zweigt links aufwärts die »Neue Steige« ab, die man benützen muß. Man erreicht die Albhöhe mit 760 Metern. Bei der »Ranch« hält man rechts, am *Großmannshof* vorbei beim Feldkreuz geradeaus und auch bei der nächsten Kreuzung geradeaus bis zur Straße. Bei dem Feldkreuz unter der Linde mit dem Steingrueber überquert man

Kornberg
E 11 (A 8)
Gruibingen
Bad Ditzenbach
n. Geislingen
Mühlhausen
Gosbach
Wiesen-
steig
Großmannshof
Drackenstein
Schafhaus
Unter-
Ober-
Hohenstadt
E 11 (A 8)
n. Ulm
Laichingen
0
1
2
4 km

geradeaus die Straße und radelt auf dem gesperrten Feldweg weiter. Um den bewaldeten Hügel erreicht man bei einem Hof auf der Höhe die Straße, radelt kurz links, vor dem nächsten Hof nach rechts (Radfahrer frei), abwärts und unter der Autobahn durch. An der Kreuzung hält man halb links (der Rastplatz bleibt links) und radelt dann aber geradeaus durch das Tal (Radwegzeichen Baden-Württemberg). Am Schützenhaus vorbei gelangt man dann nach *Laichingen*.

3 Laichingen – Blaubeuren – Laupheim

Verkehrsmöglichkeiten Bus bis Laichingen, Bahn ab Blaubeuren.
Tourenlänge 48 Kilometer.
Fahrzeit Knapp 4 Stunden.
Höhenunterschiede 135 Meter Steigung, 140 Meter Gefälle.
Karten 1:50 000 L 7524 Blaubeuren, L 7724 Ulm (L 7522 Bad Urach), 1:200 000 Mairs Generalkarte (Blatt 22).
Wissenswertes Laichingen besitzt ein Rathaus aus dem 16. Jahrhundert, einen Kirchturm aus dem 17. Jahrhundert, eine malerische Torburg und die Laichinger Tiefenhöhle, von deren Umgebung man bei klarem Wetter die Alpen sieht. Das Kloster Blaubeuren wurde 1085 gegründet; es ist spätgotisch. Der Blautopf mit der riesigen Quellhöhle und dem Hammerwerk ist besonders interessant. In der Klosterkirche ist der Altar und das Chorgestühl sehenswert und berühmt. Das Achtal mit seinen Felstürmen ist im Sommer von Kletterern bevölkert. Am Fluß hat es manchmal Reiher. Der »Hohe Fels« war früher ein Bärenunterschlupf, diente später Menschen. Schelklingen war schon im 13. Jahrhundert Stadt. Mit Burgruine Hohenschelklingen, Pfarrhaus, Spital und sonstigen Häusern ist es beachtenswert. Die ursprünglich gotische Kirche in Öpfingen wurde barockisiert. An der Pfarrkirche von Rißtissen sind römische Reliefs eingebaut. Laupheim mit Schloß Groß- und Kleinlaupheim, mit Pfarrkirche und renoviertem Spital ist sonst ziemlich modern (Rathaus) verbaut.
Tourenbeschreibung Von der *Laichinger* Ortsmitte radelt man in Richtung Machtolsheim, biegt dann halb rechts in den Ulmer Weg ein und kurz darauf aufwärts in den Laublocher Weg. Nach der Straßenunterführung bleibt man immer geradeaus, durch den Hof, durch den Wald, unter der Überlandleitung durch

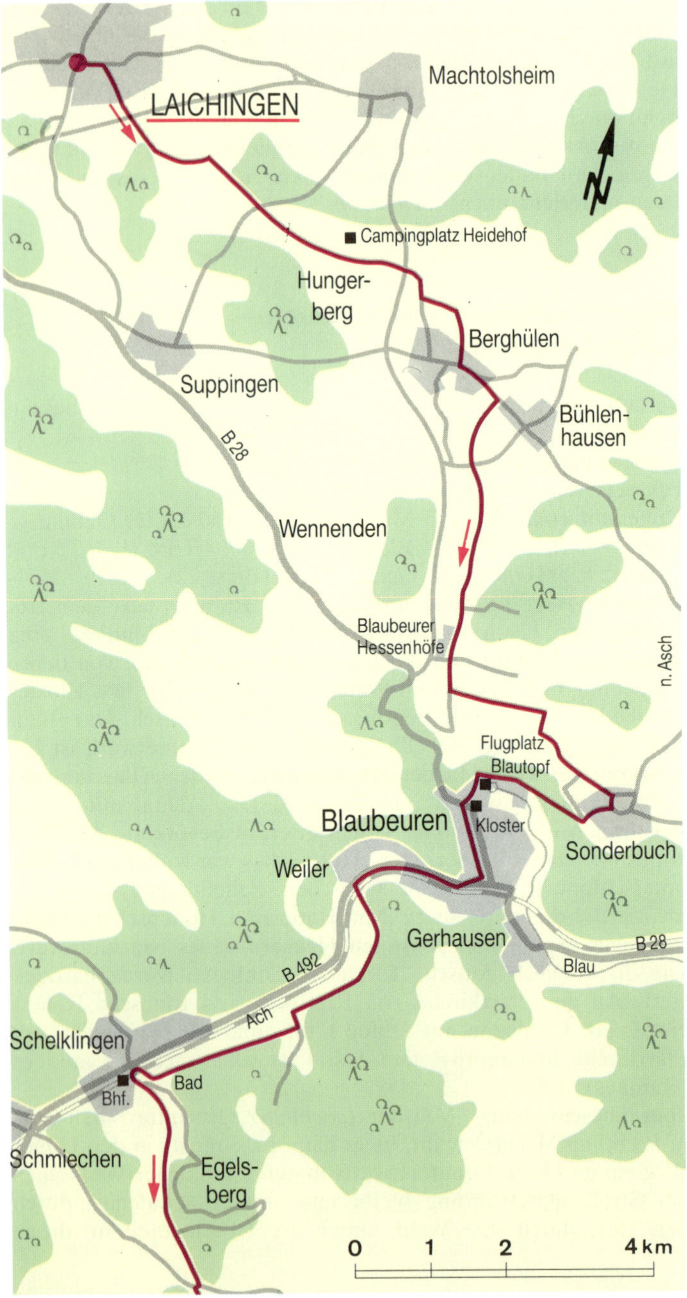

LAICHINGEN
Machtolsheim
Campingplatz Heidehof
Hunger-
berg
Berghülen
Suppingen
Bühlen-
hausen
B 28
Wennenden
Blaubeurer
Hessenhöfe
n. Asch
Flugplatz
Blautopf
Blaubeuren
Kloster
Sonderbuch
Weiler
Gerhausen
B 28
Blau
B 492
Ach
Schelklingen
Bad
Bhf.
Schmiechen
Egels-
berg
0 1 2 4 km

(Radweg 56). Bei der Kreuzung weist das gelbe Dreieck (Radweg 57) halb rechts nach Bühlenhausen aufwärts. Links sieht man den Campingplatz Heidehof.

Durch die Straßenunterführung radelt man nach rechts und dann den mit gelbem Dreieck bezeichneten Feldweg nach links, dann den Teerweg nach rechts nach *Berghülen.*

Man wendet sich in der Schulstraße links ortsauswärts, biegt dann rechts Richtung Bühlenhausen ab und noch vor der Fruchtsaftfabrik rechts bei der Hütte auf den Teerweg ein. Diesem Hauptweg folgt man immer geradeaus, auch über die Vorfahrtsstraße von Bühlenhausen her, bis zu den *Blaubeurer Hessenhöfen.* Bei den letzten Häusern der Hessenhöfe biegt man beim Transformatorenhäusle links in den Landwirtschaftsweg ein, bleibt auf dem Teerweg, der nach rechts abbiegt und wählt nach etwa 200 Metern den unbezeichneten Teerweg nach links, der am kleinen Flugplatz vorbei nach *Sonderbuch* führt. In diesem Ort hält man rechts und läßt es die Steige oberhalb des *Blautopfs* herunter nach *Blaubeuren* laufen. Zur Stadt-, Kloster- und Blautopfbesichtigung radelt man nach links zur Stadtmitte. Wer gleich weiterfahren will, bleibt auf der Weilerstraße an der rechten Talseite geradeaus weiter. Das Ende der Straße führt als Radweg auf die große Kreuzung. Man benützt den Radweg, der in Richtung Ehingen verläuft, bis *Weiler*, kreuzt dann die Bundesstraße 492 und die Bahnlinie und fährt über die Brücken den als »Radwanderweg Baden-Württemberg« bezeichneten Teerweg ins *Achtal.* Bei der Einmündung hält man links, dann rechts, am Waldrand entlang weiter, am *»Hohlen Fels«,* am Vertriebenenmahnmal und am Freibad vorbei durch die Bahnunterführung nach *Schelklingen.* Auf der Bundesstraße 492 geht es kurz nach links, dann wieder nach links durch die nächste Bahnunterführung auf der Landesstraße 240 in Richtung Erbach (gelegentlich Wirtschaftsweg neben der Straße).

Nach dem Parkplatz kommt im Wald eine Kreuzung. Rechts aufwärts unbezeichnet (links Wegzeiger nach Steinenfeld) führt ein gewalztes Sträßchen, später geteert.

Nach dem Wald, wenn es abwärts geht (schöner Blick), rechts nach *Altheim.*

Auf der Hauptstraße läuft es immer abwärts, vor dem schloßähnlichen Gebäude biegt man links ab bis zum Ortsausgang. An der Linde hält man rechts in Richtung Allmendingen, dann aber geradeaus nach »Niederhofen – Schwörzkirch«. Man wendet sich scharf links nach *Schwörzkirch* und fährt durch den Ort nach *Niederhofen* (weiter Blick, man sieht die Hochhäuser von Laupheim).

0
1
2
4 km
n. Allmendingen
Ringingen
Altheim
Bliens-
hofen
Schwörzkirch
Pfraun-
stetten
Nieder-
hofen
Heufelden
Oberdischingen
Gamerschwang
B 311
Stau-
becken
Donau
Öpfingen
Ersingen
Unter-
Ober-
Griesingen
Rißtissen
n. Ulm
Westernach
Riß
Rottum
B 30
Unter-
Dürnach
Bhf. L.-West
Bhf.
sulmetingen
Ober-
Laupheim
n. Biberach

In Niederhofen folgt man zunächst dem Wegzeiger »Heufelden« und hält am Ortsende beim Rastplatz mit Brunnen (kein Trinkwasser!) links talabwärts. Man radelt zwischen den Feldern, nachher ungeteert, bei der Einmündung nach rechts über die Brücke. Dann kreuzt man die Bundesstraße 311 (Vorsicht, Verkehr!) und gelangt nach *Öpfingen*. (Der Blick von dem hochliegenden Platz bei der Kirche ist sehr hübsch.)

Durch Öpfingen erreicht man die *Donau* und fährt über die Brücke dann weiter nach *Rißtissen*. Hier hält man in die Straße »Am Bildstöckle« rechts, durch das Sägewerk, dann am Bildstöckle vorbei zur Hauptstraße. Man muß links über die *Riß*, dann rechts in Richtung Laupheim. In der Birkenallee, direkt nach der Brücke, wählt man den Teerweg nach rechts, bei der Kreuzung vor den Büschen zweigt man nach links ungeteert ab auf die Hochhäuser zu, am Baggersee (Bademöglichkeit) radelt man nach rechts, vor der großen Straßenbrücke links durch die Fußgänger- und Radfahrerunterführung beim *Bahnhof Laupheim West* und gelangt dann auf dem Radweg neben der Straße zur Stadtmitte *Laupheim*.

4 Laichingen – Lautertal – Blaustein – Ulm

Verkehrsmöglichkeiten Bus bis Laichingen, Bahn ab Ulm.
Tourenlänge 28 Kilometer.
Fahrzeit Gute 2 Stunden.
Höhenunterschiede (45 Meter Steigung), 320 Meter Gefälle.
Karten 1:50 000 L 7524 Blaubeuren, 1:200 000 Mairs Generalkarte (Blatt 22).
Wissenswertes Laichingen ist ein Leinen- und Wäscheort. Bei der Kirche im alten Fachwerkhaus ist das Heimatmuseum. Die Laichinger Tiefenhöhle ist eine Tropfsteinhöhle; auf dem Platz davor schöne Aussicht bei klarem Wetter bis aufs Gebirge. Das Lautertal ist ein typisches Flußtal der Alb, tief eingeschnitten und felsig. An der Stelle der von den Ulmern 1378 niedergebrannten Burg, steht heute das Schloß Oberherrlingen aus dem Jahre 1588, barock erweitert. (Kreuzweg zur barocken Mariahilfkapelle.) Auch das Schloß Klingenstein gegenüber der Lautermündung entstand aus mittelalterlichen Burganlagen. Ulm mit seinem Münster, dem Schwörhaus, Rathaus, Metzgerturm, Gerberviertel an der Blau, stand als freie Reichsstadt an der

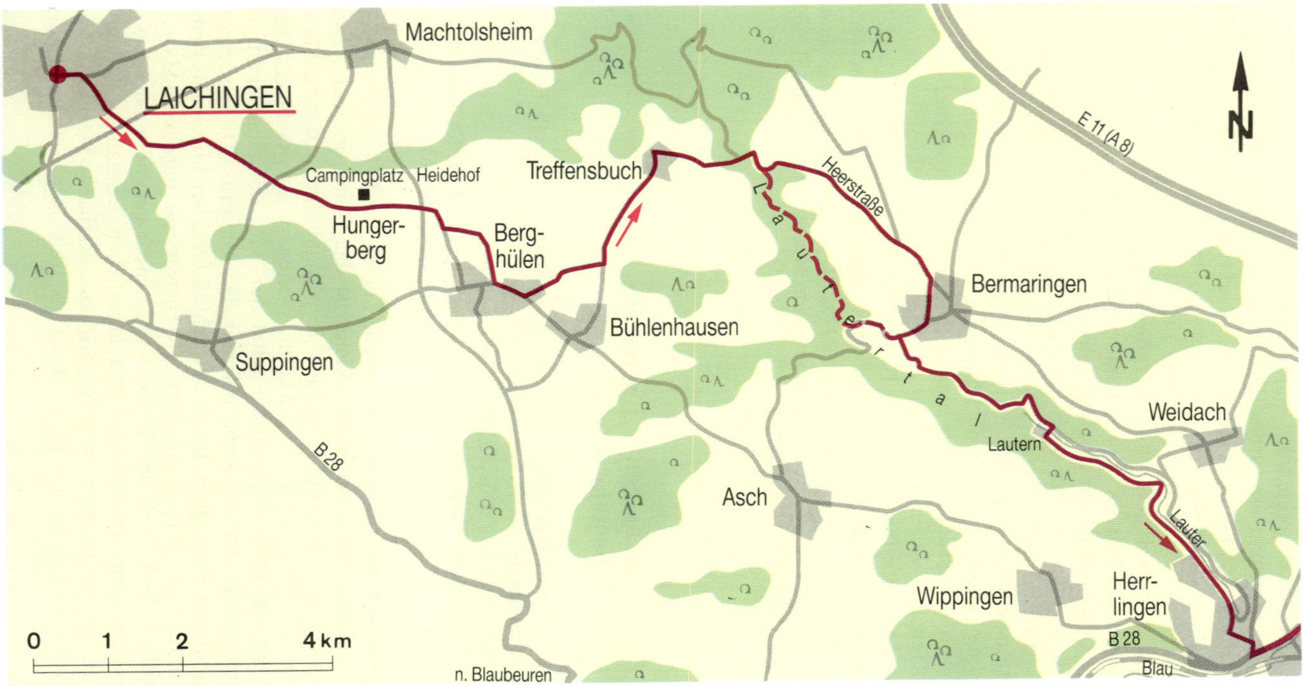
LAICHINGEN
Machtolsheim
Campingplatz
Heidehof
Hunger-
berg
Berg-
hülen
Treffensbuch
Bühlenhausen
Suppingen
B 28
Asch
Heerstraße
Bermaringen
Lautertal
Lautern
Lauter
Weidach
Wippingen
Herr-
lingen
B 28
Blau
E 11 (A 8)
n. Blaubeuren
0
1
2
4 km

Spitze des schwäbischen Städtebundes. Nach dem Krieg wurde viel Zerstörtes sehr schön wieder aufgebaut.

Tourenbeschreibung Von der Stadtmitte *Laichingen* wendet man sich zunächst in Richtung Machtolsheim, biegt dann halb rechts in den Ulmer Weg ein und kurz darauf abwärts in den Laublocher Weg. Nach der Straßenunterführung bleibt man immer geradeaus, durch den Hof, durch den Wald, unter der Überlandleitung durch (Radweg 56). Bei der Kreuzung weist das gelbe Dreieck halbrechts nach Bühlenhausen aufwärts. Links sieht man den Campingplatz Heidehof. Durch die Straßenunterführung radelt man nach rechts und dann den mit gelbem Dreieck bezeichneten Feldweg nach links, dann den Teerweg nach rechts nach *Berghülen.* In der Schulstraße hält man links und biegt dann links ab auf die K 7323 nach Treffensbuch. Bei der Kreuzung wendet man sich wieder nach links auf die K 7322 nach *Treffensbuch.* Vor dem Ortsschild weist nach rechts der Wegzeiger nach Bermaringen. Es geht abwärts ins *Lautertal.* Hier muß man sich nun entscheiden, ob man – ohne weitere Steigung – im Tal auf dem Feldweg nach rechts radeln möchte (man fährt dann unter der Brücke der Straße nach Asch weiter auf dem Feldweg im Tal). Der schönere Weg, mit Aussicht, steigt wieder aus dem Tal auf die Höhe über die frühere Heerstraße nach *Bermaringen.* Hier biegt man in die Werrengasse halb rechts ein, radelt an dem Platz geradeaus und hält dann

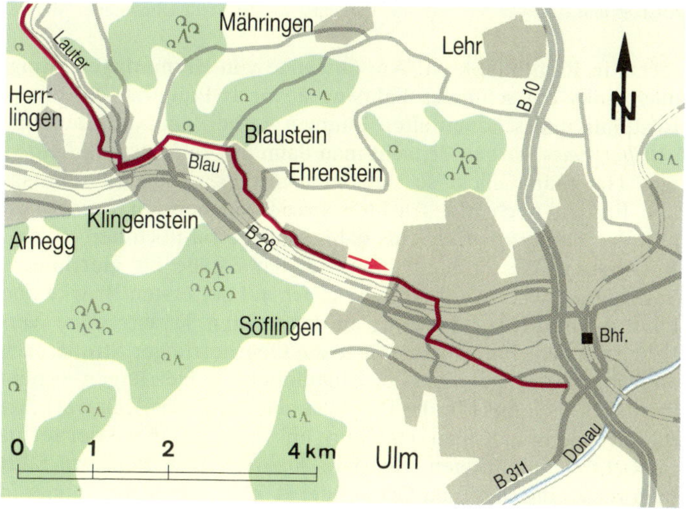

Zu Tour 4, 5, 13, 18, 47 **Blick von Neu-Ulm** aus über die Donau **auf die Ulmer Altstadt und das Münster** (Foto: Verkehrsbüro der Stadt Ulm/Günter Merkle)

rechts in Richtung Asch. Am Ortsende von Bermaringen zweigt nach links ein schmaler Fahrweg ab nach Lautern. An einem Rastplatz und schönen alten Bäumen vorbei, am Naturdenkmal *»Hoher Fels«* vorbei, erreicht man dann die Talsohle des *Lautertals*. Hat man Glück, so sieht man in dieser Gegend sonntags alte Frauen noch mit Trachten spazierengehen. In *Lautern* ist nun der *Lauterursprung* (bis dahin war im Tal noch kein Bach). Bei nassem Wetter bleibt man auf der Straße bis Herrlingen. Sonst überquert man die *Lauter* gleich auf der ersten Brücke und kann dann auf dem Feldweg an der rechten Talseite ohne Verkehr (Vorsicht Fußgänger!) über die Oberherrlinger Straße nach *Herrlingen* gelangen. Bei der Einmündung in Herrlingen wendet man sich nach links in die Blautalstraße durch das Kalkwerk, an der Kreuzung hält man ganz kurz links und gleich wieder rechts in Richtung Mähringen. Bei dem Abzweig nach *Blaustein* fährt man rechts durch diesen Ort auf der K 7388 geradeaus, immer in der Hauptrichtung blauabwärts, am Weißkalkwerk *Ehrenstein* vorbei auf der Straße nach Ulm, biegt dann nach rechts über die Bahnbrücke *»Söflingen-Ulm«* und dann an der großen Kreuzung der Blaubeurer Straße nach links auf den Radweg neben der Straße zur Stadtmitte *Ulm.*

5 Donau-Bodensee-Radweg Ulm – Laupheim – Ochsenhausen

Verkehrsmöglichkeiten Bahn bis Ulm (Fahrrad am Bahnhof), Bus ab Ochsenhausen.
Tourenlänge 42 Kilometer.
Fahrzeit Gut $3^1/_2$ Stunden.
Höhenunterschiede 170 Meter Steigung, 80 Meter Gefälle.
Karten 1:50 000 L 7724 Ulm, L 7924 Biberach, 1:200 000 Mairs Generalkarte (Blatt 22).
Wissenswertes Die Stadt Ulm entstand aus einer karolingischen Pfalz und wurde schon 854 genannt. Um 1180 wurde sie schon als Stadt bezeichnet. Im »Schwörbrief« war die Stadtverfassung im Jahre 1397 schriftlich festgelegt worden. Bis 1899 war Ulm Festungsstadt. Laupheim erhielt schon 1430 das Marktrecht. Schloß Großlaupheim (16.–18. Jahrhundert) steht auf dem Kirchberg, Schloß Klein-Laupheim (1769) ist heute Amtsgericht. In Reinstetten steht auf einer Anhöhe die spätbarocke St. Urbanskirche. Ochsenhausen hat ein berühmtes Benediktinerkloster, das um 1100 gegründet wurde. Die Kirche (1489–95) wurde im 18. Jahrhundert barockisiert und besitzt eine Orgel von Josef Gabler.
Tourenbeschreibung Vom Ulmer Hauptbahnhof fährt man den Radweg an den Gleisen entlang und kommt auf der Überführung der Straße durch die Anlage zur *Donau.* Flußaufwärts zwischen Donau und Bahn radelt man bis kurz vor den *Haltepunkt Donautal.* Hier führt nach links ein Steg über ein Gleis hinweg. Der Weg verläuft dann durch den Auwald, über die Donau und am Kraftwerk vorbei. Dann geht es weiter rechts donauaufwärts. Man unterquert die Autostraße und gelangt auf die K 7379 nach *Gögglingen* und *Donaustetten.* Nun folgt man entweder dieser Straße bis *Achstetten* oder biegt in Gögglingen rechts ab über die Donau in Richtung *Einsingen.* Gleich hinter der Donau radelt man am Fluß entlang donauaufwärts bis zur Brücke bei *Donaustetten.* über die man fahren muß, um dann gleich dahinter wie-

B 28
Bhf.
ULM
Donau
Hp. Donautal
Iller
B 30
Wiblingen
Donau
B 311
Gögglingen
Erbach
Unterweiler
Donaustetten
Dellmensingen
Westernach
Schmiechen
Humlangen
B 30
Stetten
Hüttisheim
Rot
Oberholz-
heim
Ach-
stetten
0 1 2 4 km

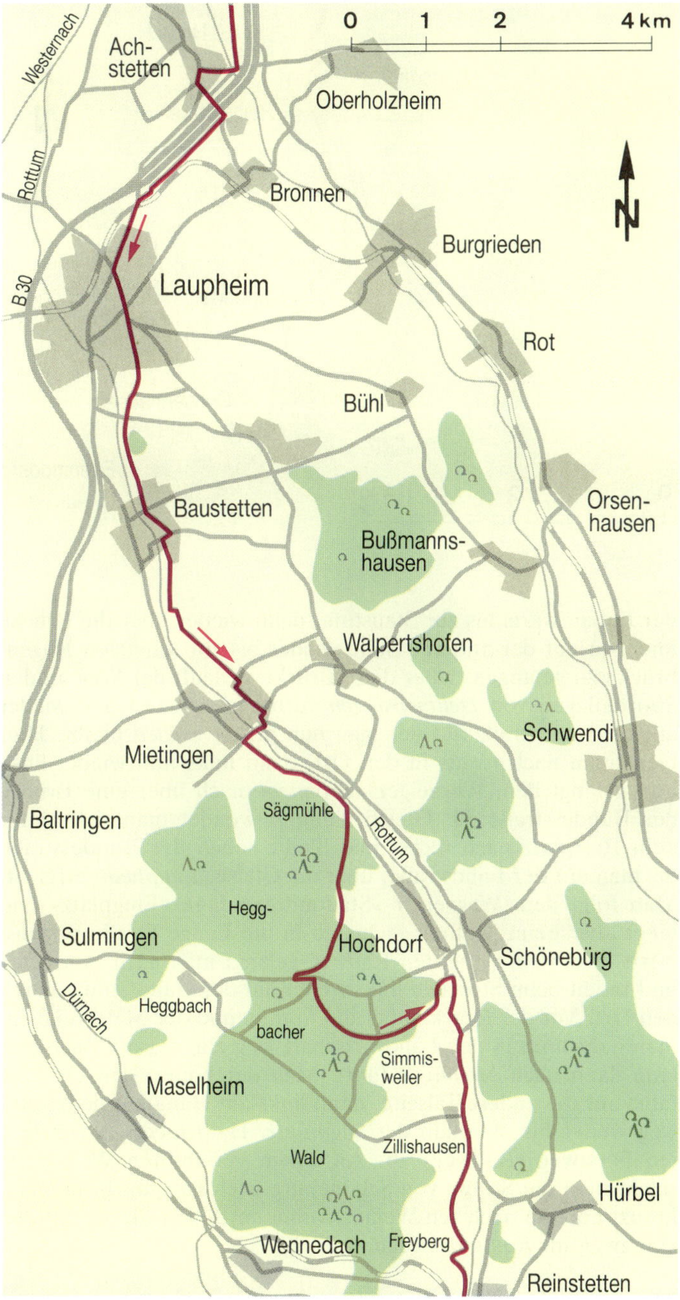
0
1
2
4 km
N
Westernach
Achstetten
Oberholzheim
Rottum
Bronnen
Burgrieden
B 30
Laupheim
Rot
Bühl
Orsenhausen
Baustetten
Bußmannshausen
Walpertshofen
Schwendi
Mietingen
Baltringen
Sägmühle
Rottum
Hegg-
Sulmingen
Hochdorf
Schönebürg
Dürnach
Heggbach
bacher
Simmisweiler
Maselheim
Zillishausen
Wald
Hürbel
Wennedach
Freyberg
Reinstetten

der flußaufwärts bis zur Staustufe, dann wieder über die Brücke und nun auf der anderen Seite wieder bis zur schmalen Bogenbrücke zu gelangen. Über diese Brücke verläuft der Weg an den Sportanlagen von *Dellmensingen* vorbei in den Ort und wieder auf die Landstraße auf der man nun bis *Achstetten* bleibt. Hier biegt man nach rechts in den Ort, dann links und wieder links und gelangt dem Wegzeiger *»Bronnen«* nach über eine Brücke der Bundesstraße 30. Gleich dahinter wendet man sich hinter dem Rastplatz nach rechts und bleibt neben der Bundesstraße bis man auf der Landstraße, über die Gleise, *Laupheim* erreicht. Man folgt dem Wegzeiger »Stadtmitte«, dann »Flugplatz« und biegt aber beim Mohren rechts ab in die Lange Straße ortsauswärts. Auf dem separaten Radweg gelangt man nach *Baustetten* und radelt beim Storchen links weiter auf der Hauptstraße durch den Ort. Vor der Brücke über die *Rottum* und der Mälzerei biegt man nach links in den Landwirtschaftsweg ein, der am Bach entlang dann nach *Mietingen* führt. Man durchquert den Ort und fährt auf die andere Talseite, dann links am Hang auf dem Feldweg weiter bis oberhalb der *Sägmühle.* Halb rechts zweigt hier ein Forstweg (Radweg) ab. An einem verschilften Weiher erreicht man die Straße von Schönebürg nach Heggbach, die man kreuzt und am nächsten Weiher vorbei im Bogen wieder auf den Hangweg im *Rottumtal* gelangt.

Durch den Wald weist entweder das blaue Zeichen des Donau-Bodensee-Radwegs oder ein grünes Radwegzeichen. Am Waldstück »Kohlplatte« mit der Wegkreuzung hält man links, kommt dann an einer Vesperhüte vorbei (RW Zeichen) und muß nun durch den *Schelmengrund* ans Ende des Waldes fahren. Der nähere Weg führt hier im spitzen Winkel nach rechts, kurz am Waldrand, dann an Hecken weiter. Der bezeichnete Weg verläuft geradeaus nach *Schönebürg* und rechts in den Ort, dann wieder rechts den Ehrlerweg aufwärts. Talaufwärts, an *Simmisweiler* und *Mittelweiler* vorbei, gelangt man nach *Zillishausen* halb rechts, das man geradeaus durchquert und weiterhin am Hang radelt. Unterhalb der ehemaligen *Burg Freyberg* bleibt man weiter diesseits der Rottum, fährt geradeaus, kreuzt die Straße nach Biberach versetzt und fährt am Lagerhaus vorbei neben den Gleisen bachaufwärts. Nun kann man das Kloster Ochsenhausen schon sehen. Beim zweiten Bahnübergang folgt man dem Radwegzeichen nach links, erreicht in *Goppertshofen* die Straße nach *Ochsenhausen,* der man nach rechts auf dem separaten Radweg in die Stadt folgt.

6 Donau-Bodensee-Radweg (Ost) Ochsenhausen – Bad Wurzach – Leutkirch

Verkehrsmöglichkeiten Bus bis Ochsenhausen, Bahn Leutkirch (Fahrrad am Bahnhof).
Tourenlänge 45 Kilometer.
Fahrzeit Knapp 4 Stunden.
Höhenunterschiede 309 Meter Steigung, 273 Meter Gefälle.
Karten 1:50 000 L 7924 Biberach, L 8124 Bad Waldsee, 1:200 000 Mairs Generalkarte (Blatt 22).
Wissenswertes Ochsenhausen ist berühmt durch sein Kloster mit dem bekannten Bibliothekssaal. Auf dem Platz vor der Kirche steht eine Mariensäule. Bellamont besitzt die barocke St.-Blasius-Kirche, Füramoos die spätgotische Kirche St. Michael. In Dietmanns steht eine barocke Kirche mit spätgotischem Turm, Bad Wurzach besitzt ein barockes Schloß mit Kapelle, eine klassizistische Pfarrkirche, eine Rokokohauskapelle im Sanatorium »Maria Rosengarten« und auf dem Gottesberg eine barocke Kirche. Von dort und vom Pappelkreuz herrliche Aussicht aufs Gebirge. Das Schloß in Zeil stammt aus der Renaissance,

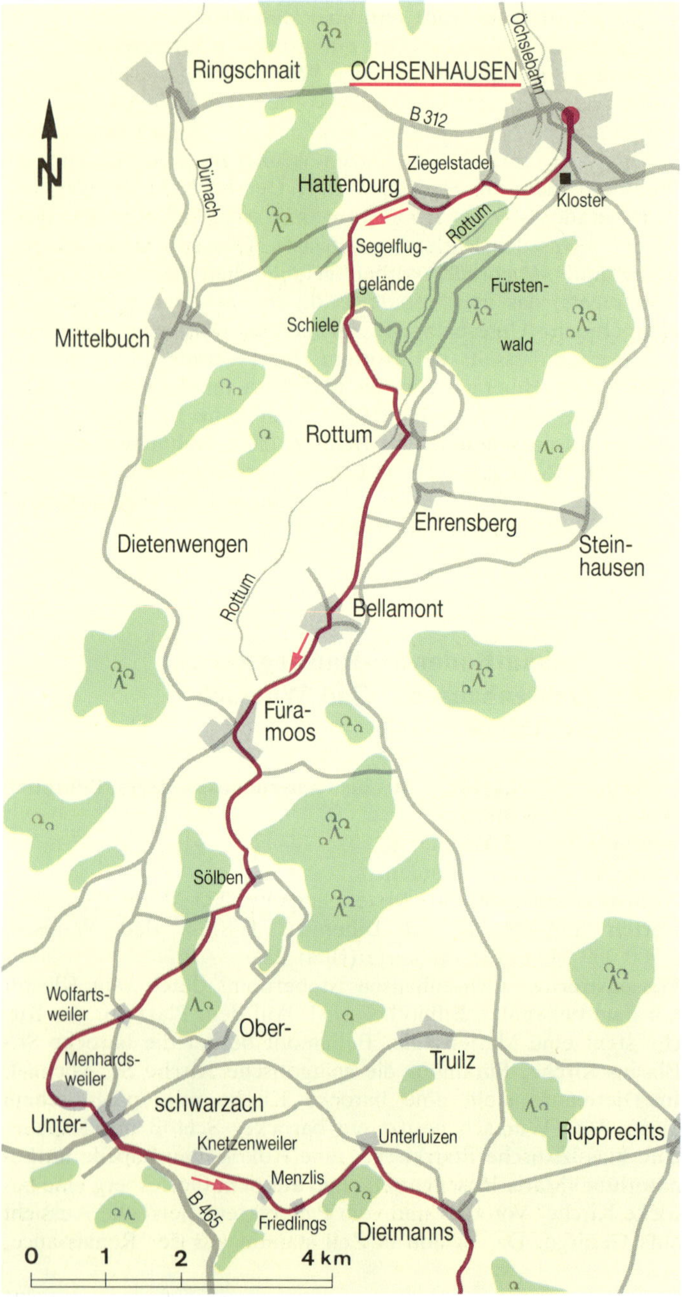

Ringschnait
OCHSENHAUSEN
Öchslebahn
B 312
Ziegelstadel
Hattenburg
Kloster
Dürnach
Rottum
Segelflug-
gelände
Fürsten-
wald
Schiele
Mittelbuch
Rottum
Ehrensberg
Stein-
hausen
Dietenwengen
Rottum
Bellamont
Füra-
moos
Sölben
Wolfarts-
weiler
Ober-
Menhards-
weiler
Truilz
schwarzach
Unter-
Unterluizen
Rupprechts
Knetzenweiler
Menzlis
B 465
Friedlings
Dietmanns
0
1
2
4 km
N

die Kirche ist Barock. Der Schloßgarten bietet eine schöne Aussicht, auch auf den Nibelgau mit Leutkirch, der ehemals freien Reichsstadt mit hübschen Bürgerhäusern, Heimatmuseum im Bock, barockem Rathaus und dem Blaserturm, Freibad am Stadtweiher.

Tourenbeschreibung Man verläßt Ochsenhausen in Richtung nach »Bad Wurzach – Rottum«, fährt vor dem *Kloster* rechts aufwärts und folgt dann dem Wegweiser »Eberhardzell« nach *Hattenburg,* das seinen Namen nach einer abgegangenen Burg hat. Man durchquert den Ort und zweigt vor dem Weiher von der Kreisstraße 7569 nach links ab, fährt durch ein *Fluggelände* und den *Ziegelhau-Wald,* biegt bei der Gabelung (RW auf der Waldstraße) am *Hof Schiele* links ab nach *Rottum.* Hier muß man unter der Straße durch und über die Rottum radeln, findet dann mehrmals das Radwegzeichen und schiebt das Rad steil rechts aufwärts. An einigen Höfen vorbei, mit hübschem Blick in die Täler, erreicht man auf einem Schotterweg *Bellamont* (den schönen Berg). Die Kirche beherrscht die ganze Gegend. Man fährt durch die Ortschaft und erreicht bald *Füramoos.*

Auf der Straße nach Ellwangen fährt man bis zum Ortsende, hält sich hier rechts, nach hundert Metern wieder rechts (bezeichnet mit Radwegzeichen, roter Balken) und gelangt im Bogen nach *Sölben.* Man radelt nach rechts und auf dem Weg nach links direkt nach *Wolfartsweiler.* (Der ausgeschilderte Radweg führt über *Adelshofen,* von dort auf der Straße mit 15 Prozent Gefälle nach Wolfartsweiler.) Zuerst geht es rechts aufwärts, dann fährt man nach links nach *Menhardsweiler,* wo es wieder links nach *Unterschwarzach* ansteigt. *Unterschwarzach* gehört zu Bad Wurzach. In *Unterschwarzach* hält man links in Richtung Leutkirch und biegt nach dem Ort wieder links ab nach *Dietmanns.* Durch *Knetzenweiler, Menzlis, Friedlings* und *Unterluizen* erreicht man *Dietmanns.* Hier biegt man rechts ein in Richtung *Bad Wurzach.* Nach der Kirche führt nach rechts der »Torfstichweg« als Radweg bezeichnet auf schöner Strecke durchs *Wurzacher Ried.* Man folgt immer dem Hauptweg durchs Landschaftsschutzgebiet. Durch den Kurpark an der *Ach* erreicht man die kleine Residenz. Nach der Besichtigung radelt man gegenüber der Kirche dem Wegzeiger nach *Gospoldshofen* nach. Über den *Gottesberg* und das Pappelkreuz (Alpensicht) gelangt man nach *Gospoldshofen.* Hier hält man rechts Richtung Diepoldshofen, an der guten Käserei vorbei, dann links steil aufwärts auf den *Gospoldshofer Berg.* Am Wasserbehälter vorbei kommt man an einem Hof auf eine Einmündung und hält hier

Unterluizen
Menzlis
Friedlings
Wurzacher
Ried
B 465
Rupprechts
Dietmanns
Albers
Bad Wurzach
Gottes-
berg
Gospolds-
hofen
Seibranz
Gospoldshofener
Berg
Starkenhofen
Schloß Zeil
n. Aichstetten
A 96
Unterzeil
B 465
Diepolds-
hofen
Wurzacher Ach
B 18
Reichenhofen
Leutkirch
Bhf.
n. Wangen
0
1
2
4 km
n. Isny

links abwärts durch die Senke nach *Starkenhofen.* Bei der Ortstafel führt der bezeichnete Radweg nach links und nach dem Ort beim Trafohäusle rechts aufwärts Richtung *Schloß Zeil.* Vor dem Wald führt der Weg nach links zur Straße nach dem Schloß. (Wer einen schönen Vesperplatz und umfassende Aussicht bis zur Zugspitze will, biegt am Ortsschild rechts Richtung Reichenhofen und dann auf der Höhe links aufwärts zum Aussichtspunkt mit Wasserbehälter auf dem *Wachbühl.* Zurück wieder den Stichweg, dann links abwärts und an der Kreuzung beim Hof links, erreicht man am Waldrand den bezeichneten Radweg.) Auf der Straße erreicht man dann *Schloß Zeil* rechts abwärts. Die Straße verläuft weiter abwärts nach *Unterzeil.* Hier radelt man nach der Kirche rechts, an einem Holzplatz und Hof vorbei und biegt vor dem Feldkreuz links in das 6-Tonnen-Sträßle (Wanderweg 5, roter Balken) ein, über die Autobahn. Man erreicht die Umgehungsstraße von *Leutkirch,* die man nach rechts fahren muß, aber gleich wieder links verläßt über die Brücke (Thermopal) bis zur Wurzacher Straße in Leutkirch, hier geht es links über die Bahn und in die Stadt. Man kann von Unterzeil aus auch dem Radweg folgen.

Zu Tour 7, 15, 36, 37, 39, 40, 56 **Isny,** historischer Stadtrundgang
(Foto: Kur- und Gästeamt Isny)

7 Donau-Bodensee-Radweg (Ost) Leutkirch – Isny – Wangen

Verkehrsmöglichkeiten Bahn bis Leutkirch und ab Wangen (beide Orte Fahrrad am Bahnhof).
Tourenlänge 43 Kilometer. **Fahrzeit** Gute 3 Stunden.
Höhenunterschiede 155 Meter Steigung, 253 Meter Gefälle.
Karten 1:50000 (L 8126 Memmingen) L 8326 Kempten, L 8324 Wangen/Allgäu, 1:200000 Mairs Generalkarte (Blatt 25).
Wissenswertes Die ehemals Freie Reichsstadt Leutkirch war früher Hauptstadt des Nibelgaues, schöne alte Bürgerhäuser, Rathaus von 1740, Heimatmuseum im Bockturm. Barockes Pfarrhaus in Herlazhofen, Moorbadsee bei Herlazhofen, Badsee vor Beuren. Isny mit evangelischer Nikolaikirche, Predigerbibliothek, St. Georg, mittelalterlichem Stadtbild und schönem Rathaus. Neutrauchburg mit ehemaligem Schloß, heute Kurort; Argenbühl-Eisenharz mit Stephanskapelle; Eglofs: Barockkirche, Ausblick zum Schloß Syrgenstein gegenüber, schöner Dorfplatz. An der Argen kann man manchmal Reiher sehen. Wangen war früher Freie Reichsstadt und besitzt daher noch wunderschöne alte Häuser, Kirchen und Tore, in der Eselsmühle Heimatmuseum.
Tourenbeschreibung Von der Stadtmitte *Leutkirch* radelt man auf der Straße nach *Wangen,* bis man nach dem Friedhof links abbiegt Richtung *Herlazhofen.* Im Schulzentrum bleibt man geradeaus auf dem Radweg an den *Öschhöfen* vorbei und erreicht dann wieder die Umgehungsstraße, die man kreuzt. Man fährt aufwärts durch *Herlazhofen,* biegt nach der Kirche links ab in die Moorbadstraße. Man folgt dem Zeichen zum Campingplatz und läßt das Moorbad rechts liegen. Bei der Feldwegkreuzung beim Campingplatz bleibt man zuerst geradeaus und verläßt sich dann auf den blauen Balken und das Radwegzeichen nach links in den Wald. Man verläßt den Hauptweg nicht, der erst einen Rechts-, dann Links- und wieder Rechtsbogen macht und am Waldende auf einem Sträßchen aufhört. Hier hält man rechts nach *Winnis,* dort links am *Badsee* vorbei zur Straße nach *Beuren,* das man nach rechts erreicht. Vor der Kirche biegt man links aufwärts in die Straße nach *Haubach-Rengers* ein. In *Haubach* überquert man die Straße und nachher den Bach, kommt durch den Wald nach *Schwanden* und neben *Rengers* auf die Hauptstraße von *Isny*, auf der man nach rechts die *Untere Argen* überquert. Gleich dahinter weist der Wegzeiger nach links nach *Achen.* Auf diesem Sträßchen hält man hinter Achen am *Schä-*

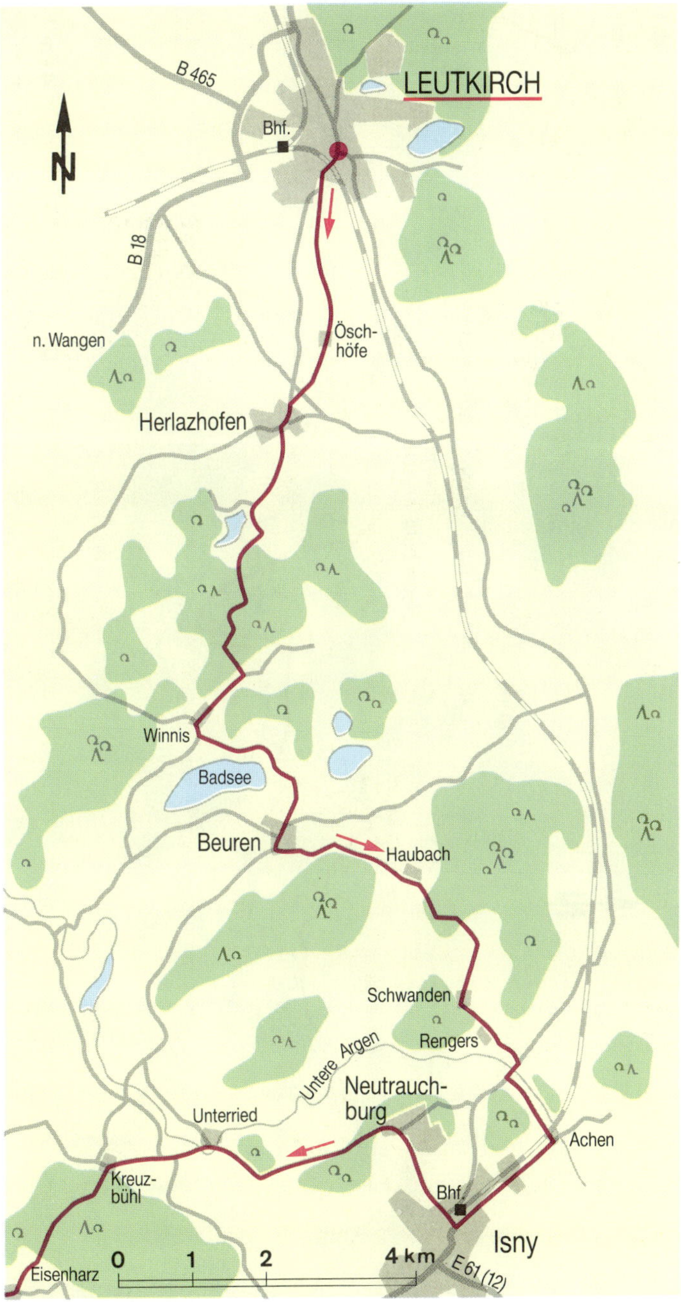
LEUTKIRCH
B 465
Bhf.
B 18
n. Wangen
Ösch-
höfe
Herlazhofen
Winnis
Badsee
Beuren
Haubach
Schwanden
Rengers
Untere Argen
Neutrauch-
burg
Unterried
Achen
Kreuz-
bühl
Bhf.
Isny
E 61 (12)
Eisenharz
0
1
2
4 km

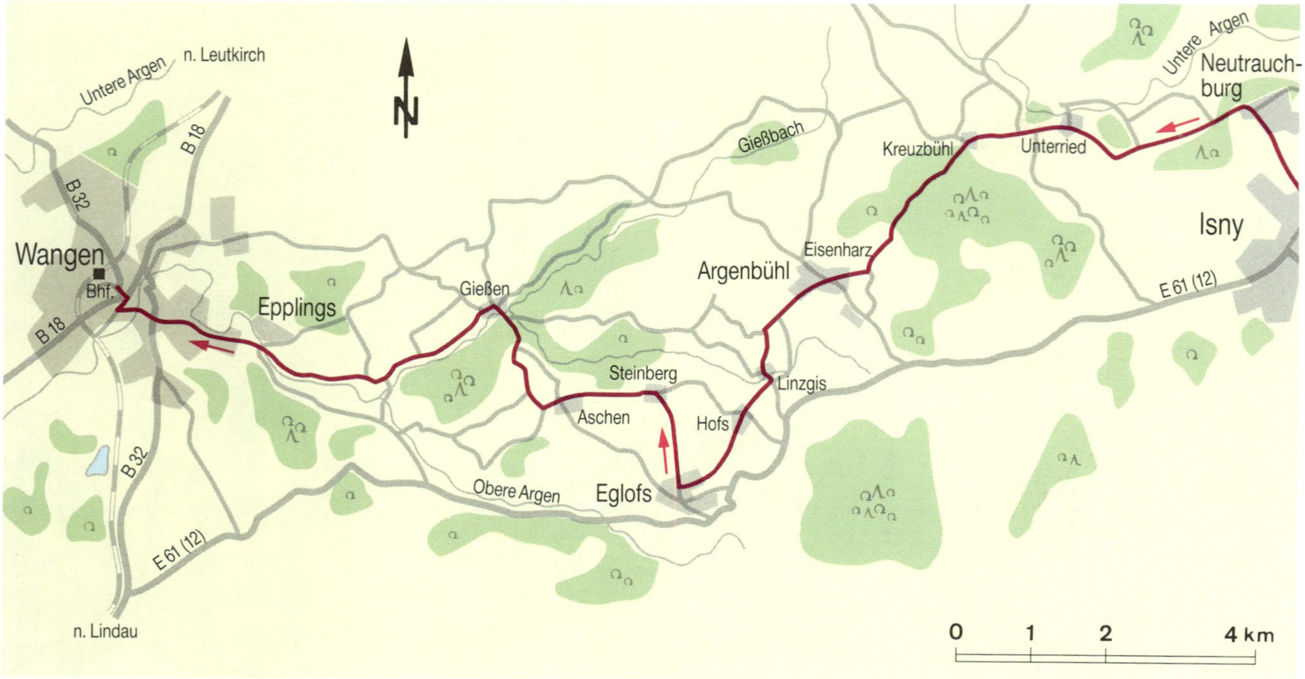
Untere Argen
n. Leutkirch
B 18
B 32
Wangen
Bhf.
B 18
Epplings
Gießen
Gießbach
Kreuzbühl
Unterried
Untere Argen
Neutrauch-
burg
Isny
Eisenharz
Argenbühl
E 61 (12)
Steinberg
Linzgis
Aschen
Hofs
Eglofs
Obere Argen
B 32
E 61 (12)
n. Lindau
0
1
2
4 km

ferhof rechts und fährt neben der Straße auf dem Radweg nach *Isny*. Nach der Besichtigung der Stadt radelt man wieder zurück in Richtung *Leutkirch* und biegt dann ab nach *Neutrauchburg* und dort links auf die Straße nach *Christazhofen* (Radwegmarkierung). In *Unterried* gelangt man über die *Argen* dann geradeaus bis *Kreuzbühl* und fährt dann links durch den Wald nach *Argenbühl-Eisenharz*. Geradeaus auf der Eglofser Straße verläßt man den Ort. In *Linzgis* hält man links Richtung *Eglofs*, dann rechts *»Hofs«*, bei der nächsten Gabel links »Eglofs«. In *Eglofs* sollte man den Kirchplatz besichtigen. Nach der Kreissparkasse muß man nach rechts, dann halb links aufwärts. Bei den Gabelungen hält man links, an der Kreuzung in *Steinberg* wieder links nach *Aschen* (Aussicht). Hier geht es rechts ab nach *Gießen*. Nach der Brücke über den Gießbach radelt man links bachabwärts an *Grub* vorbei und bei *Epplings* links über die *Argenbrücke* und rechts auf dem Radweg nach *Wangen*.

8 Donau-Bodensee-Radweg (West) (Ochsenhausen) – Unterschwarzach – Bad Waldsee – Wolfegg – Kißlegg – Wangen

Verkehrsmöglichkeiten Bus bis Unterschwarzach, Bahn ab Wangen.
Tourenlänge 55 Kilometer.
Fahrzeit 5 Stunden.
Höhenunterschiede 355 Meter Steigung, 412 Meter Gefälle.
Anmerkung In Bad Waldsee und Kißlegg Bademöglichkeit.
Karten 1:50 000 L 8124 Bad Waldsee, L 8324 Wangen/Allgäu, 1:200 000 Mairs Generalkarte (Blatt 25).
Wissenswertes In Graben steht die spätbarocke Sebastianskapelle. Bad Waldsee hat ein mittelalterliches Stadtbild mit dem schönsten gotischen Rathaus in Oberschwaben, Wolfegg ein Schloß aus dem 17. Jahrhundert, ein Automuseum, ein Bauernhofmuseum, eine barocke Kirche und die Loretokapelle mit herrlicher Aussicht.

Kißlegg, an zwei Seen gelegen, besitzt ein gotisches Schloß und ein barockes Schloß, barockisierte Pfarrkirche. Bärenweiler ist ein im Jahre 1619 von zwei Gräfinnen gestiftetes Spital. Wangen war einst Freie Reichsstadt und hat wohl das schönste Straßenbild im Allgäu.

Tourenbeschreibung In *Unterschwarzach* fährt man zunächst in Richtung Bad Wurzach auf der Bundesstraße 465 und zweigt dann beim Wegzeiger »Riedhöfe, Ziegolz« nach rechts ab.

Bei der Gabelung vor dem *Greuthof* hält man sich links und tritt an den *Riedhöfen* vorbei, aufwärts nach *Ziegolz*. Schon hier am Hang hat man einen schönen Blick über das Wurzacher Ried. Nach *Wengen* geht es bergab, dann aber muß man rechts, etwa 500 Meter steil aufwärts auf die *Grabener Höhe* das Fahrrad schieben. Außer dem bezeichneten Radweg verläuft hier auch der »Schwarzwald-Alb-Allgäu-Weg«. Der Moränenhügel bietet nach Süden den Ausblick über das Wurzacher Ried auf die Alpen, von der Zugspitze bis in die Schweiz, nach Norden zum Bussen und auf die Alb bis zum Ulmer Münster. Nun geht es abwärts nach *Graben* und auf die Straße nach Osterhofen. Nach der Kuppe im Wald weist das Radzeichen links auf einen Forstweg hin. Man folgt ihm zur *Sebastianskapelle* und auf dem Stationsweg nach *Haisterkirch*, das zu Bad Waldsee gehört. Auf der Wendelinusstraße fährt man nach links und biegt etwa 500 Meter nach dem Ortsende an der Kapelle rechts ab zum Wald. Bei der Tafel mit dem geologischen Schnitt erreicht man den Tannenbühl und an Trimmpfad und Spielplatz vorbei radelt man über die Umgehungsstraße nach *Waldsee*. Von Bad Waldsee wendet man sich aus der Stadtmitte in Richtung Wolfegg. Nach dem *Friedhof* geht es nach rechts aufwärts, dann zweigt man nochmals nach rechts in Richtung Aulendorf ab und findet nach links das Zeichen nach Wolpertsheim, das über die Brücke der Bundesstraße 30 führt. Der geteerte bezeichnete Forstweg verläuft durch den Wald nach *Arisheim*. Durch den Weiler erreicht man auf der Straße mit den Bäumen *Ankenreute*. Der Blick auf die auf einem ehemaligen Burgplatz liegende Volkertshauser Kapelle ist reizend. Man folgt dem Wegweiser nach *Bergatreute* auf der Kreisstraße 7940, fährt in *Gwigg* an der Rechtskurve geradeaus und hält sich an der Gabelung rechts. Von der Höhe hat man einen hübschen Blick, bei klarem Wetter bis auf die Alpen. In *Bergatreute* zweigt man erst rechts in Richtung Baienfurt, dann links in Richtung Roßberg ab. Beim Gasthof »Adler« geht es geradeaus auf der *Witschwender* Straße in den Weiler dieses Namens. Man durchquert diesen, fährt kurz aufwärts und dann, nch einem herrlichen Blick, geht es mit 13 Prozent Gefälle zur *Talmühle* an der Wolfegger Ach. Die hübschen Weiher, Elfenweiher und Talweiher liegen im Naturschutzgebiet. Nach der Brücke biegt man rechts in Richtung Alttann ab und radelt vor Bainders flußaufwärts links an der *Ach* entlang, bis man bei *Höll* auf die Straße nach Wolfegg gelangt. Im *Achtal an der Neumühle*

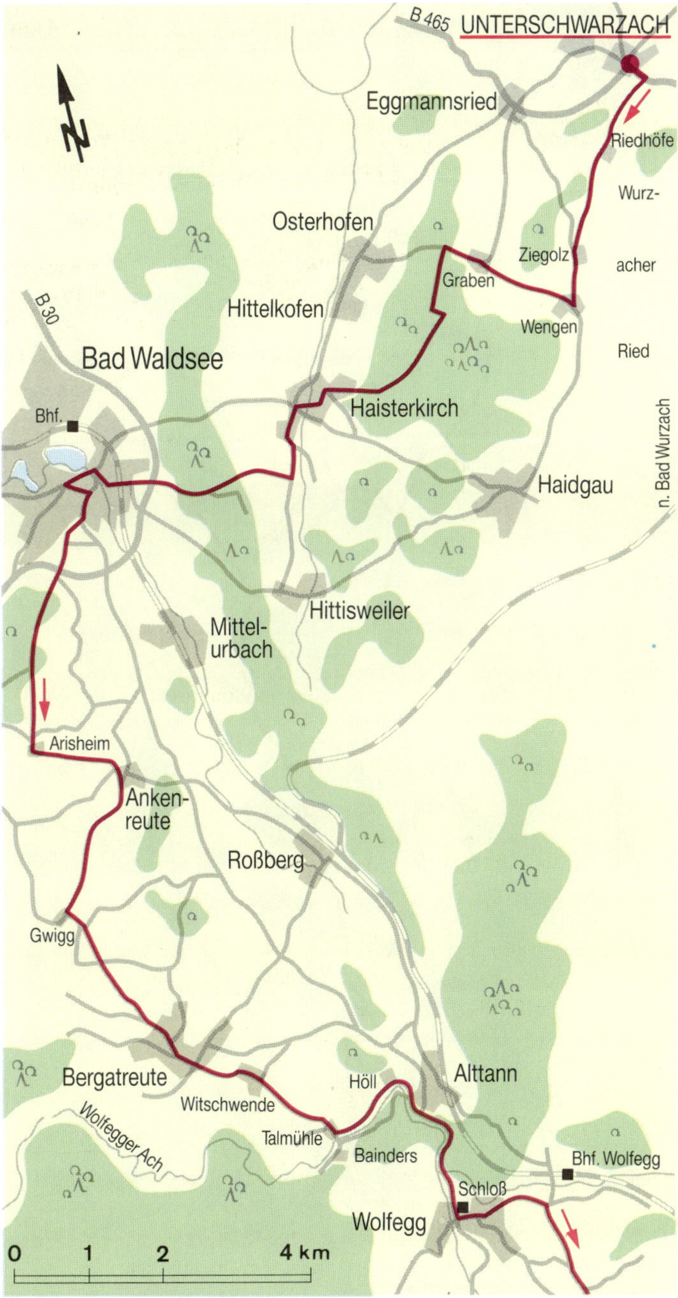
B 465
UNTERSCHWARZACH
Eggmannsried
Riedhöfe
Wurz-
acher
Ried
Osterhofen
Ziegolz
Graben
Wengen
B 30
Hittelkofen
Bad Waldsee
Haisterkirch
Bhf.
n. Bad Wurzach
Haidgau
Hittisweiler
Mittel-
urbach
Arisheim
Anken-
reute
Roßberg
Gwigg
Bergatreute
Witschwende
Höll
Alttann
Wolfegger Ach
Talmühle
Bainders
Bhf. Wolfegg
Schloß
Wolfegg
0
1
2
4 km

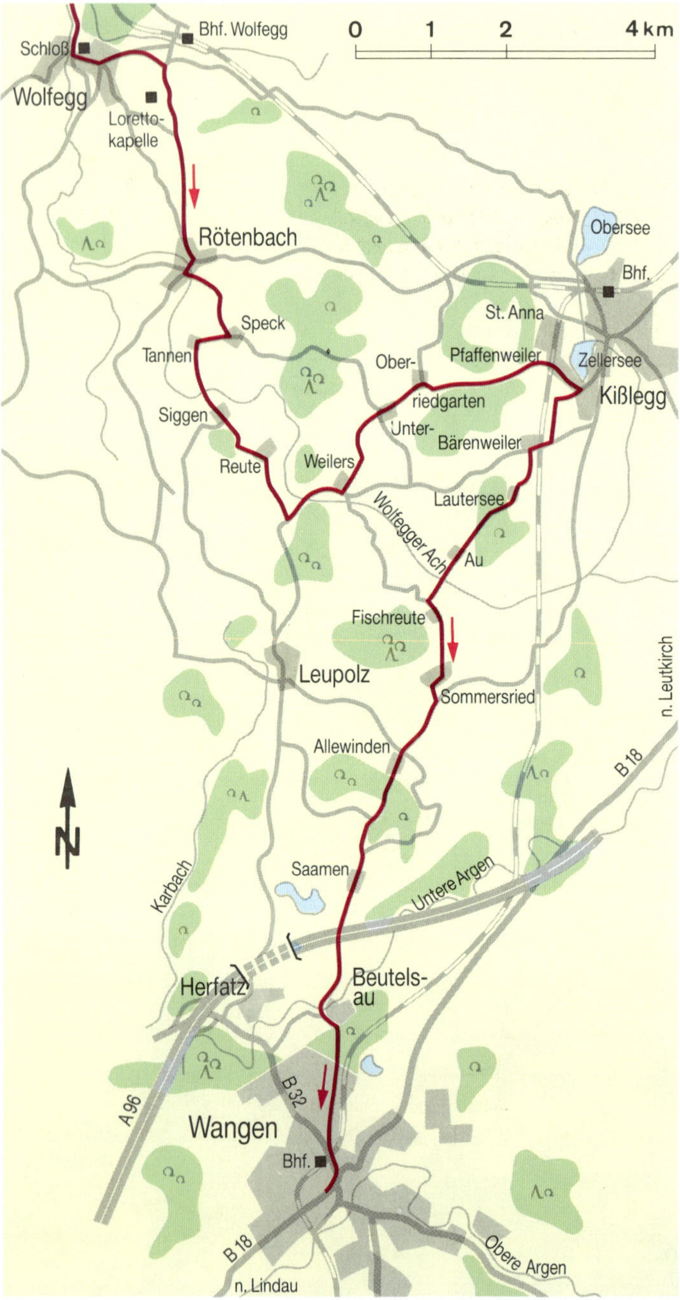

Bhf. Wolfegg
0 1 2 4 km
Schloß
Wolfegg
Loretto-
kapelle
Rötenbach
Obersee
Bhf.
St. Anna
Speck
Tannen
Ober-
Pfaffenweiler
Zellersee
Kißlegg
riedgarten
Siggen
Unter-
Bärenweiler
Reute
Weilers
Lautersee
Wolfegger Ach
Au
Fischreute
Leupolz
Sommersried
n. Leutkirch
Allewinden
B 18
Saamen
Untere Argen
Karbach
Herfatz
Beutels-
au
B 32
A 96
Wangen
Bhf.
B 18
Obere Argen
n. Lindau

Zu Tour 7, 8, 9, 32, 33, 34, 35, 58, 60 **Untere Argen beim Millionenloch**
(Foto: Rathaus Wangen im Allgäu)

vorbei erreicht man *Wassers,* Gemeinde Wolfegg und schiebt, halb links an dem Bauernhofmuseum vorbei, das Fahrrad nach *Wolfegg* hinauf. In Wolfegg fährt man zuerst zum Schloß und zur Kirche zur Besichtigung. Von dort aus radelt man in Richtung Kißlegg und hält sich dann rechts dem Wegzeiger »Schlegelsberg, Brenden« und dem Radzeichen nach, und fährt geradeaus am *Bühlhof* vorbei zur Kreisstraße 7901, auf der man es links abwärts nach *Rötenbach* rollen läßt. Hier weist das Radzeichen nach rechts in den Ort, über die Wolfegger Ach, dann ganz links dem Wegzeichen »Speck, Siggen« nach. Man kreuzt wieder einen Bach und sieht am Ortsendeschild »Leupolz 7 km«. Nun geht es am *Premerweiher* vorbei aufwärts nach *Speck*, hier rechts über *Tannen* und durch die Senke der *Wolfegger Ach* nach *Siggen.* Man findet immer wieder die rotweißen Hütchen der Südpetrol-Leitung. Durch Siggen radelt man weiter über *Reute*, dort rechts und erreicht dann die Kreisstraße 8043, der man nach links folgt. Bei *Weilers,* im weiten Bogen der Straße, biegt man nach links beim Radzeichen nach *Unterriedgarten* ab. Über

Oberriedgarten radelt man – immer durch die friedliche Landschaft – nach Kißlegg-*Pfaffenweiler* (gut bezeichnet). Hier biegt man nach rechts ab und fährt um den *Zellersee* mit hübschem Blick auf Kirche und altes Schloß.

Am Thermalbad vorbei nach links gelangt man nun in den Ort *Kißlegg* zur Besichtigung, zu Vesper oder Bad im *Obersee.* Nach rechts an der *Loretokapelle* vorbei führt der Radweg weiter bis *Bärenweiler,* wo man nach der Bahn nach links abbiegt, an *Lautersee* und *Au* vorbei, immer dem schönen Teerweg nach, wieder über die *Wolfegger Ach* und durch ein Segelfluggelände nach *Fischreute.* Auf dem Weg nach Sommersried steht der Zeppelinstein mit der Inschrift: »Hier landete am 17. Januar 1906 in Sturm und Not der Bezwinger der Lüfte Graf Zeppelin.« Bei der nächsten Gabelung in *Sommersried* hält man sich rechts und fährt auf einer ausgebauten Straße über *Allewinden, Saamen,* unter der Autobahn durch steil ab nach *Beutelsau* und an der Bahn entlang nach *Wangen.* Zum Bahnhof geht es gleich nach dem Bahnübergang nach rechts, in die Stadt fährt man auf der Hauptstraße geradeaus.

9 Donau-Bodensee-Radweg
Wangen – Laimnau – Langenargen

Verkehrsmöglichkeiten Bahn bis Wangen und ab Langenargen (beide Orte Fahrrad am Bahnhof).
Tourenlänge 29 Kilometer.
Fahrzeit 2½ Stunden.
Höhenunterschiede 60 Meter Steigung, 210 Meter Gefälle.
Karten 1:50 000 Bodensee Blatt Ost, 1:200 000 Mairs Generalkarte (Blatt 25).
Anmerkung Bademöglichkeit in Laimnau und Langenargen.
Wissenswertes Die ehemals Freie Stadt Wangen ist geprägt von der Bedeutung als Stadt an den alten Handelsstraßen. Die Oberstadt mit der Herrenstraße, in der die reichen Kaufleute wohnten, wird durch das Rathaus mit der Unterstadt an der Argen verbunden, die hauptsächlich von Handwerkern bewohnt war.

Die Argen, die früher nach Norden zur Iller entwässerte, hat sich auf ihrem Weg zum Bodensee eingeschnitten. Bei Steinenbach ist noch eine Hängebrücke für Fußgänger und Radfahrer über den Fluß vorhanden.

Die Kirche von Laimnau wurde barockisiert. Die ehemalige Wasserburg Gießen stammt aus dem 15. Jahrhundert. Der Mit-

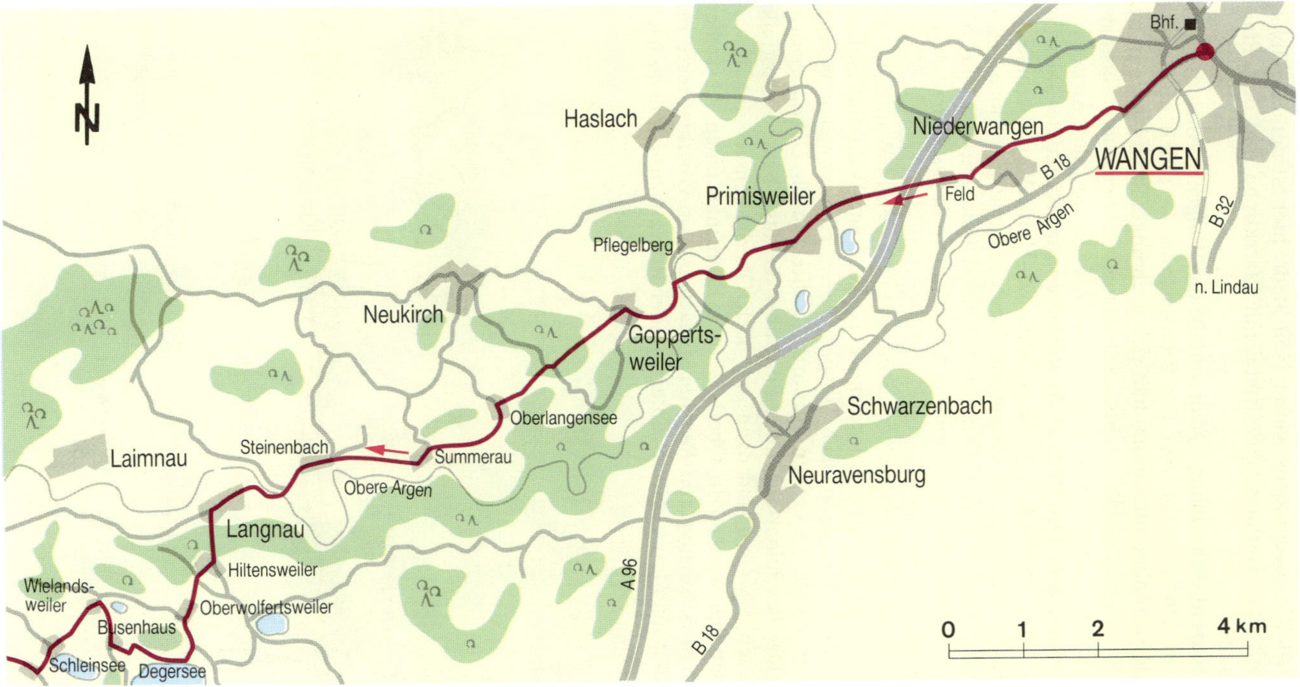
N
WANGEN
Bhf.
n. Lindau
B 32
B 18
Niederwangen
Feld
Obere Argen
Haslach
Primisweiler
Pflegelberg
Neukirch
Gopperts-
weiler
Schwarzenbach
Neuravensburg
Oberlangensee
Laimnau
Steinenbach
Summerau
Obere Argen
Langnau
Hiltensweiler
Oberwolfertsweiler
Wielands-
weiler
Busenhaus
Schleinsee
Degersee
A 96
B 18
0
1
2
4 km

telteil Langenargens wurde 1453 Stadt; hier ist der Marktplatz mit dem Rathaus, dem Spital mit Pfarrkirche und dem Pfarrhaus.

Tourenbeschreibung Man verläßt die *Wangener* Altstadt durch das Lindauer Tor. Auf der Bundesstraße 18 radelt man unter der Bahnlinie durch und hält sich nach ungefähr 700 Metern bei der Bushaltestelle rechts. Auf einem Feldweg am Gasthaus »Sattel« vorbei erreicht man den *Thomas-* und den *Kussenhof*. Die nächste Ortschaft ist *Niederwangen* am Rande des Tales der *Oberen Argen*. Geradeaus auf dem Dr.-Hehle-Weg oberhalb des Orts, dann nach rechts auf die Straße, über die Autobahn nach *Mittenweiler* und *Primisweiler*. Eine schöne kurvenreiche Abfahrt zieht sich nun durch den Wald hinunter ins *Untere Argental*.

Beim Weiler *Pflegelberg* überquert man den Fluß und hält sich gleich hinter der Brücke links. Bergauf am Waldrand entlang kommt man dann nach *Goppertsweiler*. Hier zweigt man nach der Kirche links steil aufwärts ab direkt nach *Oberlangensee*. (Der beschilderte Radweg führt über die ausgebaute Autostraße nach *Neukirch* und dann erst nach Oberlangensee und ist wesentlich weiter.) In Oberlangensee kann man einen Abstecher zum Aussichtspunkt *Reisenberg* machen. Von Oberlangensee radelt man links abwärts unterhalb der Ruine *Neusummerau* nach

Zu Tour 7, 8, 9, 32, 33, 34, 35, 58, 60 **Blick zum Niederwangener Kirchturm**
(Foto: Rathaus Wangen im Allgäu)

Summerau, Steinenbach und Oberlangnau. (Vor Steinenbach zweigt links ein Anliegerweg zur Fußgängerhängebrücke über die Argen, die interessant ist.)

In *Oberlangnau* führt die Beschilderung links aufwärts nach *Hiltensweiler* und *Oberwolfertsweiler*, dort am Ortsende ohne Wegzeiger geradeaus aufwärts (blauer Punkt) und dann nach rechts an den *Degersee,* am *Busenhaus* (K 7704) vorbei nach *Wielandsweiler,* von hier nach links zum *Schleinsee.* (Wer in Oberwolfertsweiler gleich rechts fährt, kommt – ohne Degersee – direkt zum Schleinsee.) In beiden Seen kann man baden. In Schleinsee zweigt man links nach *Nitzenweiler, Berg* ab. Man erreicht *Kreßbronn*, fährt nach rechts bis zur Kirche, kreuzt die Bundesstraße 31 und gelangt hinter der Bahn über *Gohren* dann nach *Langenargen.* (Ab Berg sind keine Radwegezeichen mehr.) Die schönere Variante (nicht offizieller Radweg) führt hinter *Steinenbach* direkt vor der *Argenbrücke* rechts ab (ohne Wegzeiger) nach *Wellmutsweiler.* (Wer ins *Bad Laimnau* will, biegt hinter Wellmutsweiler links abwärts »Badhütten« zur Argen, am Grasbahnplatz vorbei, zum Schwimmbad und erreicht hinter Laimnau wieder die Straße.) Sonst radelt man durch den Ort.

Bei Laimnau mündet der *Bollenbach* in die Argen. Nach dem Ort überquert man den Fluß und erreicht *Apflau.* Kurz vor dem Ort zweigt rechts ein für Schlepper freier Weg zur Argen ab.

Man kann auch auf diesem im Bogen zur *Gießenbrücke* gelangen. Über die Gießenbrücke wechselt man wieder auf das rechte Argenufer über und bleibt nun auf dem Radweg direkt am Fluß. An der Argen entlang radelt man nun auf bequemen Weg hinunter an den Bodensee. Allerdings ist es teilweise bei Brücken notwendig, den Kopf einzuziehen, da die lichte Höhe einen ausgewachsenen Fußgänger, aber keinen aufrecht sitzenden Radfahrer durchläßt. Nach der Unterquerung der Bahnlinie der Bodenseegürtelbahn erreicht man die Fahrstraße, der man nach rechts hinüber nach *Langenargen* folgt.

10 Laupheim – Biberach – Bad Schussenried

Verkehrsmöglichkeiten Bahn bis Laupheim und ab Schussenried.
Tourenlänge 43 Kilometer.
Fahrzeit 3½ bis 4 Stunden.
Höhenunterschiede 170 Meter Steigung, 130 Meter Gefälle.
Karten 1:50 000 L 7724 Ulm, L 7924 Biberach, 1:200 000 Mairs Generalkarte (Blatt 22).
Wissenswertes Laupheim mit ursprünglich spätgottischer Kirche, barock und später umgebaut, Schloß Groß- und Kleinlaupheim. Schemmerbergs Kirche mit Pfarrhof liegt sehr hübsch über dem Rißtal. Das »Öchsle«, die Schmalspurbahn von Warthausen nach Ochsenhausen, fährt als Museumsbahn mit Dampf an Wochenenden. Im Renaissanceschloß Warthausen verkehrte der schwäbische Dichter Christoph Martin Wieland oft. Biberach, seit dem 13. Jahrhundert Stadt, seit dem Ende des 14. Jahrhunderts Freie Reichsstadt, ist durch Weberei und Gerberei reich geworden. Der Marktplatz mit der seit 1649 simultanen Kirche und den vornehmen Bürgerhäusern ist besonders schön. In Steinhausen steht »die schönste Dorfkirche«, die barocke Pfarrkirche von Dominikus Zimmermann, mit den hübschen Tieren in den Fensternischen. Das ehemalige Prämonstratenserkloster Schussenried wurde 1183 gegründet. Nach Plänen von Dominikus Zimmermann wurde im Barock die Klosteranlage vergrößert. Der Bibliothekssaal ist weithin berühmt. Heute ist dort ein Teil des Landeskrankenhauses.
Tourenbeschreibung Von der Stadmitte *Laupheim* fährt man in Richtung Flugplatz, biegt aber beim »Mohren« rechts ab in die Lange Straße stadtauswärts, auf dem Radweg neben der Straße

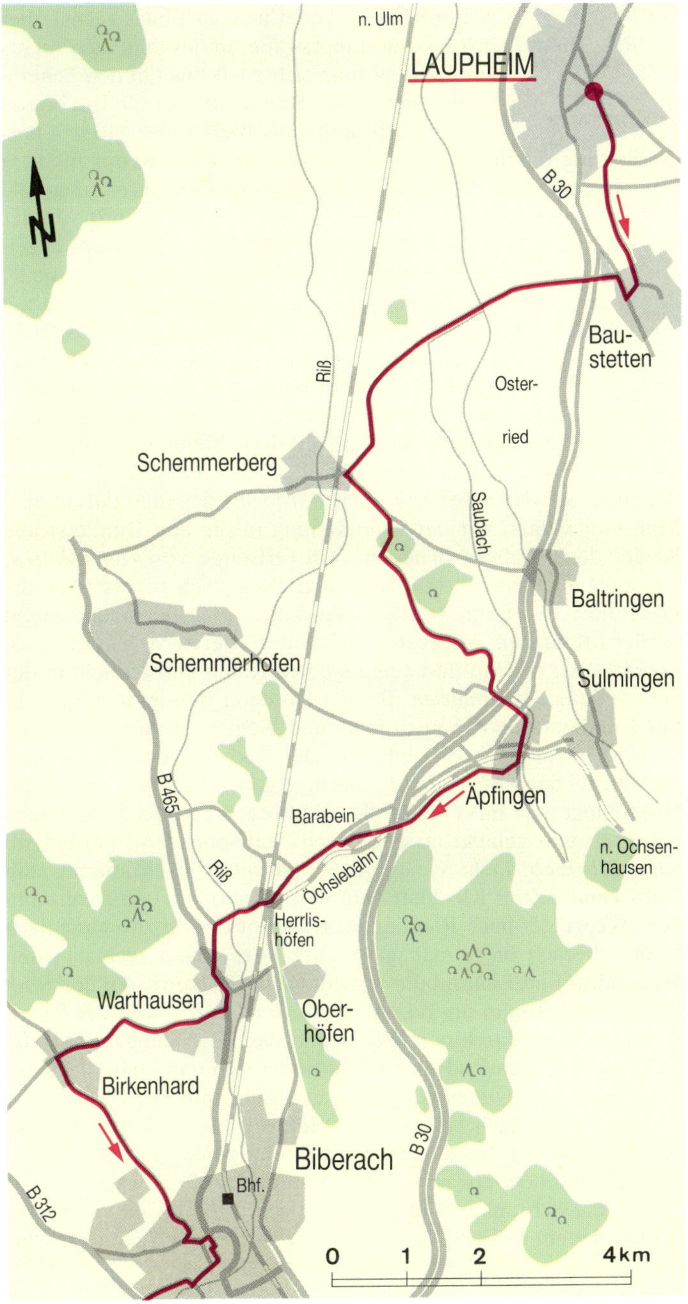

n. Ulm
LAUPHEIM
B 30
Bau-
stetten
Oster-
ried
Riß
Schemmerberg
Saubach
Baltringen
Schemmerhofen
Sulmingen
B 465
Äpfingen
Barabein
n. Ochsen-
hausen
Riß
Öchslebahn
Herrlis-
höfen
Warthausen
Ober-
höfen
Birkenhard
B 30
Biberach
Bhf.
B 312
0
1
2
4 km

bis *Baustetten.* Am »Storchen« wendet man sich nach rechts über die *Rottum* und fährt bis zur Hauptstraße, in der man kurz rechts hält. Vor der Kapelle wendet man sich nach links in den Schemmerberger Weg, überquert die Bundesstraße 30 auf einer Brücke, kommt an einer Kiesgrube vorbei, unter einer Überlandleitung durch, über die *Dürnach* und radelt weiter bis zum Ortseingang von *Schemmerberg.* In die Vorfahrtstraße, die K 7527, biegt man nach links ein. Nach etwa 800 Metern, an der Kurve, hält man nach rechts in die Allee (3,5 t) mit Radwegzeichen. Auf dieser K 7504 gelangt man unter der Bundesstraße 30 durch nach *Äpfingen.* Man kreuzt die Vorfahrtsstraße und radelt am *Saubach* entlang bis zur Biberacher Straße. Geradeaus Richtung Laupertshausen geht es zunächst weiter, aber dann halb rechts in die Talstraße. Von dieser biegt man, ziemlich am Ortsausgang, nach rechts in den Botenweg, auf dem man die Gleise des »Öchsles« erreicht. Vor den Gleisen bleibt man etwa 600 Meter nach links, überquert dann die Bahn und hält gleich wieder links auf der 6-t-Straße nach *Barabein*, das man durchfährt. Man bleibt dann vor der Einmündung in die alte Bundesstraße 30 auf dem Radweg daneben. Am Ortsende von *Herrlishöfen*, an der Linkskurve, wählt man den Weg nach rechts über die Hauptlinie der Bahn von Ulm nach Friedrichshafen und bleibt an der dreifachen Wegegabel auf dem mittleren Weg geradeaus, kommt über die *Riß* und einen kleinen Kanal und erreicht in der Schmiedgasse *Warthausen.* Bei der Brauerei wendet man sich auf der Bundesstraße 465 nach links und biegt bald darauf zweimal nach rechts ab nach Birkenhardt. Der Radweg verläuft am Freibad vorbei nach *Birkenhardt,* das man ganz durchradelt. Auf der Höhe biegt man links ab auf den Radweg neben der Straße nach Biberach und gelangt an der Bereitschaftspolizei vorbei bergab nach *Biberach.* Dem Wegzeiger »Stadtmitte« nach kommt man beim Haus »Zum Kleeblatt« auf den Marktplatz und folgt dann dem Wegzeiger nach Riedlingen. Kurz vor der Abzweigung nach Mittelbiberach biegt man ganz kurz links, dann rechts in den Steigmühl- und Laurenbühlweg ein (roter Balken). An der *Roth* entlang radelt man im Tal unterhalb des *Laurenbühls* bis *Reute,* hier geradeaus durch den Weiler und dann die Saulgauer Straße ortsauswärts. Das Radwegzeichen findet sich dann halb links am Wegzeiger zum *Findenmösle*. Daran vorbei geht es aufwärts dem blauen Punkt nach, beim Wegkreuz vor dem Hof rechts am Waldrand weiter, bei der zweiten Gabelung (Voggenreuter Holz) halb rechts den etwas vergrasten privaten Forstweg entlang. (Sollte die Schranke nicht zu öffnen sein, kommt man mit dem Rad trotzdem weiter.) Am Waldende bleibt man geradeaus bis

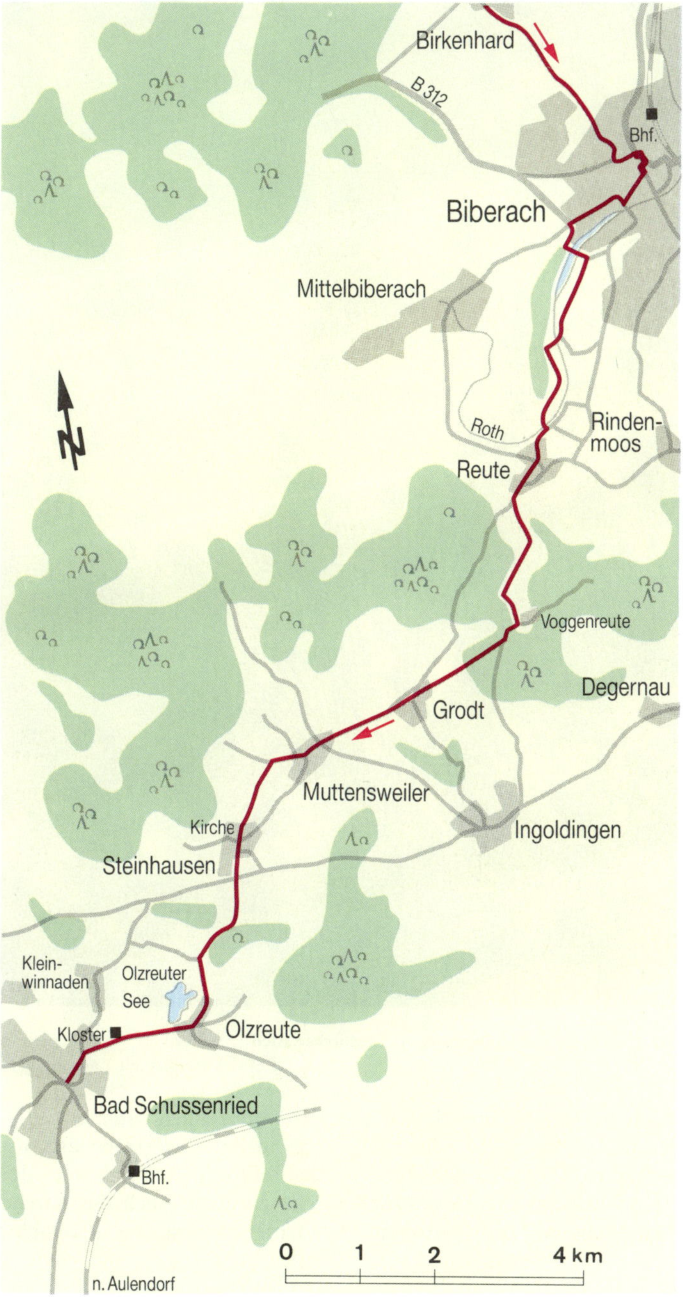
Birkenhard
B 312
Bhf.
Biberach
Mittelbiberach
Roth
Rinden-
moos
Reute
Voggenreute
Degernau
Grodt
Muttensweiler
Ingoldingen
Kirche
Steinhausen
Klein-
winnaden
Olzreuter
See
Olzreute
Kloster
Bad Schussenried
Bhf.
n. Aulendorf
0
1
2
4 km

Zu Tour 9, 24, 41 **Langenargen, Eriskircher Ried**
(Foto: Verkehrsamt Langenargen)

nach *Grodt* und von dort geradeaus weiter nach *Muttensweiler.* In diesem Ort fährt man nach rechts in der Bergstraße ortsauswärts und biegt bei der Hütte in den Feldweg nach links ein, der geradeaus auf die *Steinhauser* Kirche zuführt. Nach der Kirche hält man rechts, überquert die Umgehungsstraße (Vorsicht, schneller Verkehr!) und folgt dem roten Balken geradeaus in den Wald. Auf dem Hauptweg bleibend sieht man den Olzreuter Weiher, an dem man durch *Lauhaus* und Olzreute vorbeifährt. Nach *Bad Schussenried,* das man am Kloster vorbei erreicht, sind es dann nur noch zwei Kilometer.

11 Bad Schussenried – Aulendorf – Ravensburg

Verkehrsmöglichkeiten Bahn bis Bad Schussenried und ab Aulendorf.
Tourenlänge 35 Kilometer.
Fahrzeit Etwa 3 Stunden.
Höhenunterschiede 130 Meter Gefälle.
Karten 1:50 000 L 8122 Weingarten, L 8124 Bad Waldsee, 1:200 000 Mairs Generalkarte (Blatt 25).
Wissenswertes Die Klosteranlage Schussenried, heute psychiatrisches Landeskrankenhaus, ist am meisten durch den großartigen Bibliothekssaal bekannt. Barock nach Plänen von Dominikus Zimmermann umgebaut, wurde dort im Comödienhaus Sebastian Sailers »Schöpfung« uraufgeführt. Gegenüber vom Bahnhof Bad Schussenried liegt das Freilichtmuseum Kürnbach mit seinen alten Bauernhäusern. Die Pfarrkirche von Otterswang mit Malereien von Meinrad von Au ist zum Erntedankfest immer wunderschön geschmückt. In Aulendorf steht das Schloß der Grafen von Königsegg mit Teilen von der romanischen bis zur barocken Zeit. Die ehemals romanische Kirche wurde gotisch und barock umgestaltet. Der Bahnhof Durlesbach wird nicht mehr von der Bundesbahn benützt, ist aber der »klassische« aus dem Lied. In Staig ist eine Wallfahrtskapelle mit mittelalterlichen Bildern. Ravensburg ist von den Welfen im 11. Jahrhundert gegründet worden, Heinrich der Löwe wurde hier geboren. 1276 wurde es freie Reichsstadt. Die 15 verschiedenen Türme, die Kirchen und die ganze mittelalterliche Altstadt sollte man in Ruhe besichtigen. Untertor, Karmeliterkloster, Mehlsack, Obertor, Liebfrauenkirche, St.-Jodokus-Kirche, Blaserturm, Waaghaus und Rathaus sind nur einige Besonderheiten.
Tourenbeschreibung Von der Stadtmitte *Bad Schussenried* radelt man zunächst auf der Straße nach Aulendorf-Otterswang, biegt dann halb rechts in die Finsterbachstraße ein, der man bis zum Ende folgt. Bei den letzten Häusern führt der Weg zunächst

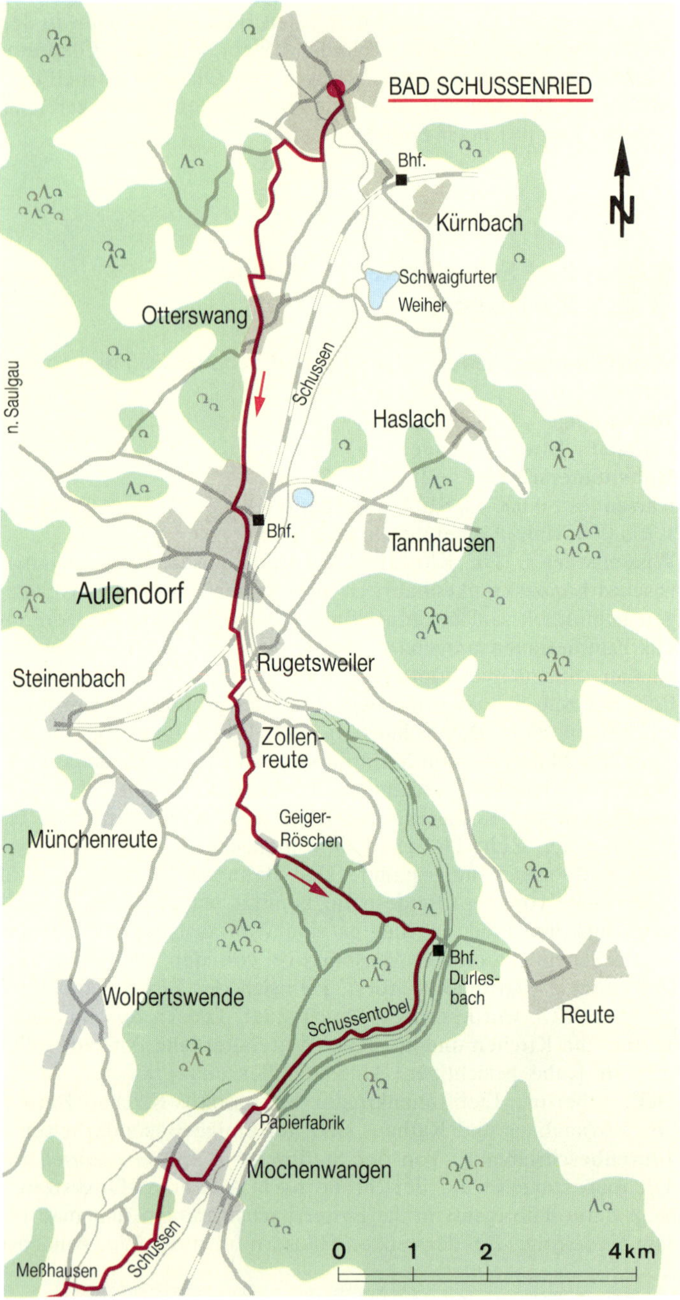
BAD SCHUSSENRIED
Bhf.
Kürnbach
Schwaigfurter
Weiher
Otterswang
Schussen
n. Saulgau
Haslach
Bhf.
Tannhausen
Aulendorf
Rugetsweiler
Steinenbach
Zollen-
reute
Geiger-
Röschen
Münchenreute
Bhf.
Durles-
bach
Wolpertswende
Schussentobel
Reute
Papierfabrik
Mochenwangen
Schussen
Meßhausen
0 1 2 4 km

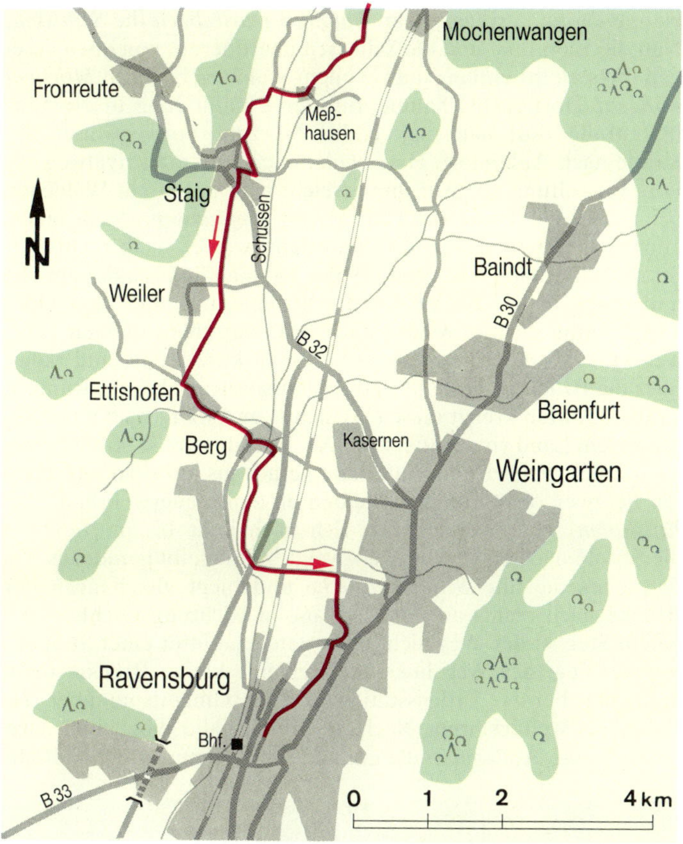

halb rechts in die Felder zum Waldrand, am Waldrand dann nach links (Wegzeiger »Aulendorf«). Zuerst am Waldrand, nach einer Linkskurve dann kerzengerade, gelangt man durch die Meinrad-von-Au-Straße nach *Otterswang.* Man biegt nach rechts in die Straße nach Aulendorf ein und benützt den Radweg daneben bis nach *Aulendorf.* Hier läßt man es links abwärts bis zur Bahn laufen und verläßt die Stadt in der Richtung nach Mochenwangen. Man radelt unter der Straßenbrücke durch auf dem Radweg neben der Straße durch *Zollenreute* Richtung Weingarten und durch den Weiler *Geiger-Röschen.* Hier muß man gleich nach den letzten Häusern links auf den Forstweg einbiegen, der für Radfahrer frei ist. Man bleibt durch den Wald auf dem

Hauptweg und erreicht beim *Bahnhof Durlesbach* die *Schussen*. Nun die Bahnlinie und die Schussen überqueren, von oben gesehen links an ihr entlang auf schönem Waldweg bis nach *Mochenwangen*. Dort rechts halten. Bei der Einmündung in die Vorfahrtstraße dort hält man rechts bis zum Vorwegweiser der Straße nach Aulendorf. Hier zweigt nach links ein Privatweg der Forstverwaltung ab. Auf ihm erreicht man durch ein Wäldchen bei einem Feldkreuz die Häuser von *Meßhausen*. Nach rechts fährt man durch den Weiler und dann wieder nach rechts zur Straße nach *Staig*. Auf der K 7953 biegt man links zu diesem Ort und dann, in der Kurve vor der Stromleitung und dem Ortsschild, unbezeichnet wieder nach links auf einen ebenen Teerweg ein. An der Einmündung hält man kurz rechts und radelt über die Brücke nach links in die Schussenstraße bis zur Bundesstraße 32. Man kreuzt diese (Vorsicht!) und wählt halb links den geteerten Landwirtschaftsweg. Die Vorfahrtstraße kreuzt man nach links versetzt und muß dann geradeaus auf dem ungeteerten Feldweg ohne Steigung bleiben bis zum Feuerwehrhaus von *Ettishofen*. Hier wendet man sich nach links bis in *Kasernen* die Straße nach Ravensburg abzweigt. Man bleibt geradeaus, radelt über die alte *Schussenbrücke* und biegt gleich nach der Brücke nach rechts am Fluß entlang in Richtung Öschhof. Ab einem Steg ist der Weg nicht mehr geteert. Unter einer Straßenbrücke biegt der Weg links ab über eine kleine Brücke, dann muß man bei der Erdgasstation in einer Umlaufspur über das Bahngleis weiterfahren. Nach der Tennishalle biegt man nach rechts in die Anliegerstraße ein und fährt immer in dieser Rich-

Zu Tour 9, 24, 41 **Langenargen, Schloß Montfort** (Foto: Reinhard Kuntzke)

tung geradeaus weiter (Ulmer Straße), kreuzt die Umgehungsstraße mit Ampel, und bleibt weiter geradeaus in der Schützenstraße stadteinwärts bis zum Altstadtring in *Ravensburg*. Rechts ist hier eine Ampel um ihn zu kreuzen und in die Altstadt zu gelangen. (Bitte in der Fußgängerzone Fahrrad schieben!) Der Bahnhof ist nach rechts zu erreichen.

12 Ravensburg – Meckenbeuren – Friedrichshafen

Verkehrsmöglichkeiten Bahn bis Ravensburg und ab Friedrichshafen.
Tourenlänge 24 Kilometer. **Fahrzeit** Etwa 2 Stunden.
Höhenunterschiede Fast eben.
Karten 1:50 000 L 8322 Friedrichshafen, 1:200 000 Mairs Generalkarte (Blatt 25).
Wissenswertes Die ehemals Freie Reichsstadt Ravensburg wurde von den Welfen gegründet und von den Staufern übernommen. Auf der Veitsburg ist Heinrich der Löwe geboren. Die Stadt hat viele Türme: den Mehlsack, den Untertor- und Obertorturm, den Spitalturm und den Schellenberger Turm. Am Marienplatz steht noch der Blaserturm, das Waaghaus und das Rathaus. Die Prämonstratenserabtei Weissenau war von einem Welfen gegründet worden und wurde von Franz Beer barock umgebaut. Der Stuck wurde von Schmuzer gefertigt. Die Kirche Mariatal war gotisch und wurde 1756 barockisiert. Meckenbeuren ist von der »Schwäbischen Eisenbahn« bekannt. Brochenzells Kirche ist romanischen Ursprungs, aber barock umgebaut. Das schon 1085 gegründete Kloster Hofen und die Freie Reichsstadt Buchhorn wurden von König Friedrich I. zur Stadt Friedrichshafen angelegt. Das Kloster wurde zu einem Schloß umgestaltet und gehört noch heute dem Hause Württemberg. Die Kirche wurde von dem Vorarlberger Christian Thumb barock erbaut.
Tourenbeschreibung Von der Stadtmitte *Ravensburg* fährt man auf der Seestraße in Richtung Friedrichshafen. Etwa 500 Meter nach dem Goetheplatz biegt man halb rechts in die Weißenauer Straße ein, kreuzt die Umgehungsstraße bei der Ampel und folgt dem Wegzeiger »Weißenau, Klosterkirche, Landeskrankenhaus«. Durch das hübsche Tor des Klosters *Weißenau* radelt man an der Kirche vorbei durch das ganze Areal im Linksbogen und

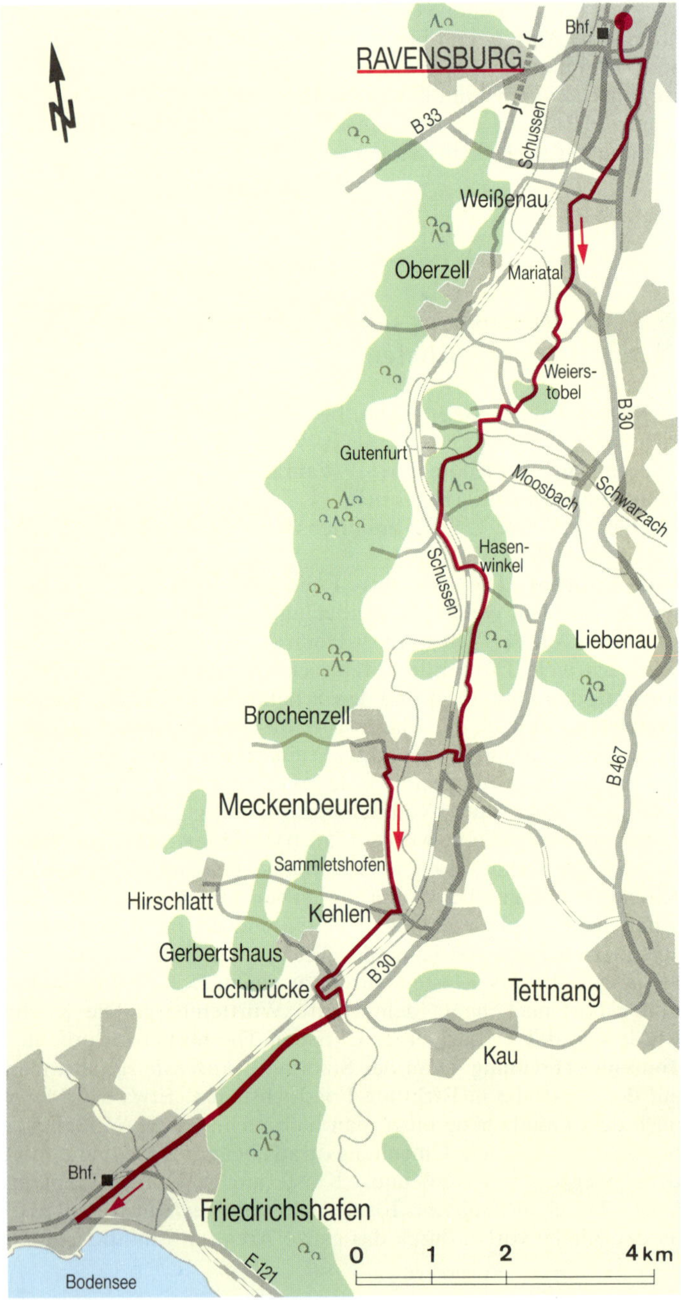

N
RAVENSBURG
Bhf.
B 33
Schussen
Weißenau
Oberzell
Mariatal
Weiers-
tobel
B 30
Gutenfurt
Moosbach
Schwarzach
Hasen-
winkel
Schussen
Liebenau
Brochenzell
B 467
Meckenbeuren
Sammletshofen
Hirschlatt
Kehlen
Gerbertshaus
B 30
Lochbrücke
Tettnang
Kau
Bhf.
Friedrichshafen
E 121
Bodensee
0
1
2
4 km

dann weiter durch die Allee nach *Mariatal.* Halb rechts geht es weiter am Umspannwerk vorbei durch *Weiherstobel,* bei der Gabelung hinter der Brücke am Wald links in den Wald (man folgt dem blauen Balken), bei der Einmündung rechts, dann links um die Fabrik dem Wegzeiger »*Karrer* – Gutenfurt« nach. Vor dem Wald zweigt nach links ein für Radfahrer freier Forstweg ab (blauer Balken). Über die *Schwarzach* und den *Moosbach* geht es nun durch den Wald, dann gelangt man auf dem Sträßchen über die Bahn. Vor der *Schussen* biegt man nach links ab, flußabwärts und kommt dann wieder unter der Bahn durch. Die Häuser dort sind der *Hasenwinkel,* dann radelt man durch *Lohner* und bleibt nun diesseits der Bahn bis *Meckenbeuren.* Man wendet sich hier rechts in die Brochenzeller Straße, die als Brücke über die Bahn führt, überquert die *Schussen* und fährt in *Brochenzell* bis zur Rechtskurve, wo man nach links in der der Kehlener Straße ortsauswärts radelt. Durch *Sammletshofen* erreicht man *Kehlen,* hält hier rechts und folgt dann dem Wegzeiger »Gerbertshaus«. Man erreicht die Straße von Hirschlatt, auf der man dann nach links über die Bahn und vor zur Bundesstraße 30 fährt. Weit genug abgesetzt von der Bundesstraße verläuft der Radweg eben hinein nach *Friedrichshafen.*

13 Von der Donau über die Weihung zur Rot
Ulm – Rot an der Rot

Verkehrsmöglichkeiten Bahn bis Ulm (Fahrrad am Bahnhof), Bus ab Rot nach Biberach oder Memmingen.
Tourenlänge 50 Kilometer.
Fahrzeit Knapp 4 Stunden.
Höhenunterschiede 240 Meter Steigung, 122 Meter Gefälle.
Karten 1:50 000 L 7724 Ulm, L 7726 Neu-Ulm, L 7926 Babenhausen, 1:200 000 Mairs Generalkarte (Blatt 22).
Anmerkung Ein Vesper ist angebracht, da nicht jedes Gasthaus auf Essen eingerichtet ist. Für die Weiterfahrt ist in Rot eventuell eine Übernachtung nötig.
Wissenswertes In Ulm steht das Münster mit dem höchsten Kirchturm der Welt, Rathaus, Schwörhaus, Fischerviertel an der Blau, Stadtmauer mit Metzgerturm. In Wiblingen ist die ehemalige Benediktinerabtei mit ihrem großartigen Bibliothekssaal sehenswert. Oberkirchberg hat ein Barockschloß der Grafen Fugger. Das Schloß in Wain ist klassizistisch. In Gutenzell wurde die

Zu Tour 4, 5, 13, 18, 47 **Ulm, Altstadt mit Stadtmauer (1480) und Metzgerturm (1345)** (Foto: Verkehrsbüro der Stadt Ulm/Eckart Breider)

ehemalige Zisterzienserinnenabtei von Dominikus Zimmermann barockisiert. Die ehemalige Prämonstratenserkirche in Rot an der Rot mit ihren zwei Türmen wurde von Januarius Zick ausgemalt.

Tourenbeschreibung Vom Ulmer Hauptbahnhof fährt man, aus dem Hauptportal kommend, nach rechts an den Bahngleisen entlang auf dem bezeichneten Radweg bis an die Donau. Rechts, flußaufwärts, bleibt man am Ufer bis zur *Autobahnbrücke.* Auf dem Steg überquert man die *Donau* und gelangt unter der Brücke zur Straße nach Wiblingen. Auf dem Rad- und Fußweg neben der Straße erreicht man über *Wiblingen* – nach der Besichtigung der Klosteranlagen – *Illerkirchberg.* In *Unterkirchberg* bleibt man auf der Hauptstraße nach Oberkirchberg, kommt über die *Weihung* und biegt auf der Höhe nach rechts in den Teerweg für Anlieger ein, der über *Buch* nach rechts, dann links oberhalb Essendorf weiter nach *Steinberg* führt. Durch die Gartenstraße nach links erreicht man nach rechts die Straße nach *Dorndorf.* Hier radelt man zunächst in Richtung Illerrie-

Bhf.
ULM
Neu-Ulm
N
Donau
Kloster
Ludwigsfeld
B 28
Wiblingen
Iller
Gerlenhofen
Unterkirchberg
Senden
Unter-
weiler
Iller-
kirch-
berg
Buch
Ober-
kirchberg
Essendorf
Weihung
Staig
Altheim
Steinberg
Iller-
zell
Iller
Weinstetten
Dorndorf
Schnürpflingen
Illerrieden
Beuren
Wangen
Regglis-
weiler
0 1 2 4 km

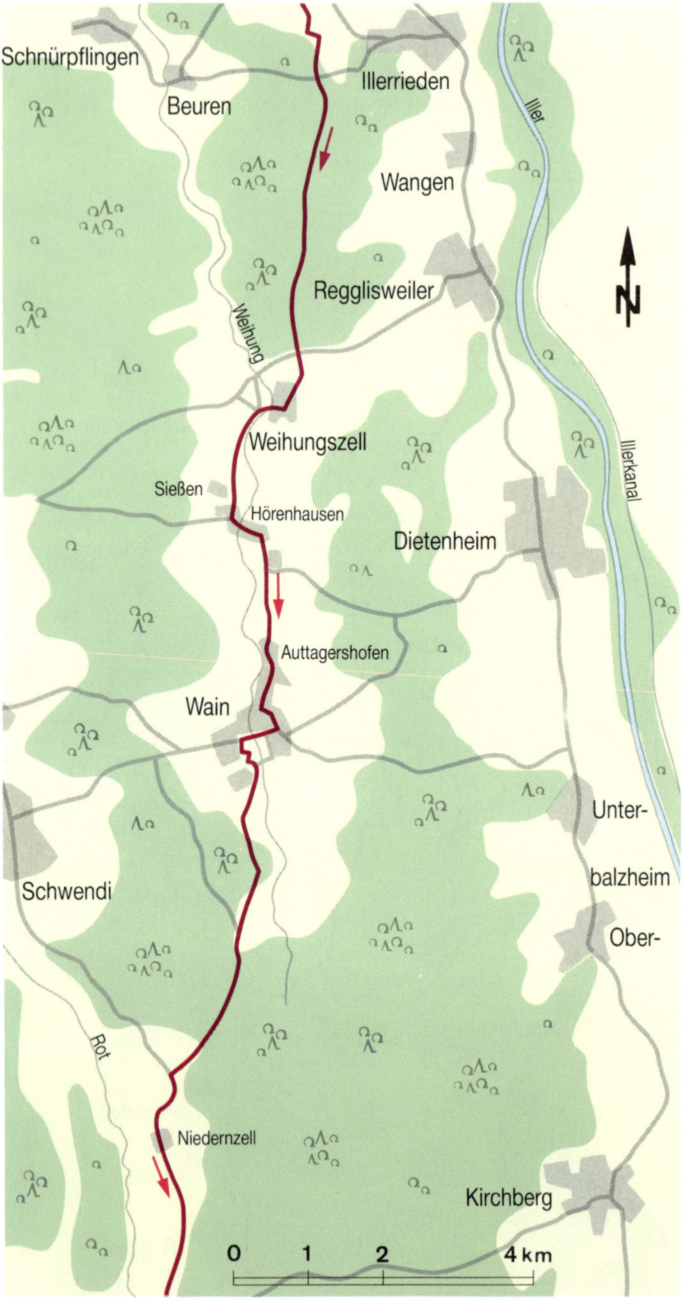
Schnürpflingen
Beuren
Illerrieden
Iller
Wangen
Regglisweiler
Weihung
N
Weihungszell
Illerkanal
Sießen
Hörenhausen
Dietenheim
Auttagershofen
Wain
Unter-
balzheim
Ober-
Schwendi
Rot
Niedernzell
Kirchberg
0
1
2
4 km

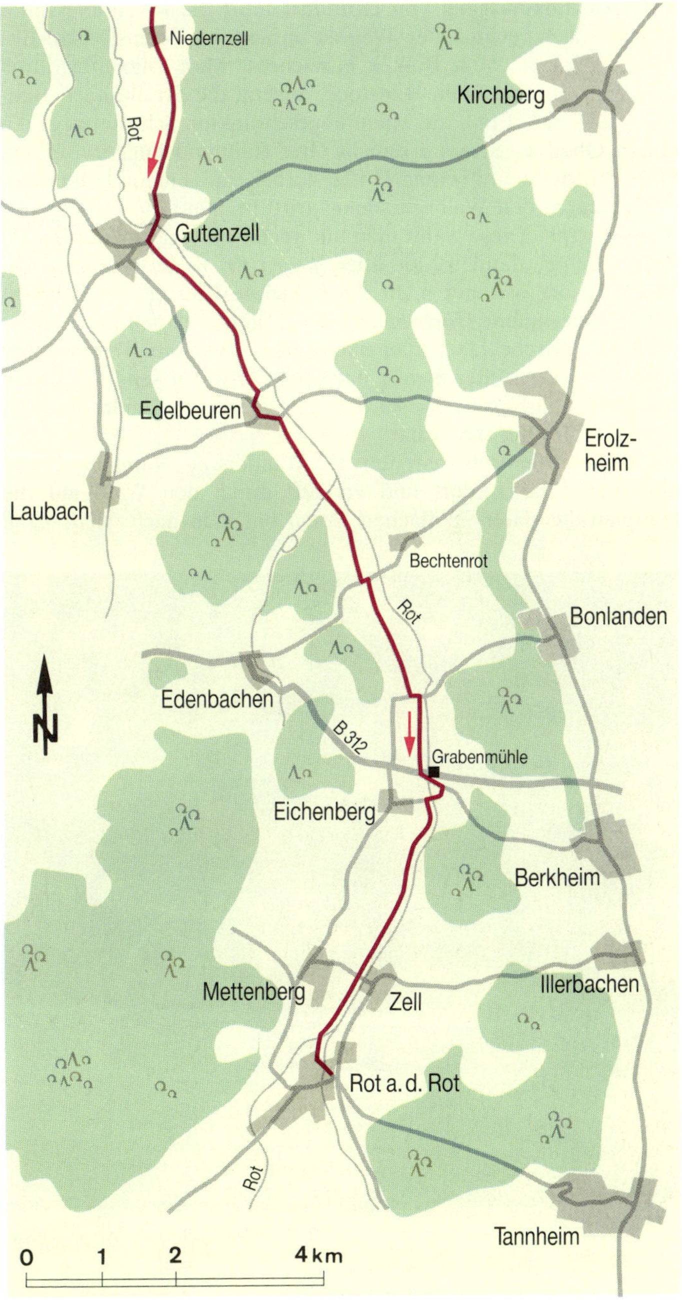
Niedernzell
Kirchberg
Rot
Gutenzell
Edelbeuren
Erolz-
heim
Laubach
Bechtenrot
Rot
Bonlanden
Edenbachen
B 312
Grabenmühle
Eichenberg
Berkheim
Mettenberg
Zell
Illerbachen
Rot a. d. Rot
Rot
Tannheim
0
1
2
4 km

den. Am Ortsausgang von Dorndorf führt die »Weihungszeller Straße« nach rechts. Der Weg ist anfangs als Main-Donau-Bodenseeweg mit roten Balken bezeichnet. Man folgt ihm durch den Wald, kreuzt beim Bildstock versetzt die Straße nach Beuren, und gelangt nun auf einen abgeschrankten Schotterweg. An einem Obelisk »Seiner Erlaucht Graf Raimund Fugger«, einem Hubertuskreuz und einer Hütte vorbei, auf einem Höhenweg immer durch den Wald geradeaus trifft man auf die Straße nach *Weihungszell.* Diese wählt man nun rechts abwärts wieder ins Tal der *Weihung,* dann weiter über *Sießen im Wald,* das wohl ein Wallfahrtsort ist, aber nicht das bekannte Kloster von Dominikus Zimmermann, *Hörenhausen* und *Auttagershofen* nach *Wain.* Nach der Kirche fährt man nach rechts über die *Weihung* und folgt der Gutenzeller Straße nach links. Am Ortsende steht ein Schild »Gutenzell 8 km«, so daß man merkt, daß man die richtige Ausfahrt gefunden hat.

Die Schotterstraße ist nun als Wanderweg Nummer 2 und Nummer 3 beschildert und verläuft durch den Wald auf die Hauptstraße. Hier im flachen *Rottal* hat man nach *Niedernzell*

(Foto: Ulrich Schnabel, Archiv DWV)

einen hübschen Blick auf Gutenzell. Gleich nach der Brücke mit dem Nepomuk (rechts sind Kloster und Kirche), zweigt links an der Rot bachaufwärts ein Teerweg ab, der nach *Edelbeuren* führt. Durch den Weiler gelangt man auf dem Bechtenroter Weg weiter rotaufwärts und kreuzt die Fahrstraße versetzt bei der Bushaltestelle. Weiter geht es bachaufwärts, bis man an der nächsten Wegeinmündung dann den Weg direkt am Bach wählt. Der Bach ist wohl begradigt und die Wiesen entwässert, aber mit Glück kann man doch noch einzelne Graureiher antreffen. Am Autobahnzubringer hält man sich links, fährt über die Brücke und radelt dann rechts beim Wegzeiger »Berkheim« durch die *Grabenmühle* und über den *Mühlkanal* und die Rot. Nun kann man direkt am Flüßchen bleiben, bis man in den Ort *Rot an der Rot* einfährt.

14 Von der Rot an die Eschach
Rot an der Rot – Leutkirch

Verkehrsmöglichkeiten Bahn bis Biberach oder Memmingen, Bus bis Rot.
Tourenlänge 25 Kilometer. **Fahrzeit** 2 Stunden.
Höhenunterschiede 90 Meter Steigung bis Schloß Zeil, dann 110 Meter Abfahrt nach Leutkirch.
Karten 1:50 000 L 7926 Babenhausen, L 8124 Bad Waldsee, L 8126 Memmingen, 1:200 000 Mairs Generalkarte (Blatt 22, 25), 1:50 000 Kompass-Wanderkarte K 186 Leutkirch.
Wissenswertes Im Staubecken bei Konradsweiler wurde der Pfaffenrieder Bach, ehe er mit dem Ölbach vereint Rot heißt, aufgestaut. Hauerz hat sich noch einen mittelalterlichen Kirchtum und ein behäbiges Gasthaus bewahrt. Schloß Zeil ist ein vierflügeliger Renaissancebau mit einer umfassenden Aussicht von der Gartenterrasse. Leutkirch war früher Mittelpunkt des Nibelgaues und eine freie Reichsstadt mit hübscher Altstadt.
Tourenbeschreibung Von Rot an der Rot aus radelt man auf dem Teerweg direkt neben dem Flüßchen aufwärts, bis bei *Spindelwag* an der Vereinigung des Ölbachs mit dem Pfaffenrieder Bach eine Brücke nach links führt. Man folgt dem Wegzeiger »Staubecken, Konradsweiler«, bleibt am diesseitigen Hang mit einem hübschen Blick in das kleine Tal und fährt auf dem Teerweg über *Senden* nach *Hauerz*. Hier bleibt man direkt am Bach, fährt durch den Ort und gelangt leicht aufwärts nach *Linden*. Man kreuzt die Straße Bad Wurzach–Aitrach und kommt über Unterhueb nach Seibranz.

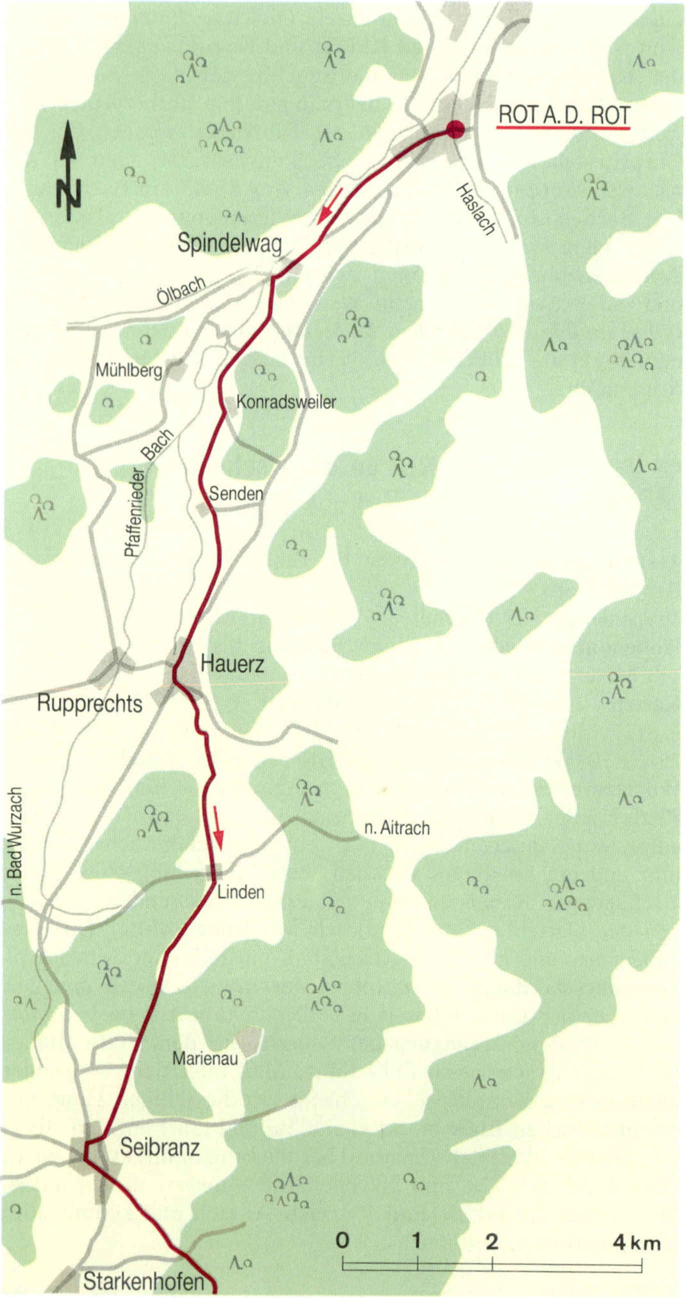
ROT A. D. ROT
N
Haslach
Spindelwag
Ölbach
Mühlberg
Konradsweiler
Pfaffenrieder Bach
Senden
Hauerz
Rupprechts
n. Bad Wurzach
n. Aitrach
Linden
Marienau
Seibranz
Starkenhofen
0 1 2 4 km

Durch den aufstrebenden Fremdenverkehrsort radelt man auf der Hauptstraße in Richtung Leutkirch. Vor *Schloß Zeil* bei dem einzelnen Hof, den die Straße teilt, ist die »Sebastianssaul«. Es ist ein viereckiger überdachter Bildstock mit Szenen vom Heiligen Sebastian. Leider ist sie nicht mehr zugänglich, da sie im Hofraum steht, und das Vieh ringsherum weidet. Beim Schloß Zeil hübsche Gartenanlage und Barockkirche. Der Blick von der Terrasse oberhalb des Wildgeheges reicht über die ganzen Allgäuer Berge. Nach der schneidigen Abfahrt durch *Unterzeil* biegt man nach dem Flugplatz hinter der netten Kirche rechts ab. In dem weiten Tal, das sich bis Leutkirch erstreckt, saßen in fränkischer Zeit die »Freien Bauern auf der Leutkircher Heide«, die als freie Reichsbürger besondere Rechte hatten. Beim dritten Feldkreuz hält man links und erreicht durch die »Haider Einöden« die Stadt *Leutkirch.* Man kann auch ab Unterzeil den beschilderten Radweg benützen.

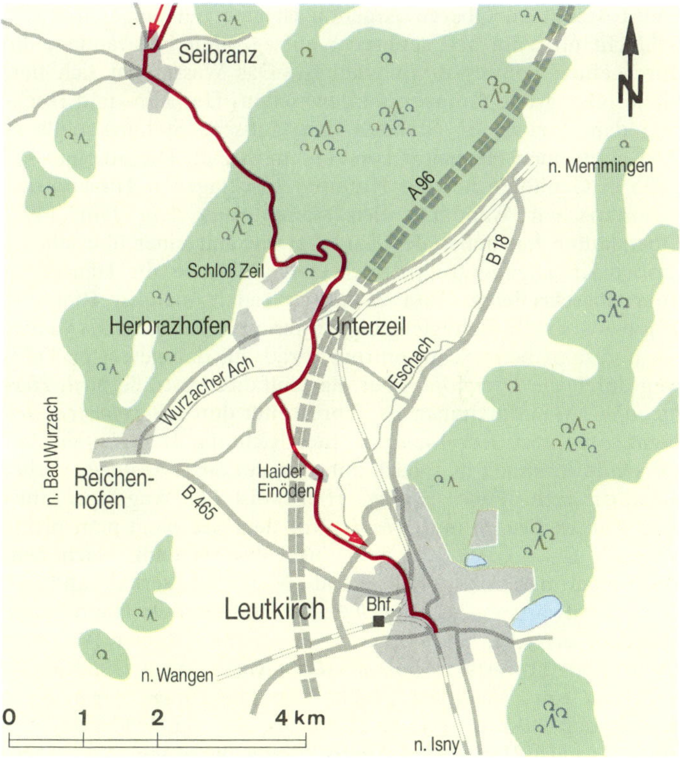

15 Leutkirch – Isny – Oberstaufen

Verkehrsmöglichkeiten Bahn bis Leutkirch (Fahrrad am Bahnhof), Bahn ab Oberstaufen.
Tourenlänge 42 Kilometer.
Fahrzeit 3 bis 3½ Stunden.
Höhenunterschiede 335 Meter Steigung, 218 Meter Gefälle.
Karten 1:50 000 L 8326 Kempten, 1:50 000 8526 Immenstadt/Allgäu, Isny im Allgäu und Umgebung, 1:200 000 Mairs Generalkarte (Blatt 25).
Wissenswertes Leutkirch war freie Reichsstadt, hat ein barockkes Rathaus, die gotische Pfarrkirche St. Martin und schöne alte Häuser, Heimatmuseum im Bock. Neutrauchburg, jetzt Kurort, besitzt noch ein barockes Schloß. Über Engerazhofen die La-Salette-Wallfahrtskapelle. Isny mit Stadtmauer, Toren und Rathaus aus dem 17. Jahrhundert ist eine Besichtigung wert.
Der Eistobel im Oberen Argental ist eine tief eingeschnittene Schlucht mit zum Teil senkrecht aufragenden Felswänden, die durch einen Fußweg erschlossen ist. Das Wasser hat sich tiefblaue oder grüne Gumpen ausgewaschen. Der Hin- und Rückweg dauert etwa 1½ Stunden. Die gotische Stefanskapelle in Zell birgt einen Hochaltar von Johann Strigel. Die Stephanskapelle in Genhofen mit der Hufeisen beschlagenen Tür und den geometrischen Wandmalereien stammt aus dem Jahr 1492. Oberstaufen hat außer der Barockkirche mit einer überlebensgroßen Kreuzigungsgruppe noch einige hübsche alte Häuser.
Tourenbeschreibung Von *Leutkirch* radelt man in Richtung *Wangen* über das Bahngleis, biegt links ab in Richtung *Herlazhofen* und fährt beim Schulzentrum geradeaus den geteerten Feldweg durch die *Öschhöfe,* über die Umfahrungsstraße nach *Herlazhofen.* Man durchquert es, fährt weiter durch *Bettelhofen, Toberazhofen* nach *Engerazhofen*, hier Richtung *Merazhofen.* Am Ortsende strampelt man nach links, an der *Salette-Kapelle* vorbei aufwärts nach *Winterazhofen.* Hier weist der Wegzeiger links zum *Badsee Beuren* und *Winnis.* Vor dem See biegt man rechts ab nach *Enkenhofen,* wo man links abwärts muß. Nach dem Bach biegt man links zur Straße ab. Man überquert sie und nun geht es aufwärts nach *Gumpeltshofen.* Hat man die Hauptstraße (K 8016) erreicht, läuft es von selber, mit schöner Aussicht, nach rechts abwärts an *Sommersbach* vorbei nach *Unterried* in Richtung Isny. Nach der Brücke über die *Untere Argen* biegt man in den Feldweg links nach *Halden* ein, am Waldende links aufwärts nach *Dengeltshofen* und kommt dann über *Neutrauch-*

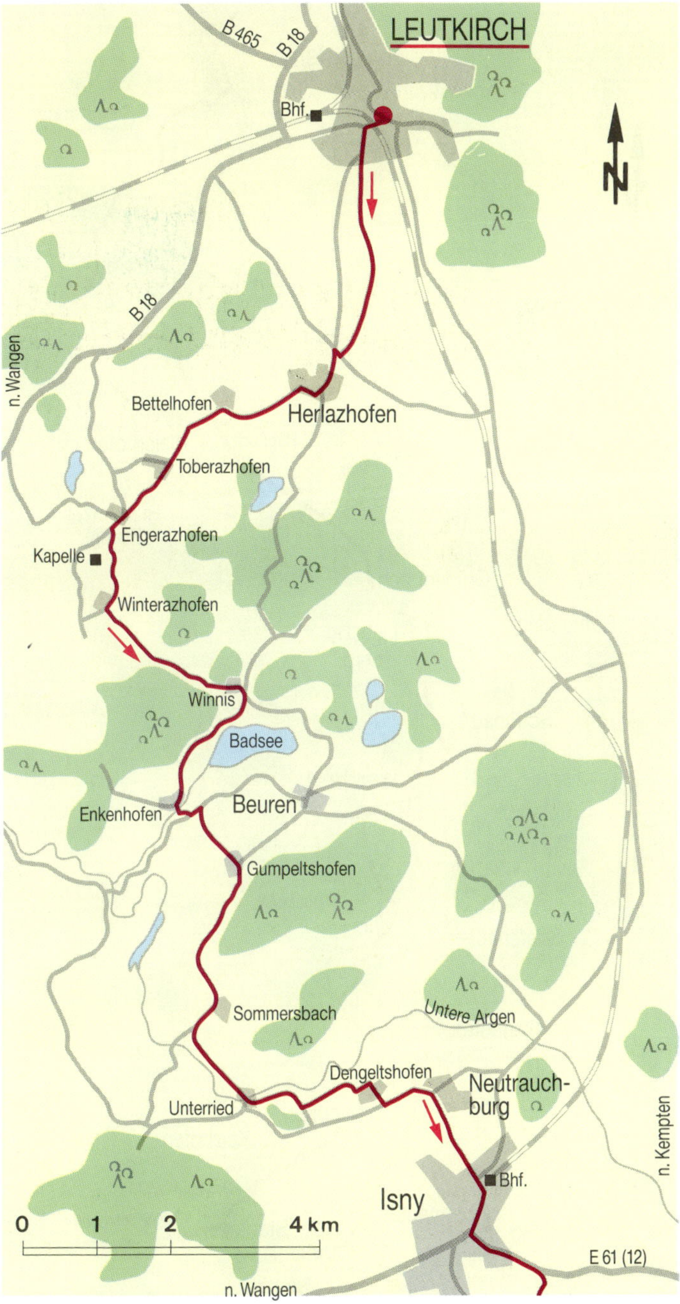

LEUTKIRCH
B 465
B 18
Bhf.
B 18
n. Wangen
Bettelhofen
Herlazhofen
Toberazhofen
Engerazhofen
Kapelle
Winterazhofen
Winnis
Badsee
Beuren
Enkenhofen
Gumpeltshofen
Sommersbach
Untere Argen
Dengeltshofen
Neutrauch-
burg
Unterried
Bhf.
Isny
n. Kempten
0 1 2 4 km
E 61 (12)
n. Wangen

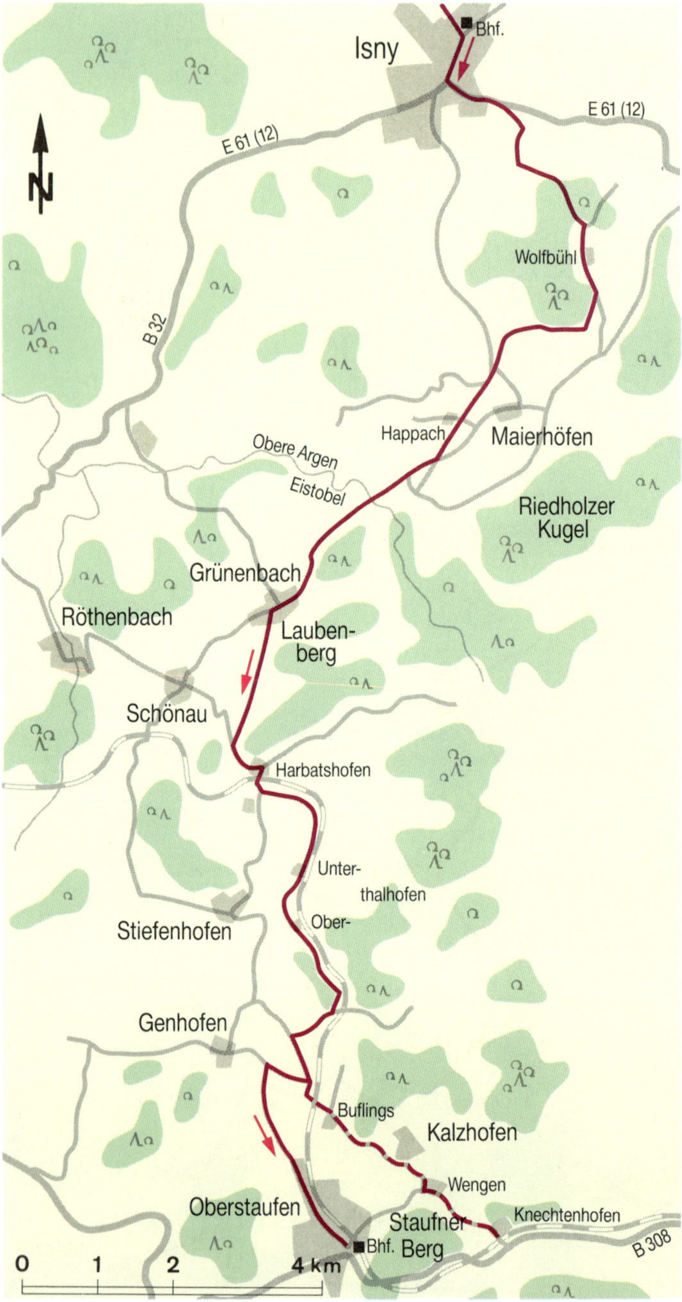
Bhf.
Isny
E 61 (12)
E 61 (12)
N
Wolfbühl
B 32
Happach
Maierhöfen
Obere Argen
Eistobel
Riedholzer
Kugel
Grünenbach
Röthenbach
Lauben-
berg
Schönau
Harbatshofen
Unter-
thalhofen
Ober-
Stiefenhofen
Genhofen
Buflings
Kalzhofen
Wengen
Oberstaufen
Staufner
Berg
Knechtenhofen
Bhf.
B 308
0
1
2
4 km

Zu Tour 7, 15, 36, 37, 39, 40, 56 **Isny, Jugendherberge**
(Foto: Margit Rössler/DJH)

burg auf einem Radweg nach *Isny*. In der Stadtmitte hält man links in Richtung *Kempten* und fährt nach den letzten Häusern nach rechts auf dem Wirtschaftsweg neben der Straße. Nach etwa 400 Metern zweigt halb rechts der Wolfbühler Weg ab (für Radfahrer frei) und man erreicht durch den Wald das Gehöft *Wolfbühl*.

Bei der Gabel wendet man sich halb rechts nach *Vorholz* und hat bei klarem Wetter einen schönen Blick zum Säntis. In *Vorholz* biegt man links zur Hauptstraße ab und kreuzt sie. Man radelt geradeaus durch *Happach* und fährt, bis man wieder die Hauptstraße erreicht, hier rechts.

Kurz darauf führt die Brücke über die Obere Argen. Dahinter rechts kann man hinuntersteigen zum *Eistobel*. Auf die Straße zurückgekehrt, fährt man weiter nach *Grünenbach*, dann links nach *Harbatshofen*.

Gleich nach der Bahnbrücke verläuft nach links an den Gleisen entlang ein 7-t-Fahrweg ins Tal der *Oberen Argen*. Mit 15 Prozent Gefälle führt er über *Unter-* und *Oberthalhofen*, an einem Sägewerk vorbei (Feldweg!), bachaufwärts. Im Frühjahr hat es viele Krokusse.

Bei der Bahnbrücke fährt man über die Gleise und gelangt dann auf die Hauptstraße. Hier hält man links in Richtung *Oberstaufen* und dann – vor Bach und Bahn – wieder rechts nach Genhofen. Zur Stephanskapelle *Genhofen* muß man geradeaus in den Ort fahren. Nach Oberstaufen hält man sich vor dem Anstieg links und fährt eben auf der westlichen Seite der Bahn am Kurhaus vorbei in den Schrothkurort Oberstaufen. Wer vor *Oberstaufen* gleich weiter nach *Immenstadt* will, muß auf der Hauptstraße über die Bahn und in *Buflings* geradeaus über *Kalzhofen* und *Wengen* nach *Knechtenhofen* radeln.

16 Von Oberstaufen an den Alpsee nach Immenstadt und rechts der Iller nach Kempten

Verkehrsmöglichkeiten Bahn bis Oberstaufen und ab Kempten.
Tourenlänge 50 Kilometer.
Fahrzeit 4½ Stunden.
Höhenunterschiede 90 Meter Steigung, 135 Meter Gefälle.
Karten 1:50 000 L 8526 Immenstadt, L 8326 Kempten, 1:200 000 Mairs Generalkarte (Blatt 25).
Wissenswertes Oberstaufen ist ein bekannter Schrothkurort. Die dreischiffige Kirche (1858–62) enthält eine Kreuzigungsgruppe aus dem 15. Jahrhundert. In Knechtenhofen ist ein Bauernhofmuseum. Die Wallfahrtskirche Maria Loreto in Bühl vom Ende des 17. Jahrhunderts hat volkstümliche Barockfiguren. In Immenstadt steht ein ehemaliges Schloß, die Mariensäule aus dem Jahre 1773, wegen der Pest vom Grafen Königsegg-Rothenfels gestiftet, das Oberallgäuer Heimatmuseum, die barocke Pfarrkirche St. Nikolaus und das Rathaus. Schon zur Kelten- und Römerzeit wa der Illerübergang Cambodunum eine wichtige Siedlung. Um 750 wurde von St. Gallen aus hier ein Benediktinerkloster gegründet. Die Stadt Kempten wurde 1289 freie Reichsstadt. Zwischen ihr und dem Kloster gab es immer wieder Auseinandersetzungen. Im 17. Jahrhundert wurde von Michael Beer die fürstäbtliche Residenz und die Stiftskirche St. Lorenz errichtet.
Tourenbeschreibung Vom Bahnhof Oberstaufen aus hält man sich rechts und radelt über die Gleise auf der Immenstädter Straße ortsauswärts. Die Straße macht um den Staufner Berg einen Bogen und führt nach *Wengen.* Gleich nach der Bahnunterführung biegt man nach links ab und fährt über *Knechtenhofen, Salmas* Bahnhof *Thalkirchdorf* weiter. Man befindet sich hier immer unterhalb der Salmaser Höhe, dem Bergrücken, der

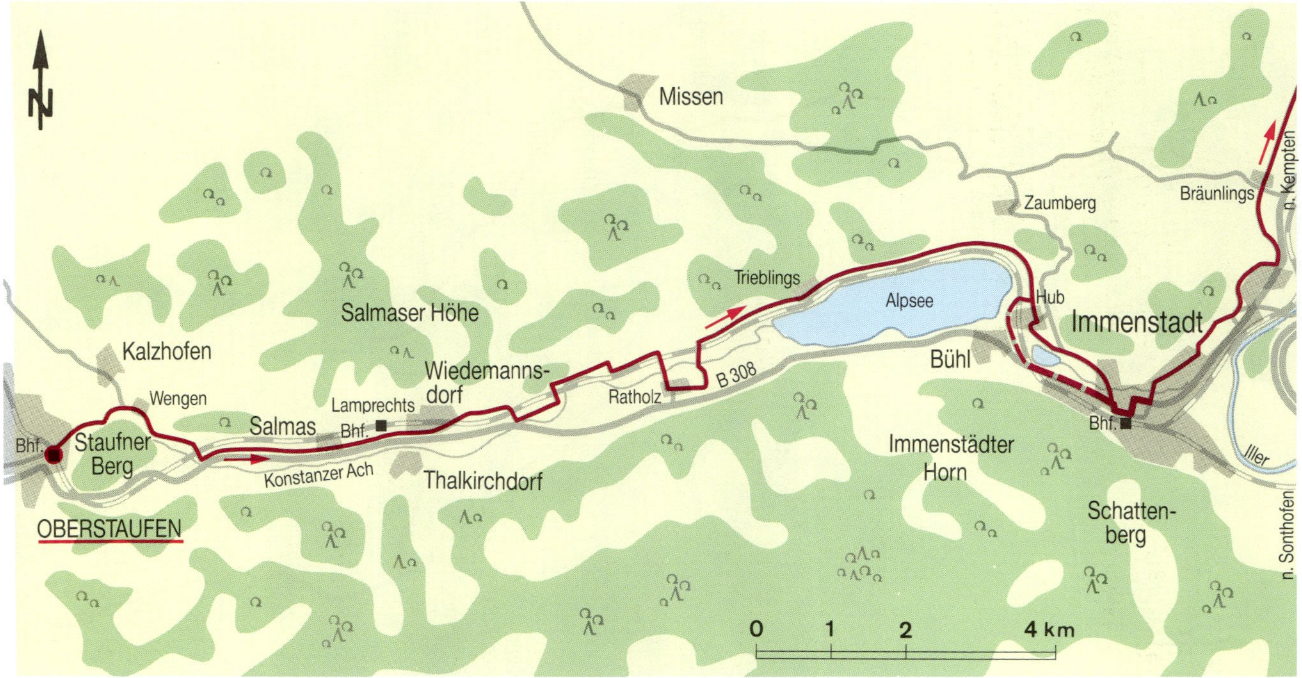
N
Missen
Zaumberg
Bräunlings
n. Kempten
Trieblings
Alpsee
Hub
Immenstadt
Salmaser Höhe
Kalzhofen
Wiedemanns-
dorf
Ratholz
B 308
Bühl
Wengen
Lamprechts
Bhf.
Salmas
Bhf.
Staufner
Berg
Bhf.
Konstanzer Ach
Thalkirchdorf
Immenstädter
Horn
Iller
Schatten-
berg
n. Sonthofen
OBERSTAUFEN
0
1
2
4 km

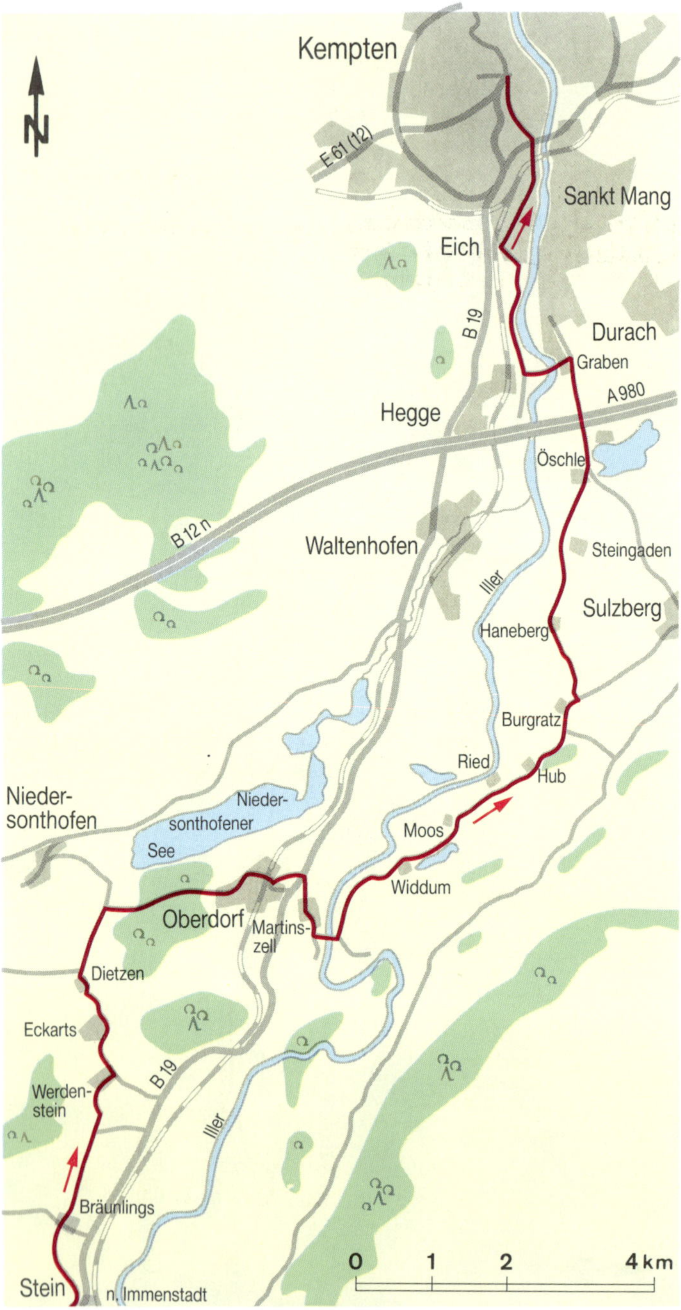
Kempten
E 61 (12)
Sankt Mang
Eich
B 19
Durach
Graben
A 980
Hegge
Öschle
B 12 n
Waltenhofen
Steingaden
Iller
Sulzberg
Haneberg
Burgratz
Ried
Hub
Nieder-
sonthofen
Nieder-
sonthofener
See
Moos
Widdum
Oberdorf
Martins-
zell
Dietzen
Eckarts
B 19
Werden-
stein
Iller
Bräunlings
Stein
n. Immenstadt
0
1
2
4 km

sich links aufwärts hinzieht. Hinter *Lamprechts* wechselt man auf die andere Seite der Bahnlinie und durchfährt *Wiedemannsdorf.* Nach dem Bahnübergang führt nach links ein Anliegerweg, dem man folgt. Nach dem nächsten Bahnübergang radelt man direkt an den Gleisen weiter, bis der Feldweg die Gleise wieder kreuzt. Im *Weiler Ratholz* verläßt man sich immer auf den Wegweiser nach *Bühl*, zweimal links abbiegen, gelangt wieder über die Bahngleise und fährt daran entlang nach *Trieblings.* Hinter der Bahnlinie (es sind immer wieder Übergänge zum See da) radelt man um den See, um sobald wie möglich wieder den Weg zwischen Bahn und See zu erreichen.

Nach *Immenstadt* biegt man nach der Bahnlinie in den Weg nach links, kreuzt dann die Gleise und erreicht neben den Gleisen die B 308 und den Bahnhof. Hier wendet man sich nach links in die Luitpoldstraße bis zur Einmündung in die Montfortstraße. Man hält rechts, bei der Abzweigung links, und strampelt den Kalvarienberg auswärts (RW 9), nachher geht es an den Hochhäusern vorbei wieder abwärts; in *Stein*, vor der »Krone«, wählt man den Anliegerweg nach links (noch RW 9).

Man radelt durch *Bräunlings, Gnadenberg* und *Werdenstein,* hält sich dort links aufwärts Richtung *Eckarts* und *Dietzen* in Eckarts Richtung Niedersonthofen. Bei der Abfahrt muß man dann nach rechts aufwärts, nach *Oberdorf* treten. Auf der Bergstraße fährt man über die Bahnbrücke, hält sich halb links, dann in die Gartenstraße bis kurz vor Ende, dann rechts den gesperrten Weg kurz ab- und wieder aufwärts rechts und gelangt zur Bundesstraße 19. Nachdem man diese überquert hat (Vorsicht: starker, schneller Verkehr!) radelt man durch *Martinszell* abwärts zur Iller. Nach der Brücke zweigt nach links ein Sträßchen ab, das durch Wiesen immer unterhalb der Hügel verläuft. Durch kleine Weiler: Widdum, Moos, Ried, Hub, Burgratz und Haneberg kommt man hinter Steingaden bei *Öschle* auf die Straße von Sulzberg. Man folgt dem Radweg rechts über Sulzberg Seebad unter der Autobahn durch und erreicht dann wieder die Hauptstraße. Darauf fährt man bis *Graben*, hält hier links in die Illerstraße abwärts, schiebt das Rad über die Illerbrücke, dann links um das Werksgelände aufwärts zur Kirche, dann rechts die Georg-Haindl-Straße illerabwärts. In *Eich* fährt man im spitzen Winkel aus der Heggener Straße links aufwärts über die Bahn und auf der Bundesstraße nach rechts zum *Kemptener* Hauptbahnhof (auf die Unterführungen achten!). Wer in die Stadt möchte, bleibt diesseits der Bahn und folgt dem Wegzeiger zur Stadtmitte.

17 Von Kempten entlang der Iller nach Tannheim

Verkehrsmöglichkeiten Bahn bis Kempten und ab Tannheim.
Tourenlänge 47 Kilometer.
Fahrzeit 4 bis 5 Stunden.
Höhenunterschiede 215 Meter Steigung, 295 Meter Gefälle.
Karten 1:50 000 L 8326 Kempten, L 8126 Memmingen, 1:200 000 Mairs Generalkarte (Blatt 25).
Wissenswertes Kempten war eine römische Gründung. Das Rathaus, die St.-Lorenz-Basilika, die Residenz, das Allgäuer Heimatmuseum im Kornhaus und die römische Sammlung Cambodunum sind sehenswert. Die Iller ist zur Elektrizitätsgewinnung immer wieder aufgestaut. Die Kronburg, ein vierflügeliges Schloß mit vier runden Türmen, stammt aus dem 15. Jahrhundert. Die alte Burg aus dem 12. Jahrhundert, die welfisch und staufisch war, war zerstört worden. In Illerbeuren sollte man sich das Bauernhofmuseum ansehen, das wesentlich mehr bietet als die vergleichbaren Museen. Die Tannheimer Kirche ist barock, der Pfleghof vom Jahr 1669 ist heute Schloß.
Tourenbeschreibung *Kempten* ist der Ausgangspunkt für eine Radtour entlang der Iller, an der bayerisch-württembergischen Grenze. Von der Stadtmitte *Kempten* radelt man aus der Burgstraße über die *Illerbrücke.* Dahinter hält man links die Kaufbeurer Straße aufwärts (Radweg) bis auf den *Lindenberg.* Hier verläuft die Kaufbeurer Straße halb links am Berliner Platz an der Artilleriekaserne vorbei Richtung Obergünzburg. Im Industriegebiet biegt man links ab in der Dieselstraße und gleich wieder nach rechts nach *Ursularied.* Am hölzernen Wegzeiger folgt man halb links der Richtung Ulm und dem Hubweg, radelt dann rechts auf dem Porscheweg über die Bahn an einzelnen Häusern vorbei, bis man an einer Einmündung auf den Radwanderweg Hirschdorf trifft, der links nach *Hafenthal* wieder über die Bahn geht. An den Höfen vorbei muß man rechts ab ins Tal und über den Bach. Bei der Gabelung radelt man auf der Straße rechts leicht aufwärts nach *Lauben,* an der Kirche vorbei durch den Ort und biegt links ab nach Dietmannsried. Am »Illerparadies« mit Kinderzoo in *Hinwang* vorbei steigt die Straße dann wieder auf die Illerterrasse nach *Dietmannsried.* Man radelt durch diese Marktgemeinde und hält sich dann rechts in Richtung Reicholzried. Durch Wohngebiete fährt man über den *Schochenbühl,* kreuzt den *Lohbach* und erreicht dann (Radweg 23) *Reicholzried,* das zum Markt Dietmannsried gehört. Hier zweigt der Radweg 23 nach der Kirche in die St.-Georg- und in die Iller-

straße markiert ab (Wegzeiger Sachsenried). An den Höfen *Wanners* vorbei gelangt man am Waldrand zum *Sachsenrieder Weiher,* einem kleinen Badsee. Über den Weiler *Sachsenried* kommt man hinauf zu den Häusern von *Sommersberg.* Hier hält man sich rechts auf dem Sträßchen nach *Herbisried,* biegt aber kurz vor den ersten Häusern bei einer Feldhütte (Radweg 22) wieder auf einen Feldweg nach links ab. Durch ein Wäldchen kommt man nun ins Tal bei *Greit.* Von hier ab bis Rothenstein benutzt man nun Schotterwege. Hinauf nach Manneberg hat man wieder eine Steigung zu überwinden. Bei den Höfen von *Manneberg*, am Ortsschild, hält man sich wieder auf dem Feldweg rechts. An der rotweißen Markierung vor dem Gefälle radelt man auf dem Feldweg auf der Höhe nach rechts zum Hof bei der *Ruine Rothenstein.* Man fährt vorsichtig steil hinab in den Ort und weiter rechts auf der Straße in Richtung Grönenbach. Am Beginn einer 15prozentigen Steigung zweigt man im Wald nach links auf einen Waldweg ab (nur bei ganz trockenem Wetter!). Sonst muß man die Steigung erklimmen und hinterher, bei dem Wegzeiger Rothmoos, wieder links abwärts und über den *Mühlbach* fahren. Es geht nun hinauf nach *Rothmoos*, wo man dem Wegzeiger nach Kronburg folgt. Bei der Gabelung hält man links nach *Ober-* und *Unterbinnwang.* Hinter Unterbinnwang teilt sich das Teersträßchen, so daß man überlegen muß, ob man direkt nach Illerbeuren fährt oder den Abstecher zur *Kronburg* machen will. Die Burg ist ein Privatbesitz, so daß sie innen nicht

Zu Tour 16, 17, 30, 36, 55 **Kempten im Allgäu, Basilika St. Lorenz**
(Foto: Stadt Kempten)

n. Memmingen
A7
Herbisried
Greit
Sommersberg
Iller
Sachsenrieder
Weiher
Sachsenried
Wanners
Reicholz-
ried
Dietmanns-
ried
Bhf.
Altusried
Schochenbühl
A7
Krugzell
Illerparadies
Lauben
Iller
Hafen-
thal
Ursulas-
ried
Bhf.
KEMPTEN
0
1
2
4 km

Tannheim
Buxheim
Kronwinkel
Illerkanal
Iller
Mooshausen
n. Memmingen
A 96
Volkratshausen
Bhf.
Marstetten
Ferthofen
Aitrach
B 18
Illerbeuren
Kronburg
n. Leutkirch
Lautrach
Unter-
binnwang
Ober-
Iller
Grönen-
bach
Rothmoos
0
1
2
4 km

Zu Tour 16, 17, 30, 36, 55 **Kempten im Allgäu, Burghalde**
(Foto: Stadt Kempten)

zu besichtigen ist. Aber der Blick ist bei klarem Wetter sehr schön.

Auf jeden Fall führt der Weg dann weiter nach *Illerbeuren*. Man fährt an der Kirche und am Museum vorbei (wenn man es nicht besichtigen will), dann versetzt über die Straße und auf einer schmalen Teerstraße oberhalb der hier wieder gestauten *Iller* weiter nach *Kardorf,* wobei man eine zehnprozentige Steigung –

die letzte auf dieser Tour – zu überwinden hat. In *Ferthofen*, das man durch den Wald erreicht, trifft man auf die belebte Bundesstraße 18, hält hier links und verläßt den Freistaat Bayern. Jenseits der Iller zählt Ferthofen zur Gemeinde Aitrach. Man wendet sich nun gleich wieder rechts und radelt unter der Autobahn durch, durchs *Illergries* und *Aitrach* zur L 260. Am Bahnhof Marstetten-Aitrach vorbei fährt man nach Norden und schlägt bei km 22, am Waldende (links Aussiedlerhof mit Bahnübergang) den Teerweg ein, der nach rechts zum *Illerkanal* und nach *Mooshausen* führt. Durch den Ort radelt man nach links, Richtung Haslach, über die L 260 und die Bahn. Gleich hinter dem Gleis schlägt man den Weg nach rechts ein, der neben der Bahn über *Kronwinkel* nach *Tannheim* führt.

18 Illerabwärts von Tannheim – Kellmünz – Dietenheim – Ulm

Verkehrsmöglichkeiten Bahn bis Tannheim und ab Ulm.
Tourenlänge 55 Kilometer.
Fahrzeit Etwa 4 Stunden.
Höhenunterschiede 100 Meter Gefälle.
Karten 1:50 000 L 7926 Babenhausen, L 7726 Neu-Ulm, 1:200 000 Mairs Generalkarte (Blatt 22).
Wissenswertes Die Kirche von Tannheim wurde von Franz Beer 1702 im Auftrag des Klosters Ochsenhausen erbaut; das Schloß war der Pfleghof des Statthalters. In der barocken Kirche von Oberopfingen steht eine Muttergottes aus der Multscherschule; die Kapelle in Sinningen wurde barock ausgestaltet. Der Kirchturm von Dietenheim von 1588 ist sehr hoch und reich ausgestattet; das Schloß Brandenburg ist aus dem 18. Jahrhundert. Illertissens Pfarrkirche ist aus dem 16. Jahrhundert, ebenso das dortige Schloß. Illerriedens spätgotische Kirche wurde barock von Bagnato umgebaut. Das Benediktinerkloster Wiblingen, barock begonnen und klassizistisch vollendet, mit Kirche und Bibliothek, ist weithin berühmt. In Ulm ist außer dem gotischen Münster mit dem höchsten Kirchturm der Welt und dem »Spatz« auf dessen Dach, noch viel wieder liebevoll Restauriertes in der Altstadt und zur Donau und Blau hin zu sehen. Ein Spaziergang von der Donau in die Stadt bietet jedem etwas.
Tourenbeschreibung Von *Tannheim* radelt man zum Bahnhof und fährt am Hochhaus des Raiffeisenlagers vorbei nach links.

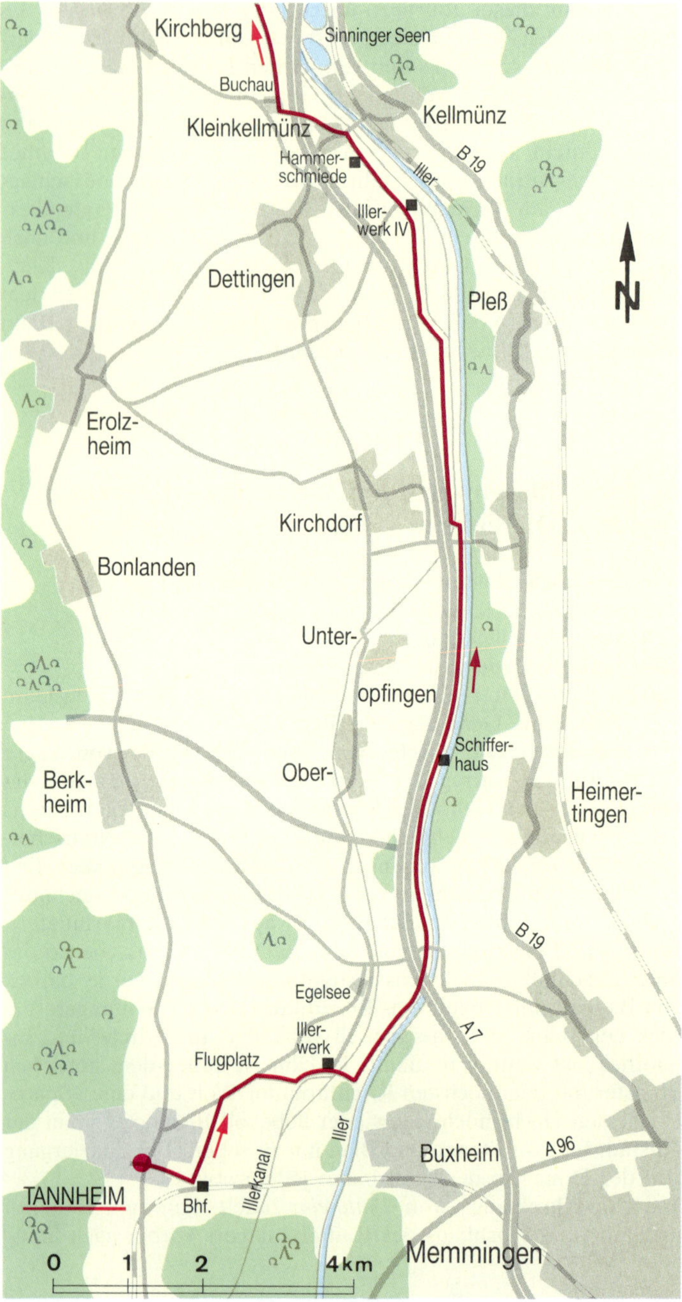
Kirchberg
Sinninger Seen
Buchau
Kleinkellmünz
Kellmünz
Hammer-
schmiede
Iller
B 19
Iller-
werk IV
Dettingen
Pleß
Erolz-
heim
Kirchdorf
Bonlanden
Unter-
opfingen
Schiffer-
haus
Ober-
Berk-
heim
Heimer-
tingen
B 19
Egelsee
Iller-
werk
Flugplatz
A 7
Iller
Illerkanal
Buxheim
A 96
TANNHEIM
Bhf.
Memmingen
0
1
2
4 km

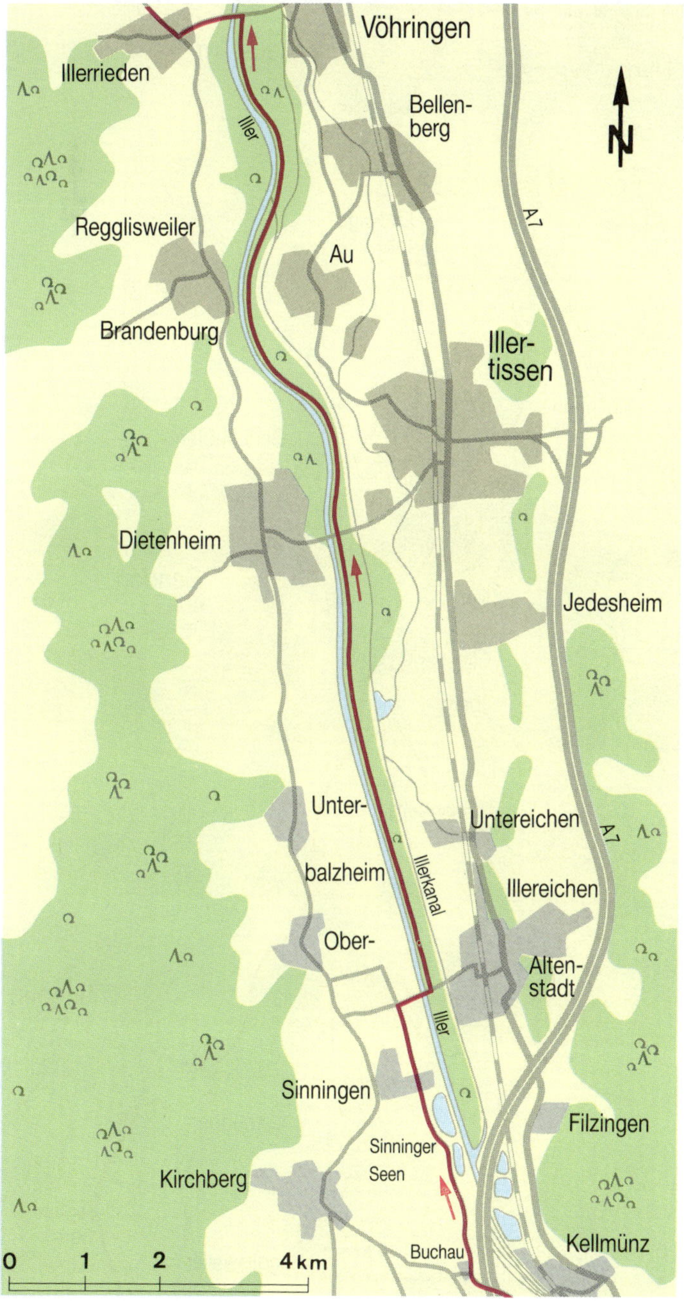

Vöhringen
Illerrieden
Bellen-
berg
Iller
A7
Regglisweiler
Au
Brandenburg
Iller-
tissen
Dietenheim
Jedesheim
Unter-
balzheim
Untereichen
A7
Illerkanal
Illereichen
Ober-
Alten-
stadt
Iller
Sinningen
Filzingen
Sinninger
Seen
Kirchberg
Kellmünz
Buchau
0
1
2
4 km

Bhf.
Ulm
Neu-Ulm
Donau
Iller
Ludwigs-
feld
N
B 28
Wiblingen
Gerlenhofen
Ay
Senden
Iller-
kirch-
berg
B 19
Steinberg
Iller-
zell
Iller
Vöhringen
Dorndorf
Illerrieden
Bellen-
berg
Regglisweiler
0
1
2
4 km

Auch bei der Bank, wo der Teerweg aufhört, bleibt man geradeaus weiter zwischen den Feldern, bis man bei einem Feldkreuz die Straße nach Egelsee erreicht. Ihr folgt man nach rechts bis zum *Flugplatz* und schlägt hier den EVS-Weg ein, der nach rechts zum *Illerwerk* führt. Man überquert den *Illerkanal* und radelt auf einem schmalen Weg an einem Verbindungskanalstück zum Illerdamm. Hier kann man nun illerabwärts, nach links unter der Autobahn durch, zwischen Autobahn und Fluß weiterradeln. Am *Schifferhaus* vorbei kommt man bei einer Brücke auf deren Rampe, bleibt geradeaus dem Wegzeiger »Unteropfingen« nach, muß nach rechts und links über eine Brücke, und dann noch über den *Illerkanal.* Nun wendet man sich nach rechts, flußabwärts, an den Stauseen vorbei, bis man am *Illerwerk IV* etwas vom Fluß abbiegt. Durch die *Hammerschmiede* erreicht man *Kleinkellmünz.* (Kellmünz liegt auf der anderen Flußseite und über der Bahn.) Man wendet sich kurz nach links und radelt in den Weg hinter einer Telefonzelle, der als Sackgasse bezeichnet ist. Er verläuft durch ein Sägewerk und unter der Autobahn durch (Radweg). Durch den Weiler *Buchau* und ein Kieswerk erreicht man die *Sinninger Seen.* Man folgt dem Weg zwischen Campingplatz und den Seen, läßt nachher den Badeplatz rechts liegen (wenn man nicht baden will) und radelt geradeaus weiter (links Blick auf Schloß Oberbalzheim). Durch die Felder fährt man bis zur Vorfahrtsstraße, hält hier rechts bis über die erste Brücke, und folgt dann dem Wegzeiger links, für Radfahrer nach Illertissen, auf dem Kiesweg des Illerdamms. Durch den Auwald, der immer wieder durch Wiesen unterbrochen wird, radelt man am Fluß entlang abwärts, muß zwischen *Dietenheim* und *Illerrieden* über die Brücke des Illerkanals und kommt dann an die Brücke zwischen Illerrieden und Vöhringen. Hier sollte man über die Brücke zurück auf die württembergische Illerseite nach *Illerrieden* und auf dem Radweg neben der Straße nach Kirchberg (falls vorhanden) weiterfahren. Man biegt bei der Gabelung rechts ab nach *Illerkirchberg,* dann nach rechts an die Brücke nach Senden und davor auf den mit rotem Balken bezeichneten Wanderweg, der direkt an der *Iller* bis zur *Illerbrücke* nach *Wiblingen* verläuft. Man verläßt hier den Wanderweg und benützt den Radweg neben der Straße bis nach *Neu-Ulm.* Neben der großen Autobrücke über die *Donau* ist der Rad- und Fußgängerübergang, auf dem man in die Stadt *Ulm* oder zum Bahnhof gelangt.

19 Laupheim – Gutenzell – Memmingen

Verkehrsmöglichkeiten Bahn bis Laupheim und ab Memmingen (Fahrrad am Bahnhof).
Tourenlänge 47 Kilometer.
Fahrzeit 4 Stunden.
Höhenunterschiede Zwischen 530 und 590 Meter.
Karten 1:50 000 L 7724 Ulm, L 7924 Biberach, L 7926 Babenhausen, 1:200 000 Mairs Generalkarte (Blatt 22).
Wissenswertes Laupheim mit barocker Pfarrkirche und den Schlössern Groß- und Kleinlaupheim. Bußmannshausen mit barocker Kirche. Gutenzell war ein Zisterzienserinnenkloster. Die gotische Kirche wurde von Dominikus Zimmermann umgestaltet. Das Edelbeurer Schloß ist aus der Rokokozeit. Memmingen war freie Reichsstadt. Das Rathaus mit den drei Erkern und das Siebendächerhaus sind sehenswert. Die Kirchen, der Marktplatz mit den Arkaden, die alten Häuser am Bach, die erhaltenen Stadttore und Mauern machen Memmingen zu einer heimeligen Stadt.
Tourenbeschreibung Von der Stadtmitte *Laupheim* fährt man in der Richtung nach Burgrieden links aufwärts, bei der Gabelung rechts dem Wegzeiger Schwendi nach am Hubschrauberplatz vorbei nach *Bühl.* Hier führt nach rechts die Straße nach *Bußmannshausen.* Dort zweigt man links ab in die Hauptstraße in Richtung Schwendi, dann rechts in die Ringstraße (die Kirche bleibt links), beim Wegzeiger »Kleinschafhausen« geht es rechts. Nach dem Raiffeisenlagerhaus führt der Teerweg links erst auf-, dann abwärts nach *Kleinschafhausen,* das man geradeaus durchradelt. Der Weg weilerauswärts heißt »Halde« und führt als Feldweg am Tal- und Waldrand im *Rottal* aufwärts (Schwendi liegt links) immer in der Hauptrichtung bis zur Landstraße. Man überquert sie (blauer Punkt Wanderweg) und fährt unterhalb der Dietenbronner Klinik weiter geradeaus durch *Dietenbronn* nach *Huggenlaubach.* Bei der Gabelung dort geht es links abwärts durch die Häuser, ab Ortsschild auf einem Feldweg über den *Laubach*, dann rechts zum Waldrand (Marterl). Hier bleibt man geradeaus auf dem Talweg, erst am Waldrand, dann durch den Wald (blauer Punkt) aufwärts. Am Waldende, bei der *Gottesacker-Kapelle,* hält man rechts, dann am Feldkreuz links abwärts zur Straße nach Gutenzell. Man radelt in *Gutenzell* in Richtung Schwendi, wendet sich aber direkt vor der Brücke über die *Rot* nach rechts am Sägwerk vorbei talaufwärts nach *Edelbeuren.* Hier geht es zunächst rechts aufwärts, dann die Ortsstraße links

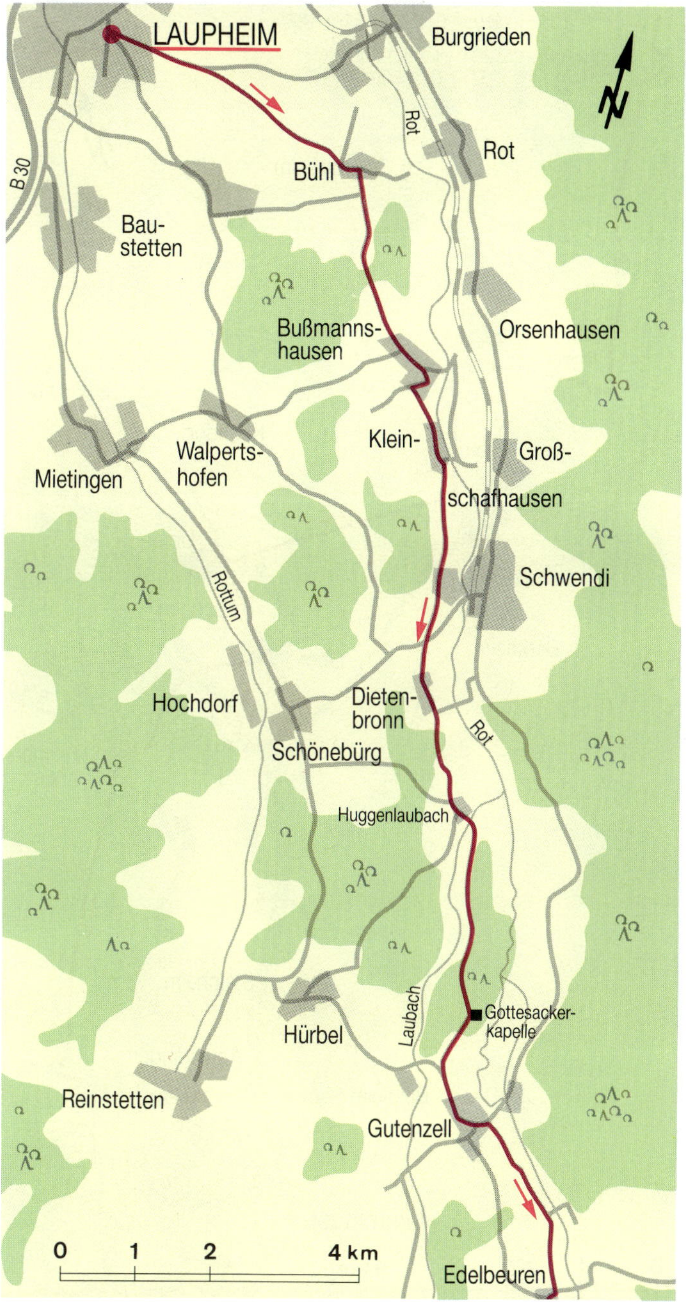
LAUPHEIM
Burgrieden
Rot
Rot
Bühl
B 30
Bau-
stetten
Bußmanns-
hausen
Orsenhausen
Klein-
Groß-
schafhausen
Walperts-
hofen
Mietingen
Rottum
Schwendi
Hochdorf
Dieten-
bronn
Rot
Schönebürg
Huggenlaubach
Laubach
Gottesacker-
kapelle
Hürbel
Reinstetten
Gutenzell
Edelbeuren
0
1
2
4 km

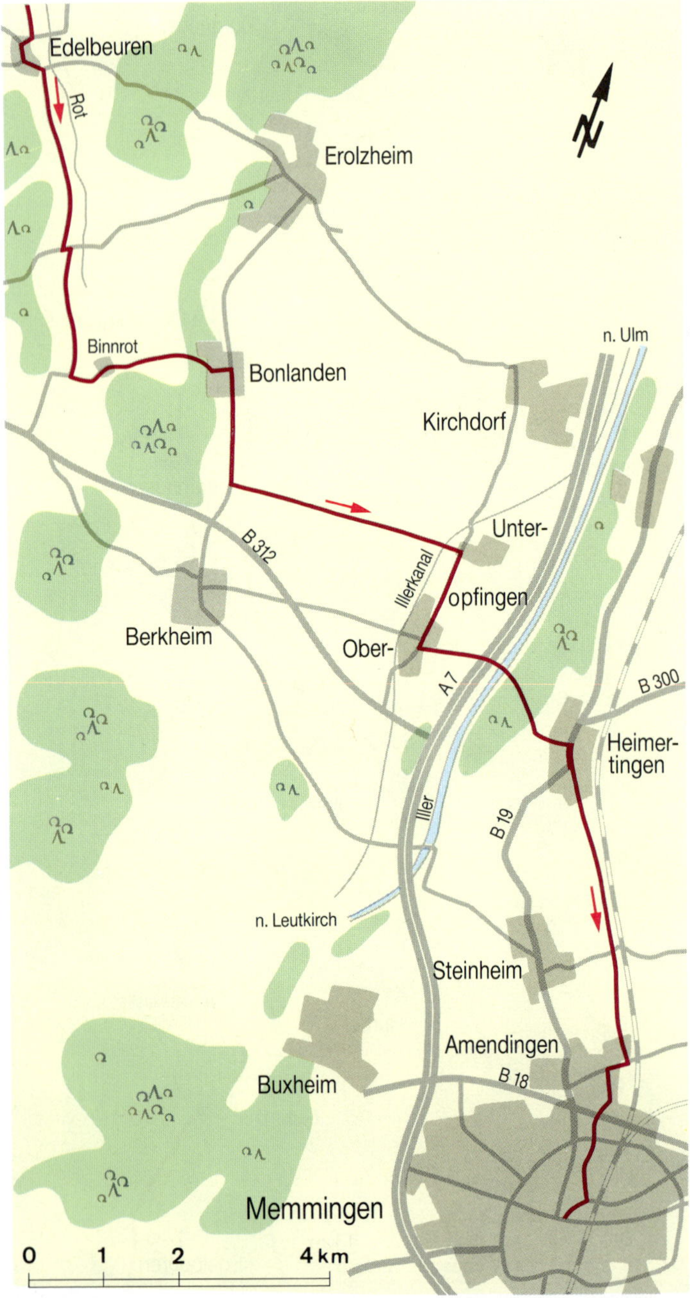

Edelbeuren
Rot
Erolzheim
Binnrot
Bonlanden
Kirchdorf
n. Ulm
Unter-
opfingen
Ober-
Illerkanal
B 312
Berkheim
A 7
B 300
Heimer-
tingen
Iller
B 19
n. Leutkirch
Steinheim
Amendingen
B 18
Buxheim
Memmingen
0 1 2 4 km

(Radweg) und bei der Gabelung dem Wegzeiger »Kellmünz« nach links. Dann biegt man vor der Brücke rechts in den Bechtenroter Weg ein. Bis zur nächsten Straßeneinmündung radelt man rotaufwärts, hier kurz links, dann gleich wieder rechts (6-t-Sträßchen, Linienverkehr frei). Bei der nächsten Einmündung fährt man nach links über zwei Brücken durch das Elektrizitätswerk *Binnrot* nach *Bonlanden.* Hier muß man an der Kirche in Richtung Berkheim ortsauswärts halten (der Radweg verläuft neben der Straße). Bei der großen Abzweigung, etwa 500 Meter vor der Brücke, über die Straße (Marterl), biegt man nach links in die kerzengerade Straße ein. An der Baumreihe vorbei über den *Illerkanal* kommt man zur K 7578 bei *Unteropfingen.* Man folgt ihr nach rechts nach *Oberopfingen.* Man durchquert den Ort, bis man nach links einen kleinen Wegzeiger »Heimertingen« findet. Hier hält man links über Autobahn und *Iller* nach *Heimertingen.* Man erreicht dort über die Illerstraße die Memminger Straße, der man nach rechts nachradelt. In der Rechtskurve nach dem kleinen Kanal biegt man nach links in die Frühlingsstraße ein. Darauf bleibt man immer weiter, auch als Feld-

(Foto: Ulrich Schnabel, Archiv DWV)

weg (die Bahnlinie bleibt links) und überquert bei den Häusern die Straße, die von der Bahn her kommt. Geradeaus auf dem Feldweg gelangt man nach *Amendingen,* radelt durch die Siedlung geradeaus, bei der Einmündung nach rechts und vor dem Anstieg beim Bäcker nach links. An der Stoppstraße geht es weiter geradeaus dem Wegzeiger »Memmingen« nach, bei der nächsten Einmündung vor Brücke und Kreuzung links, dann geradeaus über die Kreuzung in die Colmarer Straße. Bei der Stoppstelle rechts erreicht man dann durch die Saarlandstraße die Stadtmitte von *Memmingen.*

20 Biberach – Ochsenhausen – Memmingen

Verkehrsmöglichkeiten Bahn bis Biberach und ab Memmingen (Fahrrad am Bahnhof).
Tourenlänge 46 Kilometer.
Fahrzeit Knapp 4 Stunden.
Höhenunterschiede 360 Meter Steigung, 285 Meter Gefälle.
Karten 1:50 000 L 7924 Biberach, L 7926 Babenhausen, L 8126 Memmingen, 1:200 000 Mairs Generalkarte (Blatt 22).
Wissenswertes Die ehemals Freie Reichsstadt Biberach besitzt einen schönen Marktplatz mit alten Bürgerhäusern und auch sonst wohlerhaltene alte Gebäude. Die ursprünglich gotische Kirche wurde barock umgebaut und dient seit 1649 beiden Konfessionen. Ellmannsweiler hat ein kleines Schlößle, Reinstetten eine barocke Kirche. Das Benediktinerkloster Ochsenhausen mit seiner Gablerorgel ist weithin berühmt. Die Orgel hat einen »Kuckucksochsen«, einen kleinen Ochsen, der während des Spiels »Kuckuck« rufen kann. In einem Klosterturm wurde ein Quadrant, zu einer ehemaligen Sternwarte gehörend, entdeckt. Steinhausen an der Rottum hat auch eine barocke Wallfahrtskirche. Das Kloster Rot an der Rot ist seit dem 12. Jahrhundert bekannt. Im barocken ehemaligen Prämonstratenserkloster sind heute Schulschwestern. Buxheim war ein Kartäuserkloster. Auch Memmingen war ehemals freie Reichsstadt. Die St.-Martins-Kirche und die Frauenkirche sind gotisch, die Kreuzherrenkirche und das Rathaus barock verändert. Der Marktplatz ist sehenswert.
Tourenbeschreibung Von der Stadtmitte *Biberach* überquert man beim Bahnhof die Gleise und die alte Bundesstraße 30. Am Friedhof fährt man in Richtung Schwendi, Mettenberg, und

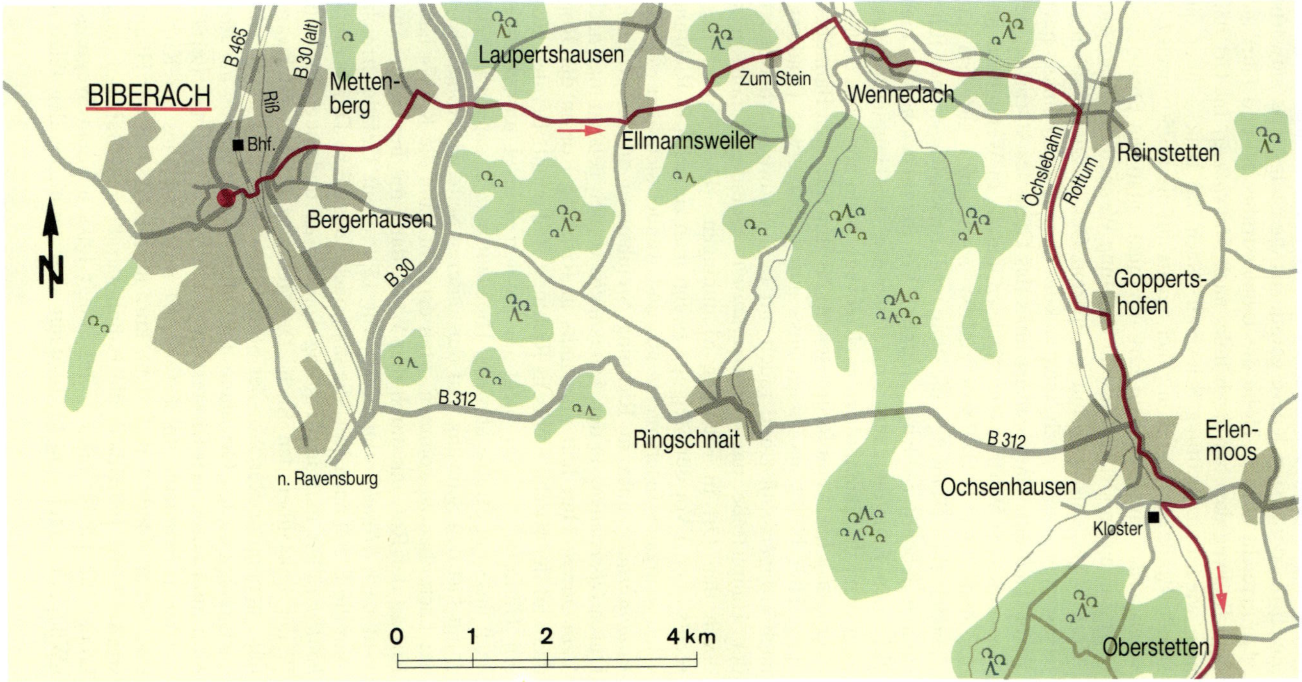

BIBERACH
B 465
Riß
B 30 (alt)
Bhf.
Metten-
berg
Bergerhausen
Laupertshausen
Ellmannsweiler
Zum Stein
Wennedach
Reinstetten
Öchslebahn
Rottum
Goppertshofen
B 30
B 312
n. Ravensburg
Ringschnait
B 312
Ochsenhausen
Erlen-
moos
Kloster
Oberstetten
0
1
2
4 km
N

gleich bei der ersten Kurve geradeaus die Steigstraße aufwärts. Man erreicht auf der Höhe die Landesstraße 280 und fährt auf dem Radweg daneben nach links nach *Mettenberg.* Im Ort hält man wieder in Richtung Schwendi. Nach der Brücke über die Bundesstraße 30 biegt man gleich rechts auf die K 7505 nach *Ellmannsweiler* ein. Vor dem Ort überquert man die Straße und fährt durch den Ort aufwärts in Richtung Wennedach. Beim Hof *»Zum Stein«* saust man mit 10 Prozent Gefälle zur Straße nach Reinstetten, biegt nach rechts, kurz darauf nach links, nach *Wennedach* ein. Ganz nah ist links das Gleis des »Öchsle«, der Museumsbahn Warthausen – Ochsenhausen. In Wennedach findet man, bei Wegzeigern rechts, nach links aufwärts die Ziegeleistraße (Radweg), die dann weiter nach Reinstetten führt (immer neben der »Öchslestrecke«). Vor *Reinstetten* kommt man über den Bahnübergang, kreuzt versetzt die Hauptstraße und folgt dann der Bahnhofstraße (Radweg), dann am Gleis entlang (wer Glück hat, kann Reiher sehen) bis zum nächsten Bahnübergang. Hier bleibt man nach links auf dem Teerweg (Radweg) nach *Goppertshofen* und radelt auf dem Radweg rechts neben der Hauptstraße nach *Ochsenhausen.* Geradeaus fährt man durch den Ort in Richtung Memmingen. (Das Kloster liegt rechts oben.) Vor der Steigung zweigt man zunächst in Richtung »Bad Wurzach« nach rechts ab, und wendet sich aber vor der *Rottumbrücke* links in Richtung Steinhausen an der Rottum. Durch *Oberstetten,* an der *Annakapelle* vorbei, gelangt man nach *Steinhausen.* Hier hält man links in Richtung Rot an der Rot, dann an der Kirche rechts in Richtung Bellamont. Bei den letzten Häusern (Schule) biegt im rechten Winkel unbezeichnet nach links ein Sträßle abwärts. Hier läßt man es sausen und hat damit fast den Schwung, auf der anderen Seite der *Rottum* wieder nach oben zu kommen. Man erreicht dann die K 7574 nach Rot an der Rot, die durch den Wald, dann mit herrlicher Aussicht nach *Hirschbronn* führt. Mit 15 Prozent Gefälle erreicht man die L 300 nach Rot, die man nach links fährt. Durch *Emishalden* radelt man in Richtung *Spindelwag* und biegt vor dem Weiler links über den Bach. Der Teerweg verläuft talabwärts links neben der *Rot.* Vor der Straße biegt man über die Brücke nach rechts in den Ort, dann links zum Kloster *Rot an der Rot.* Man muß durch den Klosterkomplex mit zwei Toren weiterfahren nach *Tannheim.* In diesem Ort radelt man bis zur Kirche (das Schloß bleibt links), dann kurz nach rechts auf der Hauptstraße. Links führt dann die Bahnhofstraße zum Bahnhof, man kreuzt die Gleise nach rechts, biegt links ab dem Wegzeiger »Wildpark« nach und bleibt dann aber geradeaus den Gleisen

Eichbühl
Oberstetten
Rottum
Annakapelle
Steinhausen
a. d. Rottum
Mettenberg
Zell
Berkheim
B 312
Illerkanal
A 7
Iller
Steinheim
B 19
Rot a. d. Rot
Rot
Spindelwag
Hirsch-
bronn
Ölbach
Emishalden
Mühlberg
Tannheim
Bhf.
Arlach
Buxheim
A 96
Buxach
Memmingen
N
0
1
2
4 km

entlang. Über den *Illerkanal* erreicht man *Arlach* und findet im Ort einen hölzernen Wegzeiger, der geradeaus mit Fahrrad »Buxheim« zur Iller weist. Hier hält man links, trägt das Rad die Treppen auf den Steg und schiebt es neben dem Bahngleis über die *Iller*. Auf der anderen Seite muß man kurz nach rechts, hinter der Bahn findet man links den Wegzeiger nach *Buxheim*. (Man kann hier das Kartäusermuseum der ehemaligen Kartause besichtigen.) Hat man die Unterführung erreicht, hält man kurz rechts, bei der Einmündung links. Man radelt geradeaus bis kurz vor die Bahn, dann rechts und wieder rechts und kommt an der *Buxach* entlang zur *Buxachmühle*. Hier wendet man sich nach links über die Autobahn und die Bahn und erreicht geradeaus die Stadtmitte von *Memmingen*.

21 Von der Iller an die Riß Kellmünz – Biberach

Verkehrsmöglichkeiten Bahn bis Kellmünz und ab Biberach.
Tourenlänge 32 Kilometer.
Höhenunterschiede 335 Meter Steigung, 340 Meter Gefälle.
Karten 1:50 000 L 7926 Babenhausen, L 7924 Biberach/Riß, 1:200 000 Mairs Generalkarte (Blatt 22).
Wissenswertes Der Name Kellmünz ist abgeleitet von Coelius mons, dem Namen des Römerkastells, das früher dort war. Das um 1100 gegründete Benediktinerkloster Ochsenhausen war früher reichsunmittelbar. Die spätgotische Klosterkirche wurde barock umgebaut und ist mit durch die Gablerorgel berühmt geworden. Ringschnait hat eine barocke Kirche. Biberach, das »oberschwäbische Athen«, war früher freie Reichsstadt und hat mit seinem mittelalterlichen Stadtbild, dem Braith-Mali-Museum und den im ganzen Land beachteten kulturellen Veranstaltungen viel zu bieten. Die spätgotische Stadtpfarrkirche wurde von Protestanten und Katholiken benützt.
Tourenbeschreibung Vom Bahnhof des Markts *Kellmünz* fährt man nach links, kommt auf die Brücke und fährt über die Bahn und Autobahn nach *Dettingen*. Hier biegt man links ab in die Oberdettinger Straße, dann wieder links in die Hauptstraße fast bis zum Ortsende Richtung Kirchdorf. Nach der »Krone« radelt man auf dem mit rotem Balken bezeichneten Teerweg nach *Erolzheim*. Nach rechts gelangt man in den Ort (Wegzeiger »Biberach«) und folgt aufwärts, an der Kirche vorbei dann dem

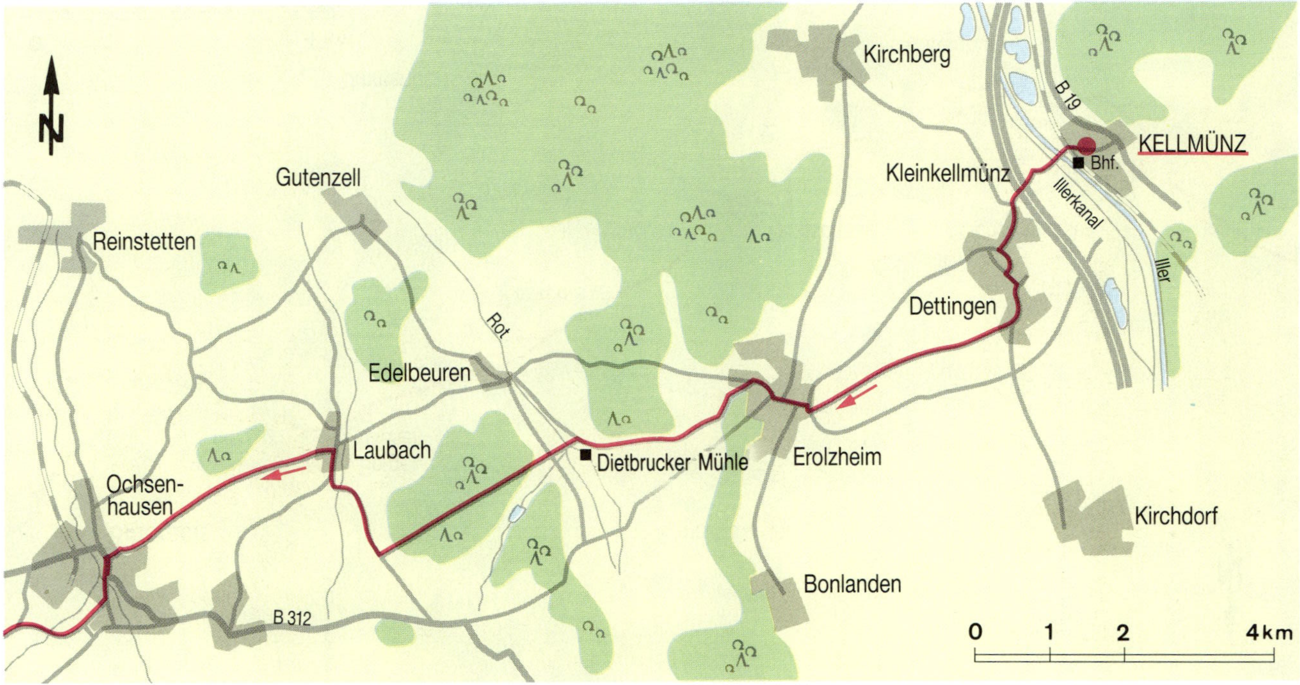
N
KELLMÜNZ
Bhf.
B 19
Iller
Illerkanal
Kleinkellmünz
Kirchberg
Dettingen
Erolzheim
Kirchdorf
Bonlanden
Dietbrucker Mühle
Rot
Edelbeuren
Gutenzell
Laubach
Reinstetten
Ochsen-
hausen
B 312
0
1
2
4 km

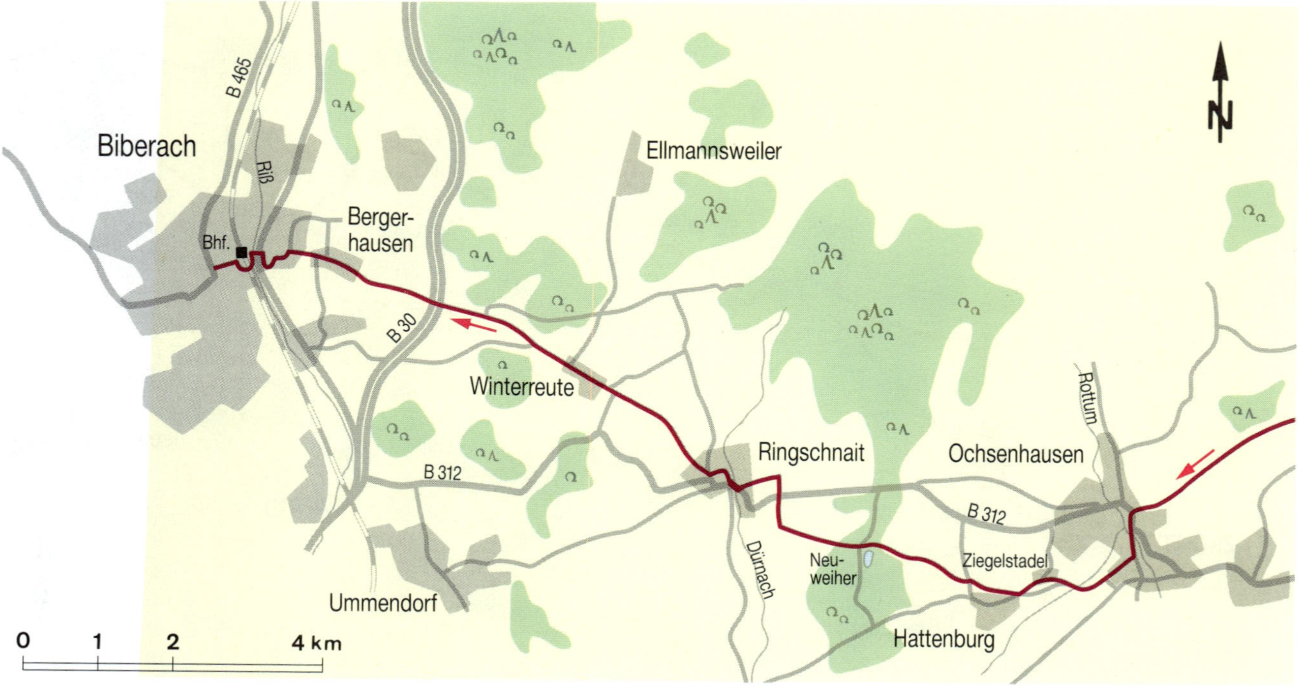
N
Biberach
Bhf.
Riß
B 465
Berger-
hausen
B 30
Ellmannsweiler
Winterreute
B 312
Ummendorf
Ringschnait
Dürnach
Neu-
weiher
Hattenburg
Ochsenhausen
Rottum
B 312
Ziegelstadel
0
1
2
4 km

Wegzeiger nach Gutenzell-Edelbeuren. Auf der Edelbeurer Straße, am Schloß vorbei, biegt man an der Kreuzung vor der Kapelle halb links ab in die Mühlstraße (3,5 t) aufwärts, die dann als Feldweg zur *Dietbrucker Mühle* führt. Man durchradelt das Gehöft und kommt links über den Kanal und die *Rot*. An der Kreuzung folgt man dem Feldweg geradeaus weiter und dann dem Radweg am Waldrand rechts leicht aufwärts in den Wald. Einem schönen Forstweg nach radelt man durch den Wald und biegt bei der Beerenkultur nach rechts auf den Teerweg nach *Laubach*. Durch den Ort geht es bis zur Kirche, hier links, dem roten Balken nach steil aufwärts.

Am Feldkreuz steht ein Wegzeiger »Ochsenhausen« mit einem Radzeichen, der geradeaus den steilen Feldweg an der Bank vorbei abwärts weist. Dann muß man das Fahrrad wieder aufwärts schieben. Man hat dabei einen hübschen Blick aufs Kloster Ochsenhausen. Es handelt sich bei diesem Auf und Ab um die Endmoränenhügel aus der Riß-Eiszeit.

Hinunter geht es nach *Ochsenhausen,* zuerst links, dann nach rechts dem Wegzeiger »Wurzach« nach. Vor dem Kloster geht es rechts aufwärts in der Richtung nach Hattenburg, dann hinunter ins Tal der *Bellamonter Rottum* und geradeaus den Radweg steil hinauf zum *Ziegelstadel*. Hier oben radelt man links nach *Hattenburg* immer dem roten Balken nach. Bei den ersten Häusern führt halb rechts die Ringschnaiter Straße ortsauswärts. Man kreuzt am Bildstock den Teerweg und bleibt geradeaus weiter auf dem Weg. Im Wald auf einem Feldweg gelangt man über den Damm vom *Neuweiher*; auf der Höhe kommt man an einer *Kapelle* unter einer Linde vorbei und hält sich dann auf dem Teerweg nach rechts. Man kreuzt die Bundesstraße 312 (Vorsicht, schneller Verkehr!), fährt auf dem Wirtschaftsweg etwa 200 Meter bis zum Feldkreuz, dann links bis zur Hauptstraße, hier rechts nach *Ringschnait*. Nachdem links die Straße nach Ummendorf abgezweigt ist, findet man rechts den Wegzeiger »Winterreute« und muß das Fahrrad den Stadtberg, am *Wohngebiet »Sachsen«* vorbei, hinaufschieben. Durch eine Senke mit einem Kreuz unter riesigen, alten Bäumen gelangt man nach *Winterreute*. Auf der Straße nach Biberach fährt man vor *Bergerhausen* über die Brücke der Bundesstraße 30. Im Weiler geht es abwärts zur alten Bundesstraße, auf der man erst links, dann nach rechts über die Bahnbrücke den Bahnhof und die Stadtmitte von *Biberach* erreicht.

22 Bad Schussenried – Otterswang – Kißlegg

Verkehrsmöglichkeiten Bahn bis Schussenried und ab Kißlegg (beide Orte Fahrrad am Bahnhof).
Tourenlänge 41 Kilometer.
Fahrzeit Etwa 3 bis 4 Stunden.
Höhenunterschiede 205 Meter Steigung, 115 Meter Gefälle.
Karten 1:50 000 L 8122 Weingarten, L 8124 Bad Waldsee, 1:200 000 Mairs Generalkarte (Blatt 25).
Wissenswertes Das Prämonstratenserkloster Schussenried ist schon im Jahre 1183 gegründet worden, doch die meisten Klostergebäude wurden erst im 17. Jahrhundert errichtet. Der Bibliothekssaal nach Plänen von Dominikus Zimmermann zählt zu den schönsten Profanbauten im Barock. Das Bauernhofmuseum Kürnbach mit den oberschwäbischen Bauernhäusern ist über die Bahnbrücke zu erreichen. Die barocke Kirche in Otterswang ist berühmt wegen ihrem Blumenschmuck zu Fronleichnam und zum Erntedankfest. Das heutige Schlößle in Michelwinnaden bildete mit der Kirche im Mittelalter eine wehrhafte Einheit. Die dreischiffige romanische Basilika in Haisterkirch wurde barock stuckisiert und umgebaut. Eintürnenbergs Kirche hat noch einen romanischen Turm, wurde aber barock umgebaut. Kißlegg mit altem und neuem Schloß und barocker Kirche ist Kneippkurort.
Tourenbeschreibung Von der Stadtmitte *Schussenried* radelt man zunächst auf der Straße nach Aulendorf-Otterswang, biegt dann halb rechts in die Finsterbachstraße ein, der man bis zum Ende folgt. Bei den letzten Häusern führt der Weg zunächst halb rechts in die Felder zum Waldrand, am Waldrand dann nach links (Wegzeiger »Aulendorf«). Erst am Waldrand, nach einer Linkskurve dann kerzengerade, gelangt man durch die Meinrad-von-Au-Straße nach *Otterswang*. Auf der Hauptstraße hält man kurz links und dann nach rechts auf der K 7559 nach *Schwaigfurt*. Am dortigen *Weiher* vorbei (Bootsfahrgelegenheit) erreicht man *Laimbach*, kreuzt die dortige Straße und fährt (teils bezeichneter Radweg) zuletzt auf der K 8034 nach *Michelwinnaden*. Hier bleibt man geradeaus durch den Ort, zunächst in Richtung Englerts, biegt aber nach etwa 1,5 Kilometern rechts ab durch *Michelberg* bis zur *Bundesstraße 30*. An der Kapelle fährt man geradeaus weiter durch die Höfe und überquert die Bundesstraße. (Bei sehr starkem Verkehr dem Wegzeiger folgen und Unterführung benützen!) Zunächst kurz links, wendet man sich aber gleich wieder nach rechts aufwärts durch *Kohaus* zur K 8033. Hier radelt man nach links durch *Hifringen* und wendet

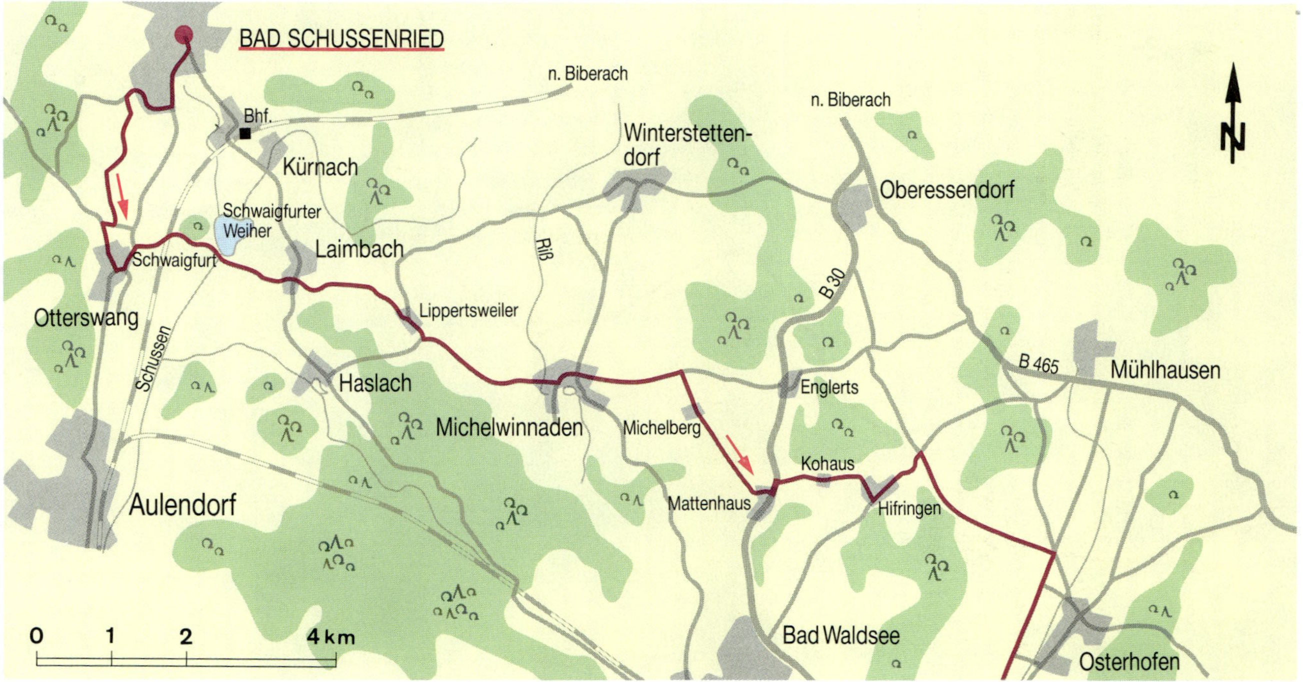
BAD SCHUSSENRIED
n. Biberach
n. Biberach
Bhf.
Kürnach
Winterstetten-
dorf
Oberessendorf
Schwaigfurter
Weiher
Laimbach
Schwaigfurt
Riß
B 30
Lippertsweiler
Otterswang
Schussen
Haslach
B 465
Mühlhausen
Englerts
Michelwinnaden
Michelberg
Kohaus
Mattenhaus
Hifringen
Aulendorf
Bad Waldsee
Osterhofen
0
1
2
4 km

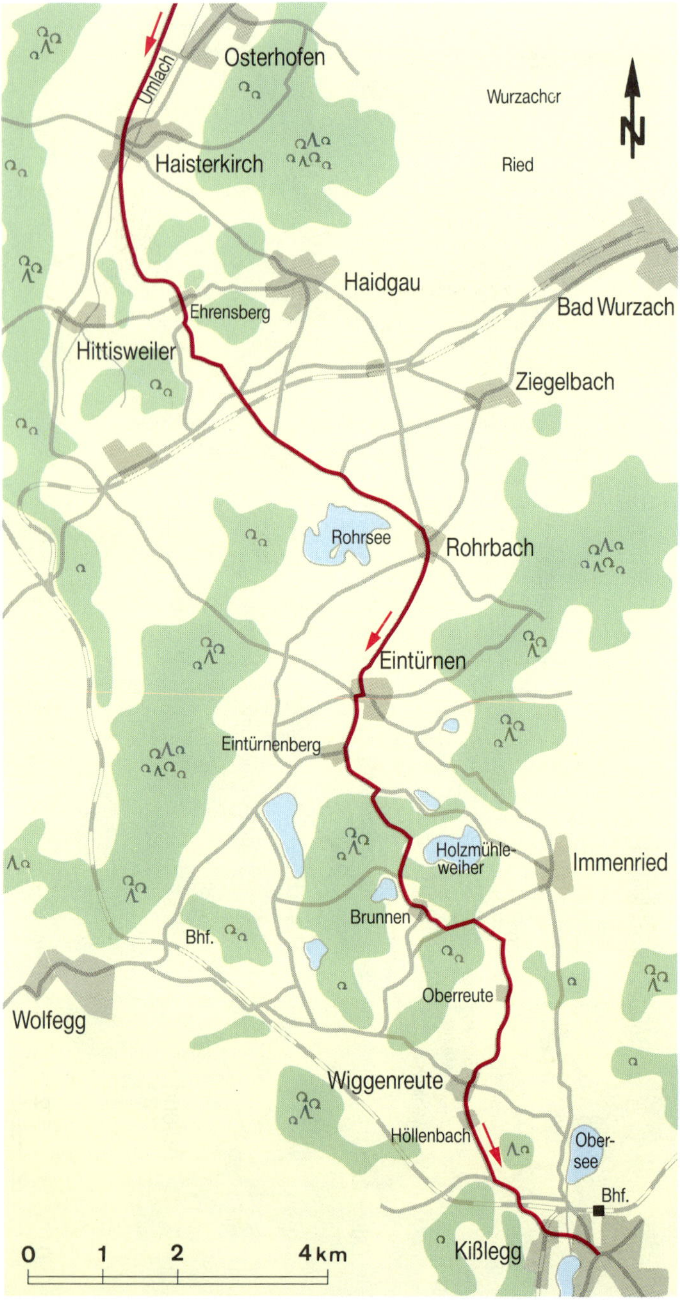
Osterhofen
Umlach
Wurzacher
Ried
Haisterkirch
Haidgau
Ehrensberg
Bad Wurzach
Hittisweiler
Ziegelbach
Rohrsee
Rohrbach
Eintürnen
Eintürnenberg
Holzmühle-
weiher
Immenried
Brunnen
Bhf.
Oberreute
Wolfegg
Wiggenreute
Höllenbach
Ober-
see
Bhf.
Kißlegg
0 1 2 4 km

sich sofort am Ende des Gefälles, an der Markungsgrenze Mühlhausen-Eberhardzell, in den unbezeichneten Feldweg nach rechts. Er wird dann wieder geteert und führt bis zur Straße nach *Osterhofen*. Direkt davor, an der Feldscheune vorbei, hat man dann wieder nach rechts einen Feldweg. (Bei sehr nassem Wetter fährt man besser auf der Hauptstraße durch die Ortschaften.) Dieser Feldweg verläuft immer geradeaus auf die Kirche von *Haisterkirch* zu. Am Sportplatz vorbei gelangt man in diesen Ort, radelt geradeaus durch in Richtung Molpertshaus, biegt aber dann am Ortsende links Richtung *»Ehrensberg«* ein, dann rechts, zunächst im Tal, dann ansteigend zu dem auf der Höhe gelegenen Weiler gelangend. Hier läuft es dann dem Wegzeiger Mennisweiler nach abwärts. An der Kreuzung bei der Bushaltestelle bleibt man geradeaus, kreuzt die Hauptstraße und die Bahnlinie auf einem schlechten Feldweg und bleibt, dann auf einem Teerweg, immer in der Hauptrichtung geradeaus. Rechts liegt der *Rohrsee*, ein Naturschutzgebiet; mit Glück sieht man seltene Vögel. Man durchquert *Rohrbach*, hält rechts nach *Eintürnen*, hier erst rechts, dann links auf den Stationsweg nach *Eintürnenberg*. Geradeaus an der Kirche (unbezeichnet) radelt man weiter, hält am Waldrand rechts (der Weiher nach dem

Zu Tour 10, 20 **Wallfahrtskirche Steinhausen** (1728–1731)
(Foto: Kurverwaltung Bad Schussenried)

Wald links ist der *Holzmühleweiher*) und kommt dann am *Brunnenweiher* (Bademöglichkeit) vorbei nach *Brunnen.* Im Weiler muß man bei der zweiten Abzweigung rechts aufwärts zum Wald, auf der Vorfahrtstraße zunächst weiter und hält dann, an der nächsten Gabelung, noch im Wald (km-Schild) rechts auf dem 6-t-Sträßchen durch die Wiesen aufwärts. Bei der Einmündung an der Baumgruppe wendet man sich nach rechts, durch *Oberreute* (herrliche Aussicht) nach *Wiggenreute.* Hier kreuzt man die Hauptstraße nach rechts versetzt und gelangt durch *Höllenbach* auf die Landesstraße 330, der man kurz nach links folgt, aber gleich wieder rechts abbiegt über die Bahnlinie und erreicht in der Le-Pouliguen-Straße dann *Kißlegg.*

23 Von Kißlegg über Waldburg nach Ravensburg

Verkehrsmöglichkeiten Bahn bis Kißlegg (Fahrrad am Bahnhof) und ab Ravensburg.
Tourenlänge 32 Kilometer. **Fahrzeit** 3 Stunden.
Höhenunterschiede 212 Meter Steigung, 412 Meter Gefälle.
Karten 1:50 000 L 8324 Wangen/Allgäu, L 8322 Friedrichshafen, 1:75 000 Kompass-Wanderkarte 1c Bodensee, Gesamtgebiet, 1:200 000 Mairs Generalkarte (Blatt 25).
Wissenswertes Kißlegg liegt zwischen dem Obersee mit dem Freibad beim Bahnhof und dem Zeller See im Süden. Außer dem alten Schloß mit hohen Giebeln und Ecktürmen besitzt der Ort noch das neue Barockschloß mit den berühmten Sibyllen. 770 Meter hoch liegt die mittelalterliche Waldburg auf einem Bergkegel über dem Ort. Schon um 1150 wurde dieses Stammschloß der Truchsessen von Waldburg erwähnt. In den Jahren 1221 bis 1240 hielten hier Mönche aus Weißenau die Reichsinsignien unter strenger Verwahrung. Ein Rittersaal und schön getäfelte Wände erinnern an die Glanzzeit der Burg (zur Zeit leider geschlossen). Vom Dach hat man den umfassendsten Ausblick: Vom Ulmer Münster über die Schwäbische Alb im Norden, im Osten die Kronburg, im Süden die Berge von der Zugspitze bis zu den Berner Alpen hinter dem Bodensee, im Westen Gehrenberg, Hohentwiel und Feldberg. Die ehemals Freie Reichsstadt Ravensburg, von den Welfen gegründet, von den Staufern übernommen, hat viele Türme: den Mehlsack, den Untertor- und Obertorturm, den Spitalturm und den Schellen-

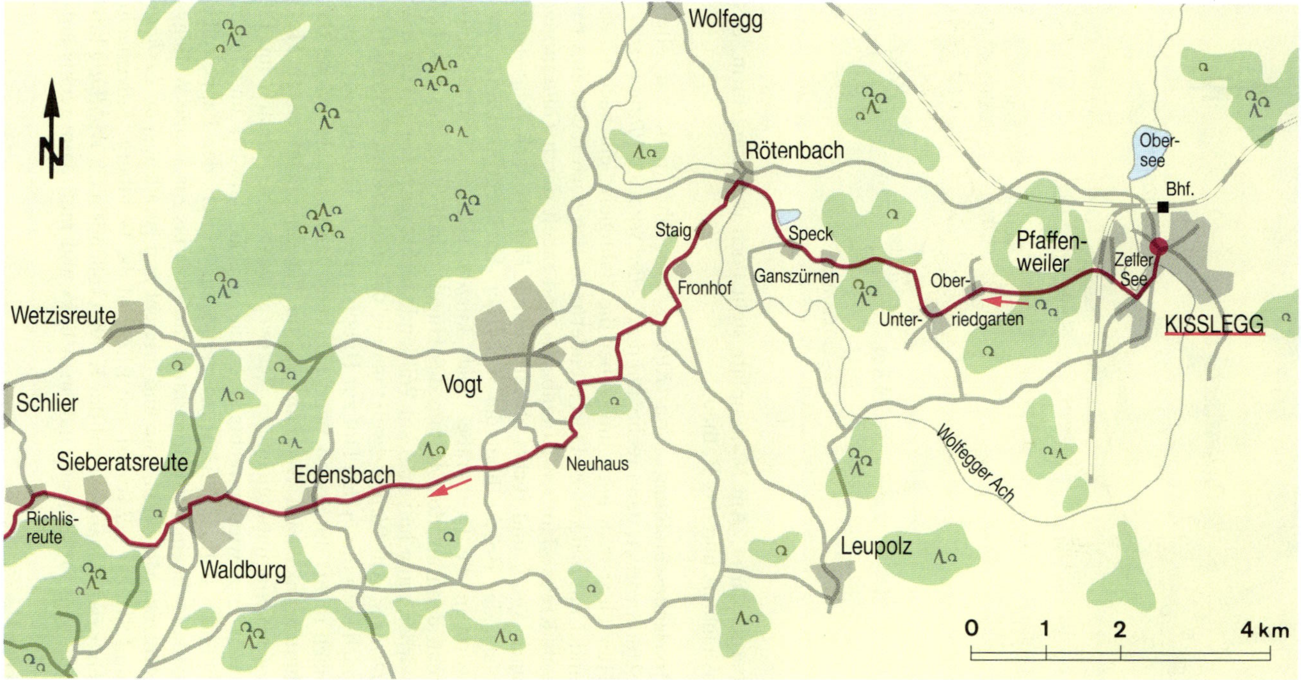
N
Wolfegg
Rötenbach
Ober-
see
Bhf.
Staig
Speck
Pfaffen-
weiler
Zeller
See
Fronhof
Ganszürnen
Ober-
riedgarten
Unter-
KISSLEGG
Wetzisreute
Vogt
Schlier
Wolfegger Ach
Neuhaus
Sieberatsreute
Edensbach
Richlis-
reute
Leupolz
Waldburg
0
1
2
4 km

berger Turm. Am Marienplatz steht noch der Blaserturm, das Waaghaus und das Rathaus.

Tourenbeschreibung Von *Kißlegg* aus fährt man am alten Schloß vorbei, dann rechts um den *Zeller See* nach *Pfaffenweiler.* Hier biegt man nach links über die Bahngleise ein nach *Ober-* und *Unterriedgarten.* Dort wendet man sich nach rechts mit rotem Kreuz »Horben-Rötenbach« und radelt durch *Ganszürnen* nach *Speck* und rechts abwärts durch *Premen* nach *Rötenbach.* Nach der Brücke über die *Wolfegger Ach* biegt man links aufwärts in die Dorfstraße. Nach kurzem steilem Anstieg bleibt man dann auf dem Kamm des Hügels durch *Staig,* am *Fronhof* vorbei, dann hält man am Waldende rechts nach *Forst, Vogt* und *Deibers.* Am Weiher zweigt man in das unbezeichnete Sträßchen nach links durch den Hof zur Hauptstraße ab. Darauf radelt man nach rechts durch den Wald und biegt dann etwa 200 Meter dahinter links nach *Neuhaus* ab. Im Flecken, beim ersten Hof, zweigt ein unbezeichneter Teerweg rechts ab. Abwärts im Tal biegt man wieder rechts über die Brücke aufwärts und bleibt oben in der Hauptrichtung geradeaus weiter, der Pappelreihe entlang, in einer S-Kurve durch die Höfe bis zur Straße Wolfegg-Amtzell. Man kreuzt sie und erreicht nun geradeaus, an *Ershaus* und *Sausenwind* vorbei, mit Blick auf die Waldburg, *Edensbach.* Hier radelt man nun auf der K 7989 vollends nach *Waldburg* hinauf. Am Ortseingang hält man links und muß dann rechts aufwärts zur Burg. (Wer gleich ohne Besichtigung weiterfahren will, biegt links in die Bauernjörgstraße ein und dann weiter links ortsauswärts bis zum Rechtsabzweig nach Sieberatsreute.) Nach der Burgbesichtigung geht es abwärts in den Ort. Man folgt zunächst rechts der K 8040 weiter in der Richtung nach Schlier bis zum Ortsschild von *Sieberatsreute.* Hier biegt man nach links, auf einer kurzen Steigung, in den Teerweg ein, von dem man oben eine hübsche Aussicht hat. Steil abwärts kommt man nach *Richlisreute* und radelt von hier links weiter zu den Häusern *Rößler.* Hier an der Kreuzung hält man sich rechts, fährt durch den *Mayerhof* hinunter, über die *Scherzach* und wendet sich dem Ortsschild *Ritteln* nach links. In *Gullen,* gleich bei dem großen Bildstock, fährt man nach rechts auf der *Groppacher* Straße in den gleichnamigen Ort. Auf der Höhe beim Wasserbehälter (man hat einen schönen Blick bis zu den Alpen) biegt man links abwärts den Anliegerweg nach *Hinzistobel* ab. Hier zweigt zwischen den Häusern halb rechts ein Teerweg ab, der zur Straße von Schlier nach Ravensburg führt. Bergab erreicht man die Stadt *Ravensburg* und fährt durch die Stadtmitte zum Bahnhof.

24 Von Ravensburg über Tettnang nach Langenargen

Verkehrsmöglichkeiten Bahn bis Ravensburg und ab Langenargen.
Tourenlänge 29 Kilometer.
Fahrzeit 2½ Stunden.
Höhenunterschiede 130 Meter Steigung, 165 Meter Gefälle.
Karten 1:50 000 Bodensee (Blatt Ost), 1:200 000 Mairs Generalkarte (Blatt 24).
Wissenswertes Ravensburg mit seinen Tor- und Mauertürmen, dem »Mehlsack«, Liebfrauen- und St.-Jodokus-Kirche war ehemals freie Reichsstadt und ein bedeutender Handelsplatz. Das Schloß in Liebenau ist jetzt psychiatrisches Landeskrankenhaus. In Tettnang blieben von den Grafen von Montfort drei Schlösser: das alte Torschloß, das Renaissanceschloß mit dem Staffelgiebel (heute Rathaus) und das Barockschloß von 1712 mit dem Bacchussaal. Die gotische Wasserburg Gießen war vorgeschobener Stützpunkt der Reichsstadt Lindau gegen die Grafen von Montfort. Das Montfortschloß in Langenargen wurde 1861 von König Wilhelm I. von Württemberg im maurischen Stil erbaut. Im barocken Pfarrhaus ist ein Museum mit Erinnerungen an

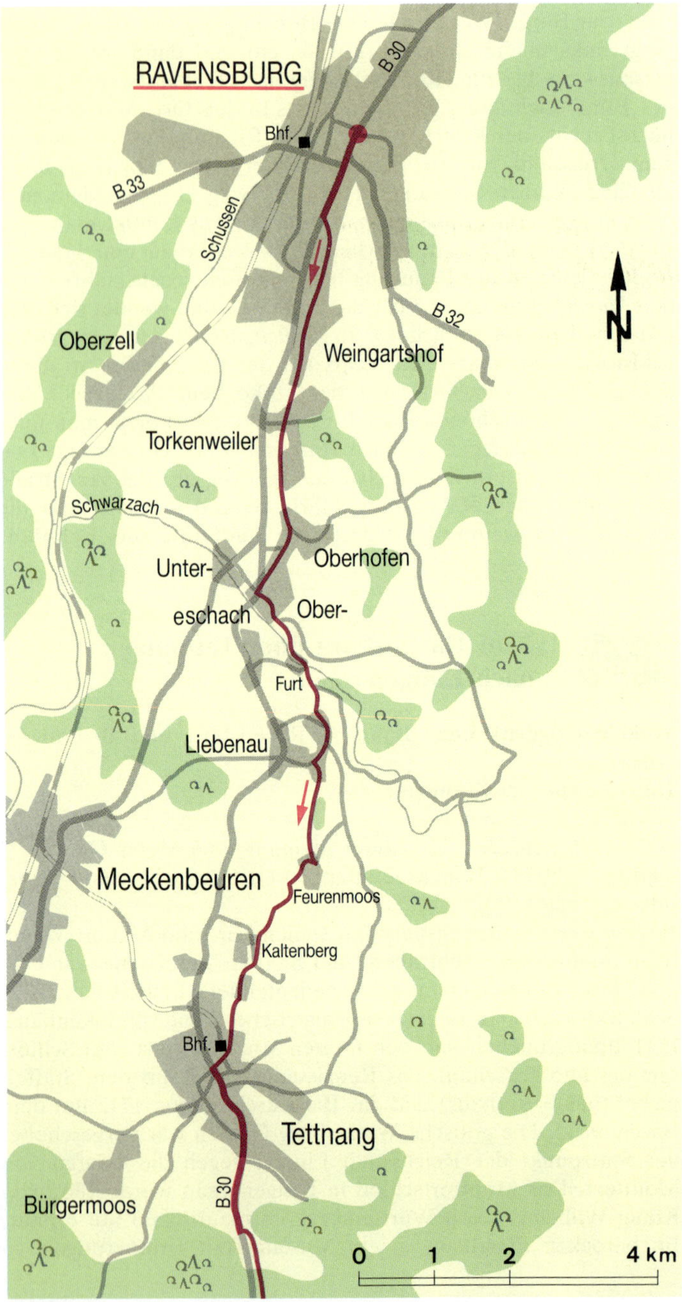

RAVENSBURG
B 30
Bhf.
B 33
Schussen
B 32
Oberzell
Weingartshof
Torkenweiler
Schwarzach
Unter-
eschach
Oberhofen
Ober-
Furt
Liebenau
Meckenbeuren
Feurenmoos
Kaltenberg
Bhf.
Tettnang
B 30
Bürgermoos
0
1
2
4 km

Franz Anton Maulpertsch, den berühmten Barockmaler, der aus Langenargen stammt. Die alte Hängebrücke über die Argen dient heute nur noch dem Fußgänger- und Radfahrerverkehr.

Tourenbeschreibung Vom Bahnhof Ravensburg fährt man zunächst in die Stadtmitte mit der sehenswerten Marktstraße. Über die Seestraße radelt man stadtauswärts weiter und erreicht im Süden bei dem markanten Hochhaus den Goetheplatz, wo man nach links in die Tettnanger Straße abzweigt. Über *Weingartshof,* das direkt an der Ravensburger Stadtgrenze beginnt, bleibt man auf der ausgebauten Straße nach links, fährt durch *Torkenweiler,* an *Sickenried* vorbei, nach *Oberhofen.* Immer wieder kann man von diesem Weg in Halbhöhenlage rechts unten die Kette von Kraftfahrzeugen auf der Bundesstraße sehen.

In Oberhofen weist ein weißes Wegzeichen den Radfahrer nach links zu den Schul- und Sportanlagen. So kommt man nach *Obereschach,* wo man zur Kirche abbiegt. Nach *Furt* im

Schwarzachtal leitet ein Schild am Ortsausgang leicht rechts. Nach der Fabrik in Furt überquert man, nun nicht mehr in der Furt, sondern auf einer Brücke, die Schwarzach und schiebt das Rad nach dem Wegzeiger »Waldspielplatz« ein kurzes Stück bergauf. Zwischen Hopfenfeldern radelt man dann oberhalb Liebenau leicht abwärts nach rechts durch *Mühlebach* nach *Feurenmoos* und folgt von hier den Wegweisern nach Tettnang. Man hat einen schönen Blick auf den Bodensee mit den zwei Zwiebeltürmen von Friedrichshafen. Durch *Blumenrain, Kaltenberg* und ein Neubaugebiet kommt man nach links beim Bahnhof *Tettnang* in die Stadt. Man verläßt sie auf dem Radweg der Lindauer Straße und bleibt bei *Reutenen* auf der alten Bundesstraße nach halb links. Bei der alten *Gießenbrücke* muß man sich nun entscheiden, auf welcher Seite der *Argen* man flußabwärts radeln will. An jedem Ufer sind Wege, der vor der Argen, am rechten Ufer, ist der bessere, beim anderen sieht man eher seltene Pflanzen und eventuell Vögel. Unter den Brücken empfiehlt es sich sehr, den Kopf einzuziehen, denn sie sind so niedrig, daß man nur zu Fuß ungestreift durchkommt. Es ist manchmal besser, abzusteigen. Nach der Bahnbrücke kann man auf die Landstraße nach *Langenargen* und nach rechts in den Ort und zum See oder Bahnhof fahren. Man kann auch bis ganz vor zur Mündung radeln, wo der Fußgängersteg ist, und auf dem Bodenseerundweg am Parkplatz vorbei, nachher über dem *Mühlbach*, auf die Seestraße kommen.

25 Von Bad Waldsee durchs Wolfegger Achtal nach Ravensburg

Verkehrsmöglichkeiten Bahn bis Bad Waldsee (Fahrrad am Bahnhof) und ab Ravensburg.
Tourenlänge 25 Kilomter. **Fahrzeit** 2 Stunden.
Höhenunterschiede 65 Meter Steigung, 190 Meter Gefälle.
Karten 1:50 000 L 8124 Bad Waldsee, L 8122 Weingarten, 1:200 000 Mairs Generalkarte (Blatt 25).
Wissenswertes Das Moorbad Bad Waldsee war 500 Jahre vorderösterreichisch. Mit seinem mittelalterlichen Stadtbild, seiner schönen Lage am Stadtsee, der zweitürmigen Kirche und dem Schloß der Familie von Waldburg gehört Bad Waldsee zu den Städten, in denen sich eine Stadtbesichtigung lohnt. Die ursprünglich romanische Kapelle in Volkertshaus steht auf dem

Hügel einer Würm-Moräne, auf einem ehemaligen Burgplatz. Weingarten, der einst fränkische Königshof Altdorf, besitzt in seinem Kloster die größte Barockkirche Süddeutschlands. 1715 bis 1724 wurde sie als Kreuzkuppelbau von Franz Beer und Frisoni erbut. Die Innenausstattung stammt von Asam, Schmuzer und Feichtmayr, die Orgel von Gabler. Ravensburg, von den Welfen gegründet, von den Staufern zu Stadt erhoben, war bis 1803 freie Reichsstadt. Die mittelalterliche Altstadt mit den vielen Türmen, Liebfrauen- und Jodokuskirche ist eine Besichtigung wert.

Tourenbeschreibung Vom Ausgangspunkt *Bad Waldsee* an der Strecke Aulendorf–Kißlegg radelt man zunächst in den gotischen Stadtkern zwischen dem Stadtsee und dem Schloßsee. Man folgt nun den gelben Wegweisern in Richtung Wolfegg im Zuge der Landesstraße 316. Nach einem kurzen Anstieg aus der Stadt überquert man auf einer Brücke die Bundesstraße 30, die Hauptverbindung von Ulm an den Bodensee. Nach etwa vier Kilometern hält man sich rechts und folgt zunächst dem Wegweiser nach Seeden, nach wenigen hundert Metern fährt man geradeaus weiter und folgt der Kreisstraße 7940. Auf dem Weg nach *Ankenreute* hat man links einen hübschen Blick auf die Volkertshauser Kapelle. Weiterhin auf der Kreisstraße 7940 radelt man hinüber nach *Gwigg,* Gemeinde Bergatreute. Ebenfalls ein Teilort der Gemeinde Bergatreute ist das nächste Ziel, der *Weiler Gambach.* 13 Prozent Gefälle weist der folgende Abschnitt in der Richtung nach Baienfurt auf, der hinunter ins Gambachtal führt.

Bei der *Löffelmühle,* einem großen Sägewerk, gelangt der Radwanderer auf die Landesstraße 314. Dieser Straße nach Weingarten folgt man einige hundert Meter, bis man links in Richtung Bonlanden abbiegt. Man zweigt aber gleich nach rechts ab, dem blauen Balken nach, fährt über die Brücke der Wolfegger Ach und dann weiter rechts bachabwärts auf dem mit blauem Kreuz bezeichneten Wanderweg. Man wählt dann bei der Gabelung den unteren, unbezeichneten Weg zum Campingplatz und Waldbad. Von dort schiebt man das Fahrrad dem roten Punkt nach, vor der kleinen Brücke geht es links aufwärts, und zweigt dann auf dem ebenen Weg rechts ab nach *Kickach.* An den einzelnen Häusern vorbei geht es abwärts an der Fabrik entlang (man trifft auf den roten Balken) und bei der Einmündung in *Baienfurt* links die Kickachstraße und Altdorfstraße weiter. Man radelt nun immer geradeaus, kreuzt beim »Trauben« die Straße und fährt die Baienfurter Straße an den Gleisen entlang, am Bahnhof vorbei zur Stadtmitte von *Weingarten.* Nach der Be-

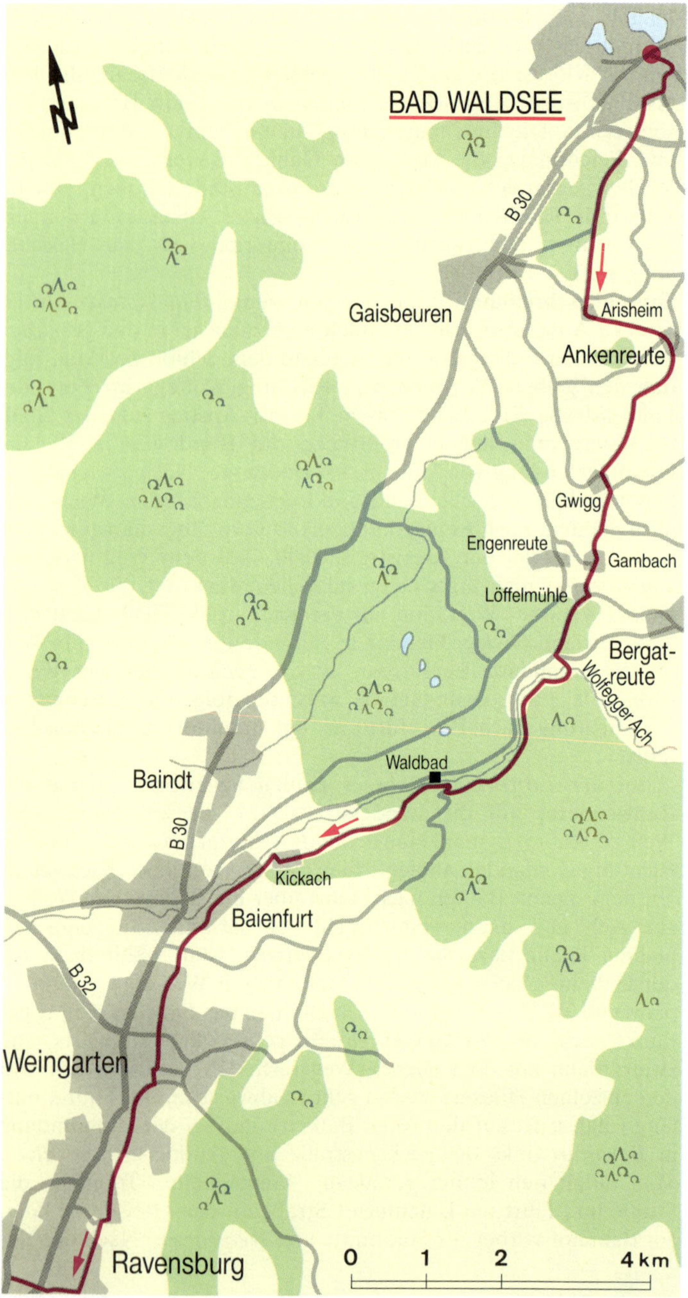
N
BAD WALDSEE
B 30
Gaisbeuren
Arisheim
Ankenreute
Gwigg
Engenreute
Gambach
Löffelmühle
Bergat-
reute
Wolfegger Ach
Waldbad
Baindt
B 30
Kickach
Baienfurt
B 32
Weingarten
Ravensburg
0 1 2 4 km

sichtigung der Kirche kann man entweder auf die Bundesstraße 30 und auf dem Radweg daneben nach Ravensburg fahren, oder man fährt vom *Münsterplatz* halb rechts in die Kirchstraße, läßt das Amtshaus links liegen, hält sich am *Bronerplatz* rechts, überquert die *Scherzach,* hält sich beim »Rößle« wieder rechts, bei dem kleinen Schloß mit dem Eckturm links, fährt über die Brücke, radelt aus der Friedhofstraße geradeaus in die Lammstraße, zweigt rechts ab, biegt in die Bergstraße ein, fährt dann links am *Altdorfer Hof* vorbei und biegt schließlich in die Burachstraße ein. Es ist ein bißchen kompliziert, aber an Ort und Stelle leicht zu finden. Die Bergstraße führt geradeaus stadteinwärts am Schulzentrum vorbei. Nach dem Schulzentrum radelt man geradeaus auf der St.-Martin-Straße bis ans Ende. Hier benützt man geradeaus weiter den Radweg am halben Hang, bis man nach rechts zur Stadtmitte *Ravensburg* abfahren kann. Der nächste Weg zum Bahnhof führt vor der Stadtmitte rechts hinunter.

26 Von der Schussen über die Argen zum See – Ravensburg – Lindau

Verkehrsmöglichkeiten Bahn bis Ravensburg und ab Lindau.
Tourenlänge 34 Kilometer.
Fahrzeit Etwa 3 Stunden.
Höhenunterschiede 300 Meter Steigung, 350 Meter Gefälle.
Karten 1:50 000 L 8322 Friedrichshafen und Bodensee (Blatt Ost), 1:75 000 Kompass-Wanderkarte 1c Bodensee, Gesamtgebiet, 1:200 000 Mairs Generalkarte (Blatt 25).
Wissenswertes In der Welfen- und Stauferstadt Ravensburg zeugen das gotische Rathaus, das Waaghaus und stolze Bürgerhäuser von der Geschichte als mächtige Handelsstadt. Die Dionysiuskirche in Hiltensweiler hat einen schönen spätgotischen Chor und Kanzel. Die Kreisstadt Lindau am Bodensee entstand aus einer Fischersiedlung und einem im 9. Jahrhundert gegründeten Kloster. Die Marktsiedlung wurde im 13. Jahrhundert zur Stadt erhoben und einige Zeit darauf freie Reichsstadt. 1806 kam die Stadt an Bayern. Der Mangturm, der alte Leuchtturm aus dem 13. Jahrhundert, bildet mit dem 33 Meter hohen neuen Leuchtturm und dem bayerischen Löwen das Wahrzeichen des Lindauer Hafens. Außer vielen mittelalterlichen und barocken Bauten steht in der Stadt noch die Heidenmauer, die vielleicht noch aus römischer Zeit stammt.

RAVENSBURG
Bhf.
B 32
B 30
Torkenweiler
Grünkraut
Kemmerlang
Unter-
eschach
Oberhofen
Ober-
Gorn-
hofen
Liebenau
Obersulgen
Tennenmoos
Wiedenbach
B 467
Herishäusern
Enzisweiler
Tettnang
Ucht
Tannau
Wiesertsweiler
N
0
1
2
4 km

Ucht
N
Tannau
Wieserts-
weiler
Laimnau
Bad
Campingplatz
Unterlangnau
Langnau
Hiltensweiler
Muttelsee
Wolfratz
Degersee
Bechtersweiler
A 96
Unterreitnau
B 308
Schönau
E 121 (31)
Aeschach
Lindau
E 121 (31)
Bhf.
B o d e n s e e
0 1 2 4 km

Zu Tour 26, 36, 38, 39, 40, 46, 59 **Lindau** (Foto: Reinhard Kuntzke

Tourenbeschreibung Vom Bahnhof *Ravensburg* aus fährt man zunächst durch die wehrhafte Altstadt. Im Zuge der Bundesstraße 32 muß man aus der Stadt auf dem Radweg in Richtung Wangen. Am Ortsende zweigt man nach rechts aufwärts auf ein nettes Sträßchen nach Kemmerlang ab. Es verläuft nachher als Kammweg mit hübschem Blick und dann durch *Benzen* abwärts nach *Kemmerlang*. Hier hält man sich erst links, dann rechts und schiebt das Fahrrad eine kurze Steigung von 15 Prozent hinauf. Anschließend geht es am *Egelsee* vorbei, bei der Gabelung links aufwärts, dann abwärts an einem Aussiedlerhof vorbei und schließlich links nach *Hintersolbach*. Steil aufwärts erreicht man im Wald eine Kreuzung, wo man nach rechts auf die Kreisstraße 7985 überwechselt. Bei *Obersulgen,* das zur Stadt Ravensburg gehört, bleibt man am Hang nach rechts Richtung »Tennenmoos«. Im Tal folgt man nach links dem Wegzeiger *»Wiedenbach«* über eine Brücke. In diesem Weiler weist der Wegzeiger *»Prestenberg«* die Richtung. Neben diesem Ort erreicht man eine Straße, die nach rechts nach Obereisenbach führt. Am Waldende vor dem Ort geht es aber links ab durch *Herishäusern*, am Feldkreuz links, dann geradeaus durch *Enzisweiler,* über den Bach, dann rechts durch *Ucht* nach *Tannau*. Bei der Einmündung links gelangt man über die Kreuzung auf der K 7716 nach *Laimnau*. Hier folgt man dem Wegzeiger »Wildpoltsweiler« bis zum Ortsende, dann am Ortsschild biegt man rechts zu den *Badhütten* und dem Campingplatz. Dort zweigt nach der Wirtschaft zwischen Scheunen nach rechts ein Pfad ab (rotes Kreuz), der über eine Hängebrücke (10 Meter Abstand halten!) über die *Argen* nach *Unterlangnau* führt. Durch diesen Ort biegt man nach links auf die K 7708 und dann rechts aufwärts durch den Wald nach *Hiltensweiler* und hier links auf der Straße 2375 nach *Götzenweiler.* Am *Muttelsee* kommt man in den Freistaat Bayern. Am Gehöft *Wolfratz* vorbei erreicht man den *Degersee*, zweigt hier auf den Landwirtschaftsweg nach dem See nach rechts ab und gelangt dann auf den Teerweg nach *Bechtersweiler.* Im Ort hält man sich links Richtung Unterreitnau und radelt geradeaus weiter nach *Schönau.* Auf der Schönauer Straße findet man dann leicht den Weg hinunter in den Lindauer Stadtteil *Aeschach.* Nun folgt man der Bundesstraße 31 und fährt dann entweder rechts über den Eisenbahndamm den Bahngleisen entlang zum Bahnhof oder den Schildern Lindau-Insel nach über die neue Seebrücke auf die Insel *Lindau.*

27 Aulendorf – Wolfegg – Waldburg

Verkehrsmöglichkeiten Bahn bis Aulendorf (Fahrrad am Bahnhof), Bus ab Waldburg.
Tourenlänge 36 Kilometer.
Fahrzeit Etwa 3 Stunden.
Höhenunterschiede 240 Meter Steigung, 90 Meter Gefälle.
Karten 1:50 000 L 8122 Weingarten, L 8124 Bad Waldsee, L 8324 Wangen/Allgäu, 1:200 000 Mairs Generalkarte (Blatt 25).
Wissenswertes In Aulendorf steht das ursprünglich romanische Schloß der Grafen von Königsegg mit Neubauten von Michael d'Ixnard im klassizistischen Stil. Die Kirche ist gotisch. Aulendorf ist ein Kurort. Das Kloster Reute ist ein Barockbau. In Bergatreute steht eine Wallfahrtskirche aus dem 17. Jahrhundert. Das Waldburgische Stammschloß Wolfegg ist ein vierflügeliger Renaissancebau. Die Stiftskirche ist barock. Außerdem gibt es dort das Automobilmuseum und das Bauernhausmuseum.

Die Waldburg war im 13. Jahrhundert Aufbewahrungsort der Reichskleinodien; sie ist eine selten gut erhaltene gotische Burg. Die Burg kann leider nicht besichtigt werden.

Im Ort Waldburg sind die Kirche und teilweise auch die Häuser sehenswert.

Tourenbeschreibung In *Aulendorf* radelt man erst zum Bahn-

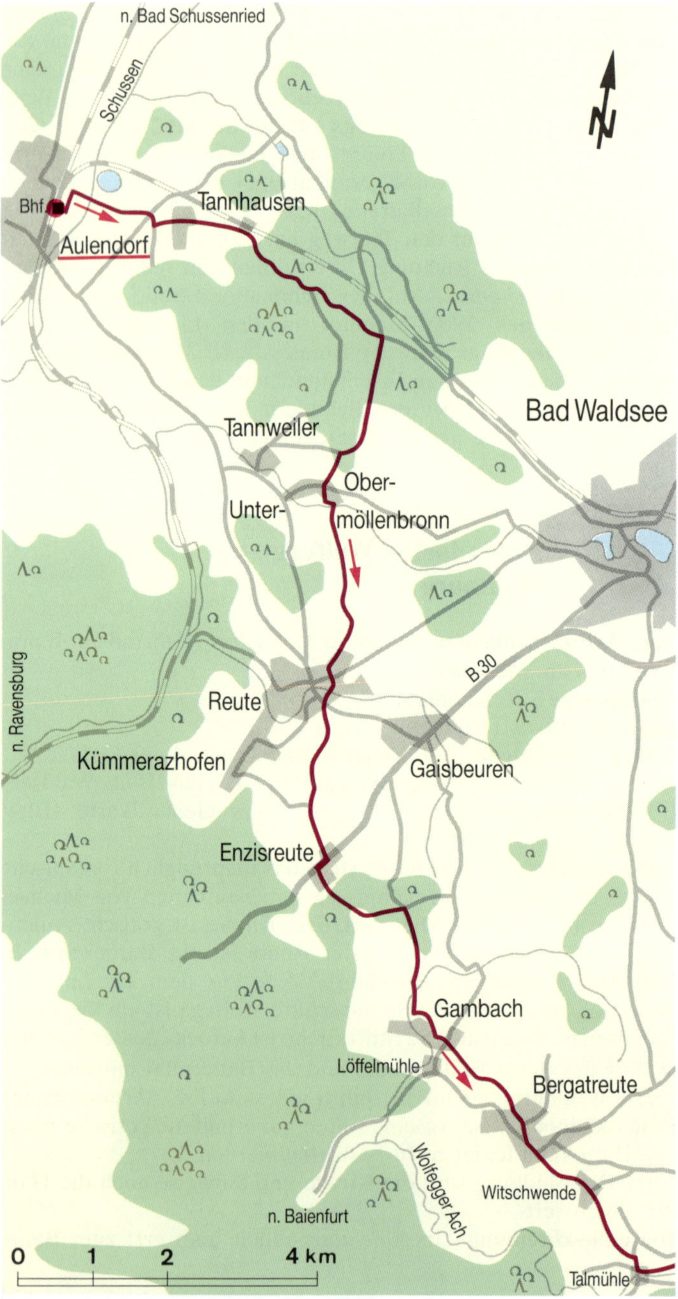
n. Bad Schussenried
Schussen
Bhf.
Aulendorf
Tannhausen
Bad Waldsee
Tannweiler
Ober-
möllenbronn
Unter-
B 30
n. Ravensburg
Reute
Kümmerazhofen
Gaisbeuren
Enzisreute
Gambach
Löffelmühle
Bergatreute
Wolfegger Ach
Witschwende
n. Baienfurt
Talmühle
0
1
2
4 km

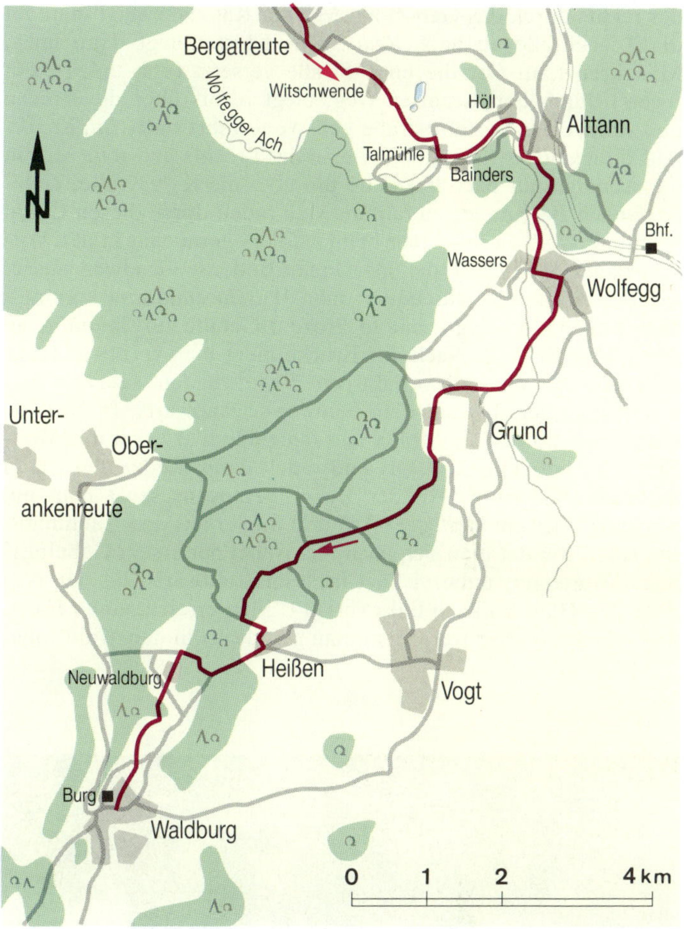

hof, benützt hier die Fußgängerunterführung (absteigen!) zum Strandbad und gelangt weiter – wieder unter der Straße durch – nach *Tannhausen*. Man durchquert den Ort (roter Balken) und fährt dann auf dem Schotter- und Forstweg weiter in den Wald (Radfahrer frei). Man bleibt auf dem guten Hauptforstweg, bis an einer Kreuzung der Forstweg aufhört und ein Privatweg anfängt. Hier hält man rechts auf dem »Tannwaldweg« weiter. Am Wirtshaus *»Rothaus«* vorbei, bei dem Bild der »Guten Betha« nach rechts und kurz darauf beim Wegdreieck links bleibt man auf dem Hauptweg. Man gelangt nach *Untermöllenbronn* und biegt erst links in Richtung Obermöllenbronn, dann gleich wieder rechts durch das Gehöft ab. Vor der Kapelle zweigt man auf die 3,5-t-Straße ab nach *Reute.* Das Kloster liegt dann links. Man kreuzt im Ort die erste Straße versetzt (erst links, dann rechts) durch den Kremser Weg, biegt rechts über die Brücke und kreuzt die Vorfahrtstraße zur Weiterfahrt nach *Enzisreute.* Auf die Bundesstraße 30 biegt man nach rechts und reiht sich in die Abbiegespur nach links ein, um über die K 7939 über *Gambach* nach *Bergatreute* zu fahren. Man radelt durch diesen Ort in Richtung Wolfegg, hält aber beim »Adler« geradeaus in den Witschwender Weg. Auf der als Donau-Bodensee-Radweg ausgeschilderten Strecke durchquert man *Witschwende* und kommt – nach kurzem Anstieg – mit 13 Prozent Gefälle zur *Talmühle* an der *Wolfegger Ach.* Nach der Brücke biegt man rechts in Richtung Alttann ab und verläßt vor *Bainders* den Teerweg und bleibt links der *Ach* auf dem Feldweg bachabwärts. In *Höll* erreicht man wieder die Straße und fährt durch *Wassers* und *Wolfegg.* Man besichtigt den Ort und radelt dann wieder abwärts in Richtung Waldburg. An der Kurve geradeaus saust man mit Schwung über die *Wolfegger Ach* und wieder aus dem Tal hinaus. In *Grund* wendet man sich nach rechts, bei der ersten Gabelung, beim Wegzeiger, unbezeichnet nach links aufwärts, bis der Weg nach den Häusern nach links verläuft. Man erreicht einen Forstweg (für Radfahrer frei), dem man geradeaus in den Wald folgt.

(Foto: Ulrich Schnabel, Archiv DWV)

Am Waldrand bei der Kreuzung wählt man den Forstweg (Radfahrer frei) rechts in den Wald. Man folgt immer dem Hauptweg, an der nächsten Kreuzung geradeaus (rotes Kreuz), dann bei der Kreuzung versetzt dem Teerweg (Wanderweg Nr. 5), dem man wieder an der nächsten Kreuzung nach rechts nachfährt.

Bei der Kreuzung am *Brentenbühl* hält man sich dem Wanderweg 5 nach, links ab, auf den Forstweg. Bei der großen Wegekreuzung wählt man wieder den Forstweg (Radfahrer frei) halb rechts, der dann auf die Straße führt. Zunächst biegt man darauf nach rechts, bei *Neuwaldburg* nach links in das 6-t-Sträßchen ab. An der Kreuzung bleibt man geradeaus und läßt den Sendemast links liegen. Man hält sich dann wieder rechts und kann dann direkt auf die *Waldburg* zuradeln. Bei der Gabelung geht es nach links in den *Ort Waldburg*.

28 Waldburg – Bodnegg – Kreßbronn

Verkehrsmöglichkeiten Bus bis Waldburg, Bahn bis Kreßbronn.
Tourenlänge 30 Kilomter.
Fahrzeit 2½ Stunden.
Höhenunterschiede 45 Meter Steigung, 360 Meter Gefälle.
Karten 1:50 000 Bodensee (Blatt Ost), 1:200 000 Mairs Generalkarte (Blatt 25).
Wissenswertes Die Waldburg ist im Dreißigjährigen Krieg teilweise abgebrannt. So ist auf die gotischen Mauern zum Teil Renaissance gesetzt worden. Der Blick vom Dach geht bis zu den Alpen, vom Feldberg bis zum Ulmer Münster.

Da man durch eine barocke Gegend fährt, findet man überall nette barocke Bildstöcke, Kirchen und Kapellen. Die Hügel mit ihrem Auf und Ab sind Reste der Moränen aus der Eiszeit.

Tourenbeschreibung Von der Ortsmitte *Waldburg* radelt man zunächst auf der Straße nach Sieberatsreute und biegt vor dem Wald links ab nach *Egg*. Nach rechts durchquert man den Ort und wendet sich vor dem nächsten Wald links ab zur Bundesstraße 32. Geradeaus drüber (Vorsicht!) fährt man an Arneggen vorbei, an der Einmündung links am Naturschutzgebiet vorbei (liebliche Gegend) nach *Englisreute,* dann weiter geradeaus durch *Hinter-Hargarten* und bleibt – ohne extra Beschilderung –

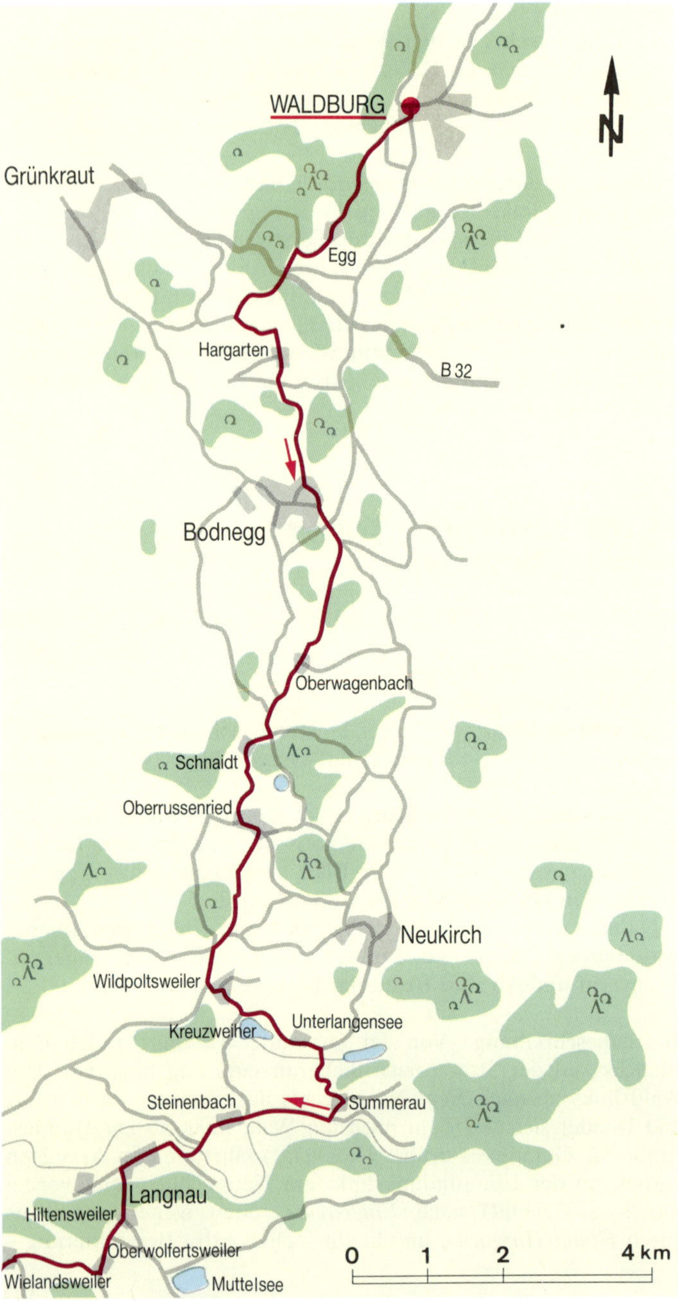
WALDBURG
Grünkraut
Egg
Hargarten
B 32
Bodnegg
Oberwagenbach
Schnaidt
Oberrussenried
Neukirch
Wildpoltsweiler
Kreuzweiher
Unterlangensee
Steinenbach
Summerau
Langnau
Hiltensweiler
Oberwolfertsweiler
Wielandsweiler
Muttelsee
N
0
1
2
4 km

auf dem Hauptweg (weiße Seitenpfosten) nach *Bodnegg*. Wer hier die Kirche nicht ansehen will, hält sich links abwärts, dann rechts und folgt erst dem Wegzeiger »Tettnang«, dann »Neukirch«. Hinter *Lachen* biegt man rechts ab nach *Halden-Oberwagenbach,* läßt die Kapelle links oben liegen, folgt dem Wegzeiger »Achmühle-Buch« nach links, bleibt aber bei der nächsten Abzweigung wieder links, fährt über die Brücke, dann rechts etwa 500 Meter aufwärts durch *Schnaidt* nach *Oberrussenried.* Hier weist der Wegzeiger nach Neukirch nach links, man wendet sich aber kurz darauf nach rechts dem alten Wegzeiger *»Wildpoltsweiler«* nach. An der Einmündung biegt man nach rechts und dann wieder nach links »Langnau–Steinenbach«. Hinter Wildpoltsweiler erreicht man den *Kreuzweiher,* biegt davor links ab nach *Unterlangensee* und nach den Häusern dieses Weilers rechts ab über eine kleine Brücke auf- und abwärts nach *Summerau.* Hier radelt man oberhalb der *Argen* nach *Steinenbach* und *Ober-* und *Unterlangnau,* wo man nach links aufwärts (bezeichneter Radweg) nach *Hiltensweiler* den Weg nimmt. Man fährt auf der K 7777 dort dann rechts in der Richtung nach Kreßbronn über *Oberwolfertsweiler, Wielandsweiler* und *Schleinsee.* Am *Schleinsee* vorbei erreicht man *Nitzenweiler* und folgt hier dem Wegzeiger *Atlashofen-Gattnau.* Bei der Einmündung am *Fallenbach* hinter dem Weiler Atlashofen radelt man nach rechts durch *Döllen* zur Straße nach *Kreßbronn*, auf der man nach rechts in den Ort gelangt. Zum See muß man noch die stark befahrene Bundesstraße 31 und die Bahnlinie kreuzen.

29 Von Leutkirch über Bad Wurzach – Bad Waldsee nach Aulendorf

Verkehrsmöglichkeiten Bahn bis Leutkirch und ab Aulendorf (beide Orte Fahrrad am Bahnhof).
Tourenlänge 45 Kilometer.
Fahrzeit 3 bis 4 Stunden.
Höhenunterschiede Etwa 100 Meter Steigung, 230 Meter Gefälle.
Karten 1:50 000 L 8124 Bad Waldsee, L 8122 Weingarten, 1:200 000 Mairs Generalkarte (Blatt 25).
Wissenswertes Die spätgotische Pfarrkirche St. Martin in Leutkirch war die Mutterkirche des Nibelgaus. Die Reste der Stadtbefestigung, der Pulver- und der Bockturm mit Heimatmuseum, das Kornhaus und das Rathaus lohnen eine Stadtbesichtigung. Auf der Leutkircher Heide saßen die reichsfreien Bauern bis ins Mittelalter. Der Gerichtsstuhl des Landgerichts stand bei Haid; hier wurde vom Reich das Recht gesprochen. Zwischen Heggelbach und Reichenhofen liegt die barocke St.-Wolfgang-Kapelle. Im Herrgottsried kann man seltene Vögel sehen. In Bad Wurzach ist das Treppenhaus im barocken Schloß besonders sehenswert; auch das Kloster Maria Rosengarten, die Pfarrkirche und die Gottesbergkapelle sind barock. In Ziegelbach, das zu Wurzach gehört, wurde der alte Pfarrstadel zu einem Festraum umgestaltet; die gotische Kirche wurde barockisiert, das Pfarrhaus ist barock. Schon im 8. Jahrhundert wurde Haidgau genannt; die Kirche ist barock. Bad Waldsee, seit 1298 Stadt, gehörte bis 1806 zu Vorderösterreich. Zwischen dem Stadtsee und dem Schloßsee liegt die Altstadt mit den gotischen Häusern (Rathaus). Die barockisierte Stadtpfarrkirche birgt ein bronzenes Grabmal des Truchsessen Georg von Waldburg. Die ehemalige Wasserburg, das heutige Schloß, gehört dem Erbgrafen von Waldburg-Waldsee. Auch in Aulendorf steht ein Schloß, das den Grafen von Königsegg gehörte. Die klassizistische Fassade stammt von Michael d'Ixnard.
Tourenbeschreibung Von *Leutkirch* fährt man über das Gleis in Richtung Wangen. An der Ampel vor der Umgehungsstraße hält

man rechts durch die Bahnunterführung und biegt dann links ein (Wegzeiger zum Hundesportplatz). Auf einem Sträßchen an der Bahn entlang erreicht man über die Autobahn *Heggelbach.* Man radelt auf der K 8030, an der Gabelung links Richtung Reichenhofen, kreuzt die Bundesstraße 465 versetzt und kommt so nach *Reichenhofen.* Vor der Kirche biegt man links in die Richostraße ein (nach Richo heißt es »Reichen«hofen), dann gelangt man über die Mühlbachstraße (Privatstraße) über die *Wurzacher Ach.* Auf der ersten Straße im Tal hält man links bachaufwärts nach *Diepoldshofen.* Man fährt im Ort in Richtung Seibranz, bleibt in dieser Richtung auf der K 7918 durch *Bauhofen,* biegt nach diesem Weiler links ab durchs *Herrgottsried* nach *Truschwende*, wo man sich nach links zur B 465 hält. Auf dem Radweg neben der *Ach* radelt man nach rechts nach *Bad Wurzach.* Am Schloß wendet man sich nach links (Kirche und Gottesberg bleiben rechts) und radelt an der Kurve der Straße geradeaus in den Breiteweg, dem man einfach weiter stadtauswärts folgt. Über die Umgehungsstraße geht es geradeaus weiter nach Ziegelbach (man hat einen hübschen Blick aufs Wurzacher Ried). In *Ziegelbach* muß man zunächst geradeaus in Richtung Rohrbach, dann rechts nach *Haid*, hier nach dem Kieswerk rechts ab, kreuzt Bahn und Straße und fährt beim *Kimpfler* weiter auf der Straße nach *Haidgau.* Im Ort, nach der Kirche, zweigt links aufwärts das Sträßchen nach Ehrensberg ab. Der Blick zurück über das Ried, unter Umständen aufs Gebirge, ist sehr schön. In *Ehrens-*

Zu Tour 6, 29, 33, 52 **Barocktreppenhaus des Bad Wurzacher Schlosses**
(Foto: Städtische Kurverwaltung Bad Wurzach)

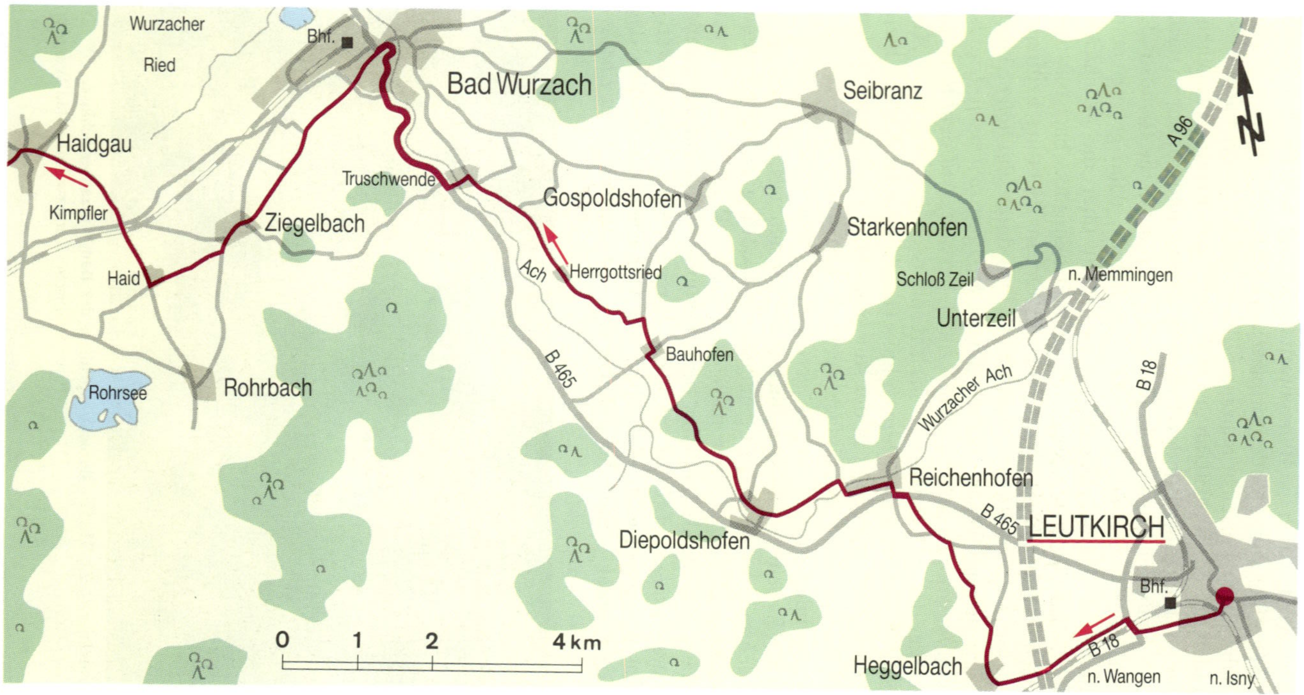
Wurzacher
Ried
Bhf.
Bad Wurzach
Seibranz
Haidgau
Kimpfler
Truschwende
Gospoldshofen
Starkenhofen
Ziegelbach
A 96
N
Haid
Ach
Herrgottsried
Schloß Zeil
n. Memmingen
Unterzeil
Bauhofen
Rohrsee
Rohrbach
B 465
Wurzacher Ach
B 18
Reichenhofen
B 465
LEUTKIRCH
Diepoldshofen
Bhf.
0
1
2
4 km
B 18
Heggelbach
n. Wangen
n. Isny

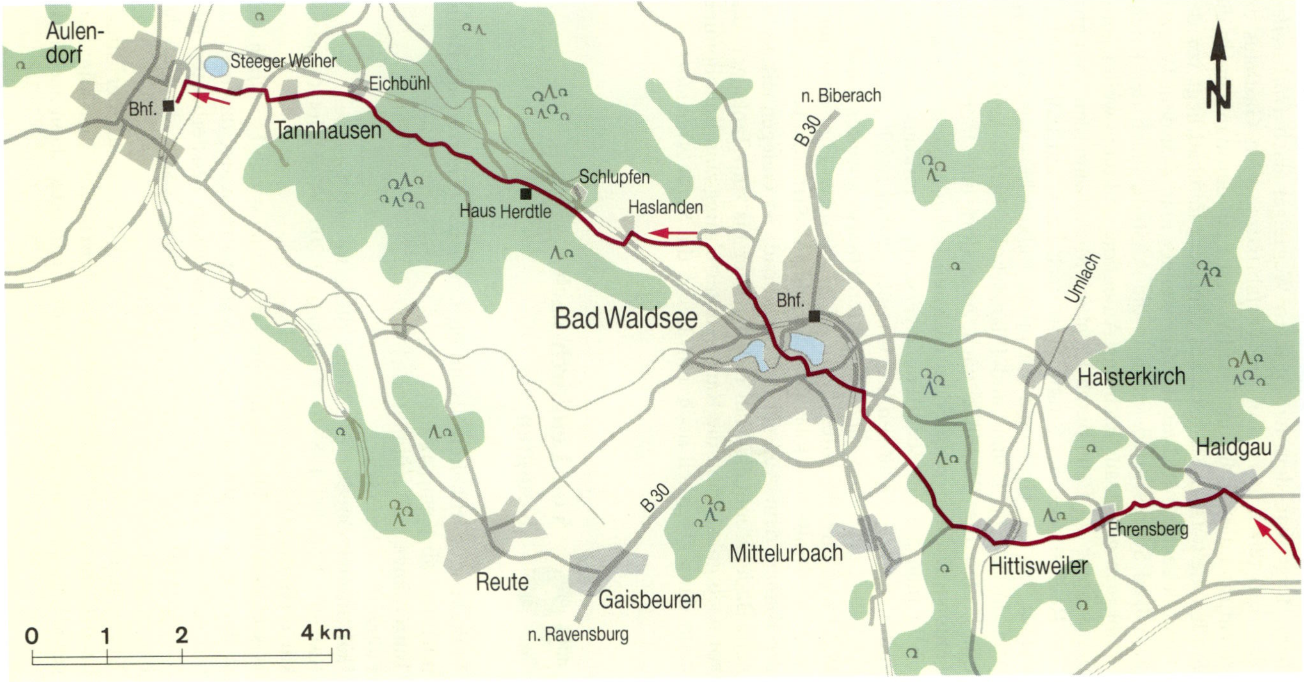

Aulen-
dorf
Bhf.
Steeger Weiher
Eichbühl
Tannhausen
Schlupfen
Haus Herdtle
Haslanden
n. Biberach
B 30
Bad Waldsee
Bhf.
Umlach
Haisterkirch
Haidgau
Ehrensberg
Hittisweiler
Mittelurbach
B 30
Reute
Gaisbeuren
n. Ravensburg
N
0
1
2
4 km

berg, folgt man dem netten alten Wegzeiger nach *Hittisweiler,* das man durchquert. Bei der Vorfahrtsstraße am Gasthaus erreicht man die Straße nach Bad Waldsee auf der man ganz in die Stadt radelt. (Der Stadtsee mit dem Schwimmbad liegt vor der Altstadt rechts.) In *Bad Waldsee* wendet man sich dem Wegzeiger »Bad Schussenried« nach in die Altstadt. Nach der Kirche bleibt man geradeaus Richtung Aulendorf und dann weiter geradeaus unter der Bahn durch Richtung Michelwinnaden. Am großen Rechtsbogen der Straße führt nach links, am Hölderlinweg vorbei, bei der Hecke ein mit rotem Balken bezeichneter Teerweg durch eine Baum- und Pflanzschule. In *Haslanden* überquert man die Bahnlinie nach Aulendorf und fährt auf der Hauptstraße weiter. Bei dem nächsten *Bahnübergang Schlupfen* bleibt man auf der Schotteranliegerstraße geradeaus. Am *Haus Herdtle* mit dem schönen Steinwappen vorbei radelt man an der Kreuzung geradeaus, den gesperrten Forstweg weiter durch den Wald und erreicht durch *Eichbühl Tannhausen.* Hier unterquert man die Straße und folgt dem Wegzeiger »Strandbad«. Im *Steeger Weiher,* dem Aulendorfer Strandbad, ist Gelegenheit zu einem Badeaufenthalt. Man radelt weiter bis zum Tanklager, davor nach links, wählt die Radwegunterführung zum Bahnhof und kann dann eventuell noch aufwärts in die Stadt *Aulendorf.*

30 Von Leutkirch nach Kempten

Verkehrsmöglichkeiten Bahn bis Leutkirch (Fahrrad am Bahnhof) und ab Kempten.
Tourenlänge 37 Kilometer.
Fahrzeit 4 Stunden.
Höhenunterschiede 270 Meter Steigung und Gefälle.
Karten 1:50 000 L 8326 Kempten, 1:200 000 Mairs Generalkarte (Blatt 25).
Wissenswertes Die ehemalige freie Reichsstadt Leutkirch hat in der sehenswerten Altstadt ein Heimatmuseum, das recht interessant ist. Kempten mit seinen barocken Klosterbauten und der Altstadt, die auf einer Römergründung basiert, liegt an der Iller und bietet viele hübsche Motive.
Tourenbeschreibung Von *Leutkirch* fährt man auf der Straße nach *Kempten* auf dem Radweg bis *Adrazhofen,* hier folgt man geradeaus dem Wegzeiger *»Tannhöfe«* und biegt dann nach links

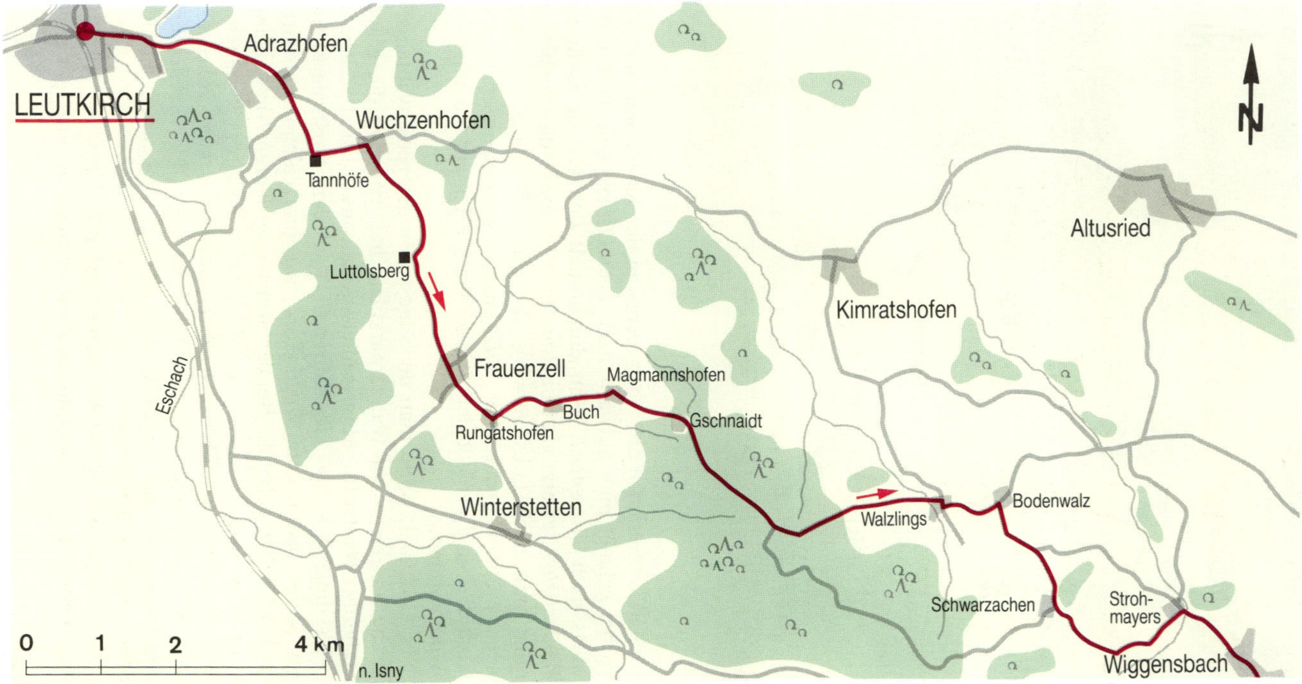
LEUTKIRCH
Adrazhofen
Wuchzenhofen
Tannhöfe
Luttolsberg
Frauenzell
Magmannshofen
Buch
Rungatshofen
Gschnaidt
Winterstetten
Kimratshofen
Altusried
Walzlings
Bodenwalz
Schwarzachen
Stroh-
mayers
Wiggensbach
Eschach
n. Isny
N
0
1
2
4 km

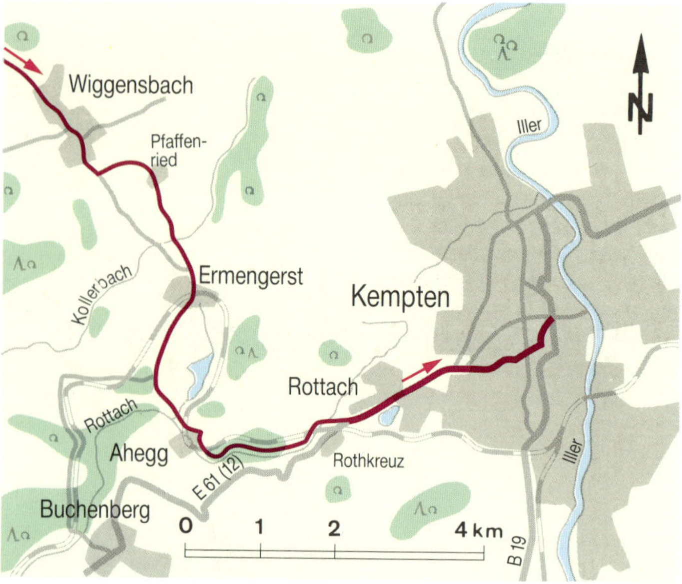

nach *Wuchzenhofen* ab. Nach rechts an der Kirche und Kapelle vorbei gelangt man aufwärts nach *Luttoldsberg* und wieder abwärts nach *Frauenzell.* Man durchradelt den Ort in Richtung *Winterstetten,* zweigt aber in *Rungatshofen* ab. In diesem Weiler fängt nun nach links aufwärts die große Steigung an. Man schiebt das Fahrrad über *Buch* nach *Maggmannshofen* und *Gschnaidt* und genießt den wunderbaren Blick auf das hügelige Alpenvorland.

In Gschnaidt sollte man noch die schön gelegene Wallfahrtskirche ansehen. Am Wanderparkplatz hat man nun die große Steigung geschafft. Man radelt geradeaus blau bezeichnet (»Walzlings-Adelegg«, Radfahrer frei) auf dem Forstweg »Langer Steig« bis zu dem Wegdreieck, wo man halblinks abwärts nach *Walzlings* gelangt. (Bei der nächsten größeren Abzweigung kann man über Oberwalzlings auch nach Walzlings kommen.) Von Walzlings aus fährt man über *Bodenwalz,* hier rechts ab, über Schwarzachen, dann geradeaus Richtung *Wiggensbach* bei den Höfen *Hinlings* wieder abwärts und bei *Strohmayers* auf die Straße nach Wiggensbach.

Wer länger auf der Höhe bleiben möchte, fährt den Höhenweg weiter bis zu den Häusern *Adelegg* und vor dort sehr steil

Zu Tour 16, 17, 30, 36, 55 **Kempten im Allgäu, St.-Mang-Kirche**
(Foto: Stadt Kempten)

abwärts nach *Schwarzachen*. Hier geht es dann nach rechts steigend über *Hinlings, Strohmayers* nach *Wiggensbach*. Durch die Marktgemeinde mit der hübschen Kirche fährt man nach dem Ort links über *Pfaffenried* nach *Ermengerst*. Man kreuzt die Bahnlinie von Kempten nach Isny und fährt am Hang zur Straße, die von Leutkirch kommt und durch das Kürnachtal verläuft. Durch die Unterführungen der Bahn beim Haltepunkt

Aheggmühle fährt man beim »Grünlandkäse« links beim Haltepunkt *Rothkreuz* über die Bahn, dann rechts an der *Rotachsäge* über die Brücke und erreicht auf diesem Rad- und Fußweg die Bundesstraße 12, auf der man bis *Kempten* (wechselweise Radweg) bleibt.

31 Von Leutkirch über die Iller nach Memmingen

Verkehrsmöglichkeiten Bahn bis Leutkirch und ab Memmingen (bei beiden Fahrrad am Bahnhof).
Tourenlänge 29 Kilometer.
Fahrzeit 2 Stunden.
Höhenunterschiede 100 Meter Steigung, 140 Meter Gefälle.
Karten 1:50 000 L 8126 Memmingen, 1:200 000 Mairs Generalkarte (Blatt 25).
Anmerkung In Legau lohnt sich der Abstecher zur Wallfahrtskirche Maria Schnee auf dem Lehenbühl.
Wissenswertes Leutkirch mit Rathaus im Barockstil, Stadtbefestigung mit Bock- und Pulverturm, Kirchen. Legau mit Maria Schnee auf dem Lehenbühl, Maria Steinbach – eine barocke Wallfahrtskirche mit Rokokoausstattung. Lautrach mit Schloß.

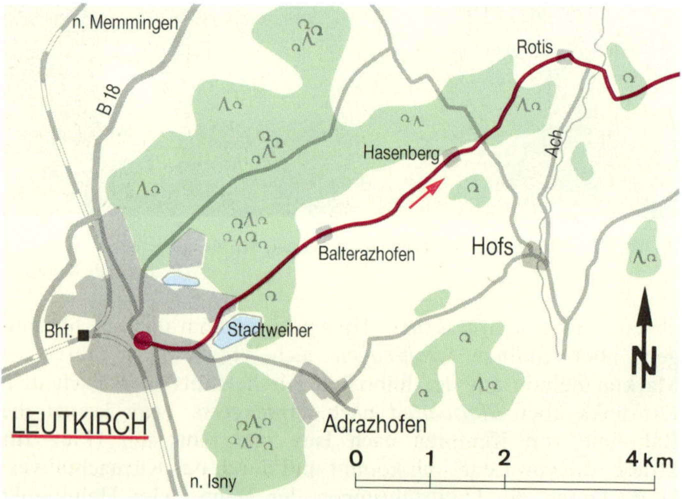

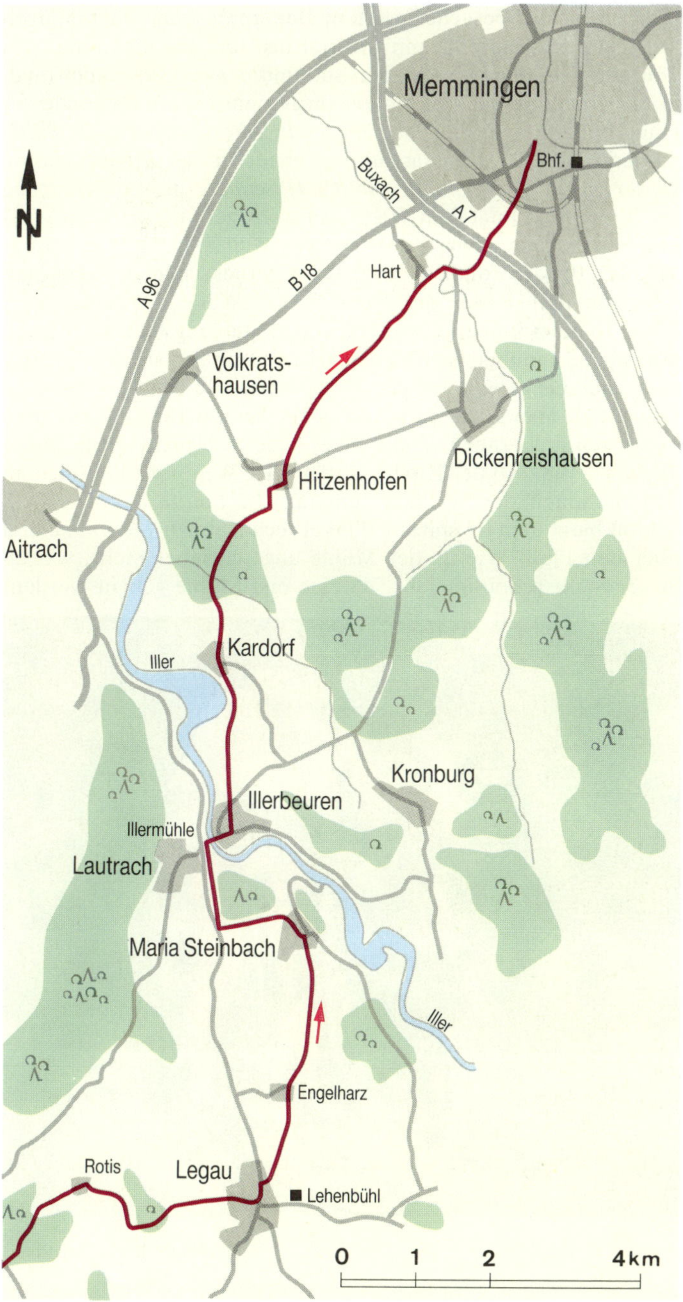

N
Memmingen
Bhf.
Buxach
A7
A96
B18
Hart
Volkrats-
hausen
Hitzenhofen
Dickenreishausen
Aitrach
Kardorf
Iller
Kronburg
Illerbeuren
Illermühle
Lautrach
Maria Steinbach
Iller
Engelharz
Rotis
Legau
Lehenbühl
0
1
2
4 km

Illerbeuren mit besuchenswertem Bauernmuseum. Memmingen mit schönem Stadtbild, mit St. Martins- und Frauenkirche.

Tourenbeschreibung Von der Stadtmitte *Leutkirch* radelt man in der Richtung nach Kempten, biegt ziemlich am Ortsende am Hang entlang halb links ab, am *Stadtweiher*, vorbei nach *Balterazhofen.* Hier fährt man unbezeichnet in der Hauptrichtung weiter (nicht Wielazhofen), durch *Hasenberg* bis zur Kreuzung am Wald. Man folgt dem Wegzeiger *Rotis* geradeaus in den Wald und läßt es dann abwärts durch diesen Weiler an die *Ach* sausen. Vor der Brücke sollte man nochmal zurückschauen, denn man sieht um die Häuser des Fleckens die Wälle der ehemaligen Burg. In einer kurzen neunprozentigen Steigung führt die Straße hinauf und hinüber nach *Legau.* Hier empfiehlt sich der Abstecher zum *Lehenbühl* mit der Wallfahrtskirche *Maria Schnee.* In Legau hält man links, dann rechts zur Hauptstraße auf der man kurz nach links radelt. Dann biegt man nach rechts nach *Maria Steinbach* ein. Ab der Kirche verläuft der Weg nach Lautrach an den Stationen der Wallfahrt entlang. In *Lautrach* mit seinem Schloß biegt man im spitzen Winkel rechts ab zur *Illermühle* und über den Fluß. Wie an der Mühle angeschrieben steht, war an dieser Stelle schon im Jahr 948 eine erst Mühle gebaut worden.

(Foto: Klaus Puntschuh)

Rechts der *Iller* durchfährt man den Ort *Illerbeuren*. Das Bauernmuseum enthält viel Wissenswertes über das bäuerliche Tun im Allgäu seit Jahrhunderten. Man zweigt nun von der Straße nach Dickenreishausen links illerabwärts ab nach *Kardorf*, fährt geradeaus an der Kirche vorbei nach dem Ort ansteigend, über den Bach und durch den Wald nach *Hitzenhofen*, durch das man das Sträßchen nach Memmingen erreicht. Vor dem Weiler *Hart* kürzt man sich halb rechts, auf 300 Meter Schotterweg, die Strecke ab und gelangt auf die Teerstraße, die über die *Buxach*, unter der Autobahn durch und über die Bahnlinie nach *Memmingen* führt. Um den Bahnhof zu erreichen, fährt man entweder um die Stadt oder durch die Stadtmitte und die Bahnhofstraße zum Bahnhof.

32 Auf der alten Bundesstraße 18 von Leutkirch nach Wangen

Verkehrsmöglichkeiten Bahn bis Leutkirch und ab Wangen (Fahrrad am Bahnhof).
Tourenlänge 24 Kilometer. **Fahrzeit** 2 Stunden.
Höhenunterschiede 45 Meter Steigung.
Karten 1:50 000 L 8324 Wangen, 1:200 000 Mairs Generalkarte (Blatt 25).
Wissenswertes Leutkirch liegt in der Leutkircher Heide, wo es bis ins späte Mittelalter reichsfreie Bauern gab. Auch die Stadt war Freie Reichsstadt. Die Spitalkapelle in der Hauptstraße, der Marktplatz, das Heimatmuseum im Bock, die Martinskirche und die Altstadt sind sehenswert. Bei Haid stand das »Haidbild«, der Gerichtsstuhl des Landgerichts in der Heide. In Tautenhofen steht noch eine gotische Kapelle, in Gebrazhofen eine barocke Dorfkirche, die auf eine romanische zurückgeht und beinahe wehrhaften Charakter trägt. An den Weihern Argensee und Wuhrmühleweiher ist Möglichkeit zum Baden oder bei wenig Betrieb zum Beobachten der Vögel. Bei der Neumühle führt noch eine uralte gedeckte Holzbrücke über die Argen. In Oflings ist ein alter Wohnturm vorhanden, einst ein Ritterhorst, auch heute noch bewohnt. Wangen, ehemals Freie Reichsstadt mit altem Stadtbild.

Tourenbeschreibung *Leutkirch* ist Eilzugstation an der Strecke Aulendorf – Kißlegg – Leutkirch – Memmingen. Man leiht sich am Bahnhof ein Rad und fährt entlang der Gleisanlagen über die

N
LEUTKIRCH
B 465
Bhf.
n. Isny
Tautenhofen
B 18
Herlaz-
hofen
Gebrazhofen
Wolferazhofen
n. Kißlegg
Argensee
Waltershofen
Untere Argen
n. Isny
Dettishofen
Hilpertshofen
B 18
Dürren
Ratzenried
Bhf. Ratzenried
0 1 2 4 km

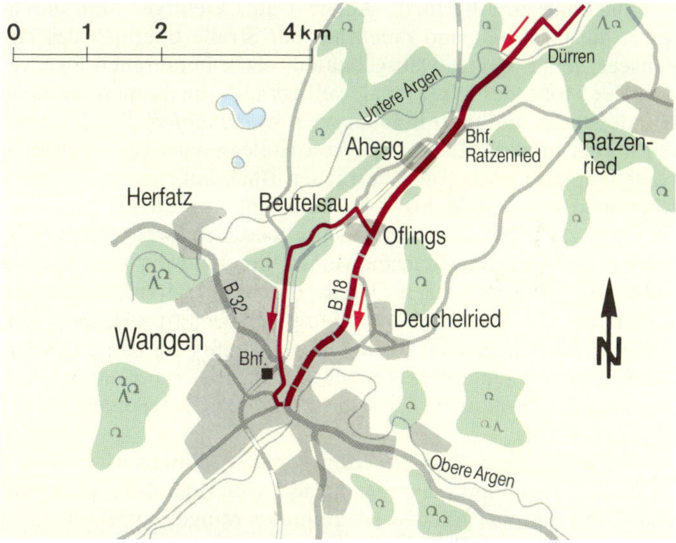

Poststraße zur Wangener Straße. Wer allerdings zuerst noch die Stadt kennenlernen möchte, sollte bei der Einmündung in die Wangener Straße sich links halten und in die Stadtmitte mit dem Barock-Rathaus, dem Bock- und Pulverturm radeln. Am Ende der Innenstadt mit den Stadtbefestigungen muß man allerdings wieder zur Wangener Straße zurückkehren. Die Bundesstraße 18 zählt zu den kürzesten Bundesstraßen mit niederer Nummer; sie stellt die Verbindung zwischen der Bundesstraße 12 Lindau – Landsberg – München – Passau – Philippsreuht (Grenze zur Tschechoslowakei) von Rothkreuz bei Lindau bis Buchloe her, wo sie wieder in die Bundesstraße 12 mündet. Da die Bundesstraße 12 ausschließlich über bayrisches Gebiet führt, war für die »württembergische« Bundesstraße Lindau – Wangen – Leutkirch – Memmingen – Mindelheim – Buchloe eine eigene Nummer notwendig.

Auf der Wangener Straße überquert man nun den Bahnübergang und verläßt die Hauptstadt des Nibelgaus in westlicher Richtung. Man muß auf dem Radweg neben der Bundesstraße fahren und bleibt dann geradeaus nach *Tautenhofen.* Im Zuge der alten Bundesstraße kommt man nun zunächst zu der Kapelle von Tautenhofen, dann durch den Weiler selbst. An den *Hundhöfen* vorbei führt die alte Bundes- und ehemalige Reichsstraße durch ein Waldstück weiter nach *Gebrazhofen.* Vor dem

Ort hat man eine herrliche Aussicht aufs Gebirge. Man durchquert die Ortschaft und radelt auf der Straße oberhalb des Argensees neben der neu ausgebauten, stark befahrenen Strecke. Auf der Höhe des Wuhrmühleweihers unterquert man die neue Bundesstraße und fährt hinüber nach *Waltershofen*. Bei *Dettishofen* kreuzt man die Landstraße von Kißlegg nach Christazhofen. Nachdem man noch einen herrlichen Blick auf die Alpen hatte, folgt man der Straße ins Argental. Links unten bei der *Neumühle* liegt die hübsche alte Argenbrücke. Schnurgerade, im Gegensatz zum windungsreichen Verlauf der Unteren Argen, zieht sich dann die Straße nach *Dürren*. Für den letzten Streckenabschnitt hat der Radwanderer seine eigene separate Trasse: Der Radweg führt bezeichnet geradeaus auf einer Holzbrücke über die Argen und separat neben der Autostraße zum Bahnhof Ratzenried. Am Wohnturm Oflings vorbei erreicht man den Zielort Wangen.

Man kann aber auch in Oflings rechts abbiegen, über die Bahn und dann links auf die Straße von Beutelsau gelangen. Man kann nun das Fahrrad am Bahnhof Wangen abgeben.

Zu Tour 7, 8, 9, 32, 33, 34, 35, 58, 59 **Am Stadtrundwanderweg Nr. 1** (mit Nagelfluhkette) (Foto: Rathaus Wangen im Allgäu)

33 Von Bad Wurzach über Kißlegg nach Wangen

Verkehrsmöglichkeiten Bus bis Bad Wurzach, ab Wangen Bahn (hier Fahrrad am Bahnhof).
Tourenlänge 34 Kilometer.
Fahrzeit 2 bis 3 Stunden.
Höhenunterschiede 155 Meter Steigung, 250 Meter Gefälle.
Karten 1:50 000 L 8124 Bad Waldsee, L 8324 Wangen/Allgäu, 1:200 000 Mairs Generalkarte (Blatt 25).
Wissenswertes Bad Wurzach als ehemalige Waldburgische Residenz bietet mit dem Schloß und seiner Kirche, mit der Pfarrkirche St. Verena, die noch einen gotischen Turm hat, Barockes. Auf dem Gottesberg steht eine barocke Kapelle mit Bruderhaus. Im Wurzacher Ried findet man seltene Blumen und Vögel. Auch die Pfarrkirche St. Ulrich und Margarete in Arnach ist barock. Kißlegg hat zwei Schlösser, das Waldburg-Wolfeggische Alte Schloß und das Waldburg-Zeilsche Barockschloß, außerdem ein Schwimmbad im Obersee. Die ehemals Freie Reichsstadt Wangen mit mittelalterlicher Ober- und Unterstadt, mit Rathaus, Hinderofenhaus, den alten Toren und dem Heimatmuseum in der Eselsmühle lohnt einen längeren Aufenthalt.

Tourenbeschreibung Von der Ortsmitte *Bad Wurzach* radelt man am Schloß vorbei in der Richtung nach Memmingen, und biegt nach der Brücke und der Kirche rechts ab in Richtung Gospoldshofen (Radwegzeichen). An der Gabelung hinter dem *Gottesberg* hält man rechts nach *Truschwende* und fährt oberhalb des Tals der *Wurzacher Ach* geradeaus durch den Weiler. Man bleibt diesseits der Ach durch *Herrgotts* und das *Herrgottsried* bis *Bauhofen*, das nach der Einmündung des Sträßchens nach rechts erreicht wird. Hier nun hält man nach rechts über die Ach, durch *Riedlings* und kreuzt die Bundesstraße 465 (Vorsicht!), radelt an den Einödshöfen vorbei zur Straße nach *Arnach*, das man nach links erreicht. Am Ortseingang fährt man geradeaus über den Buckel bei der Kirche wieder auf die Hauptstraße und auch bei der Tankstelle geradeaus weiter (Ratperoniusstraße). Nach dem Sportplatz biegt man rechts in den Beethovenweg ein, den man ortsauswärts weiterradelt bis zur Straße nach *Immenried*. Nach links geht es dann in diesen Ort, den man in der Richtung nach Kißlegg durchquert. Dahinter, auf halber Höhe, zweigt der Weg nach *Oberreute* nach rechts ab. Dem Hauptweg über den Hügel mit herrlicher Aussicht folgt man nach *Wiggenreute*. Versetzt (erst rechts, dann links) kreuzt dort die Straße

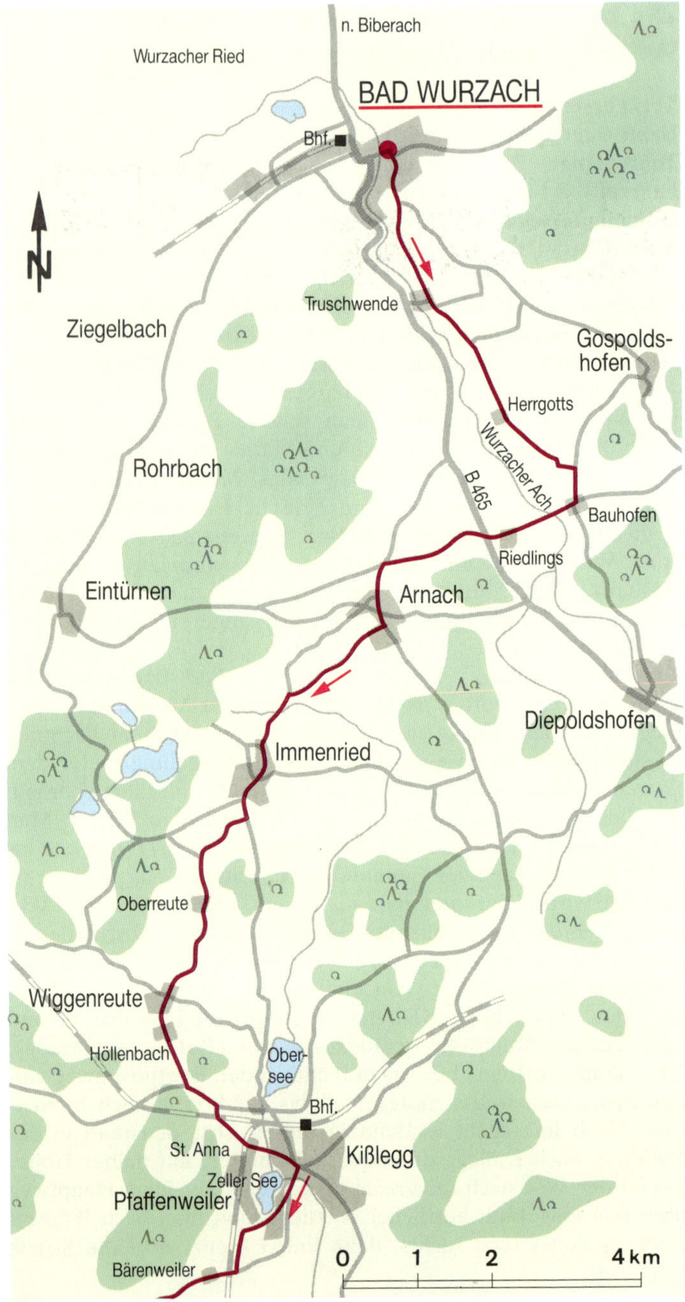
n. Biberach
Wurzacher Ried
BAD WURZACH
Bhf.
Truschwende
Ziegelbach
Gospolds-
hofen
Herrgotts
Wurzacher Ach
B 465
Rohrbach
Bauhofen
Riedlings
Eintürnen
Arnach
Diepoldshofen
Immenried
Oberreute
Wiggenreute
Höllenbach
Ober-
see
Bhf.
St. Anna
Kißlegg
Zeller See
Pfaffenweiler
Bärenweiler
0
1
2
4 km

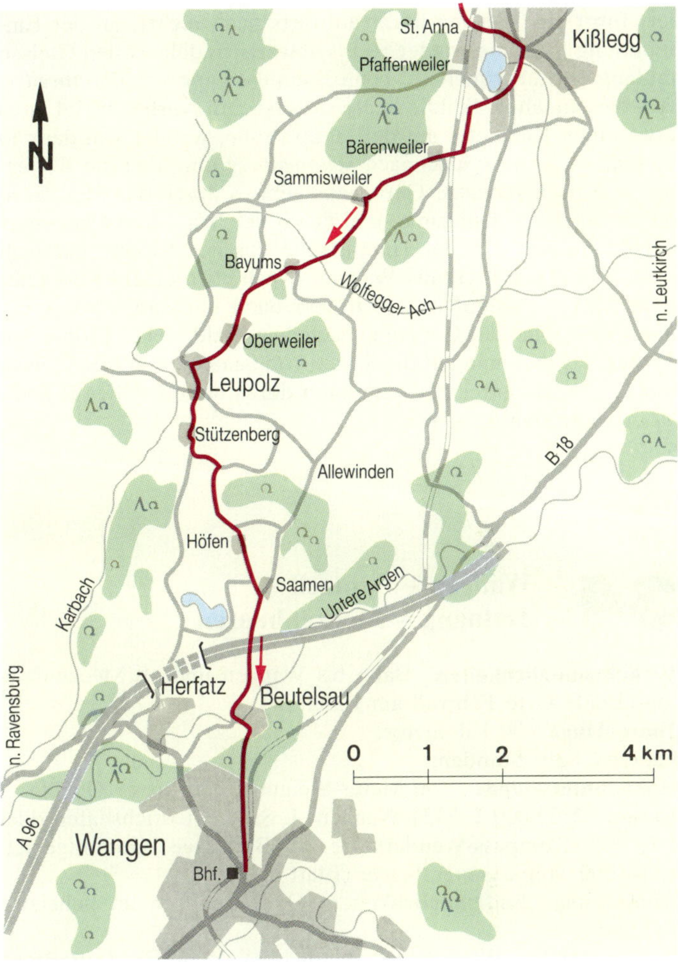

und erreicht über *Höllenbach* die Straße nach Wolfegg. Man wendet sich erst links und kurz darauf rechts über die Bahn (Le Pouliguen Straße) (Radwegzeichen) nach *Kißlegg St. Anna.* Wieder über die Bahnstrecke nach Lindau kann man nun geradeaus nach *Kißlegg* radeln. Wer es eilig hat, biegt rechts nach *Pfaffenweiler* ab (Altes Schloß und Zeller See bleiben dann links liegen). Vor der Kurve, zwischen den Häusern von Pfaffenweiler, führt ein Teerweg leicht aufwärts nach rechts, an der Einmündung hält man wieder rechts abwärts, radelt an den Gleisen entlang und überquert sie beim Bahnübergang vor *Bärenweiler*. An diesem alten Spital, heute Altersheim, vorbei bleibt man etwa einen Kilometer auf der Hauptstraße, wendet sich dann in *Sammisweiler* nach links nach *Schönenberg* und über die *Wolfegger Ach* nach *Bayums*. Geradeaus geht es durch den Hof, auch an der nächsten Kreuzung, und durch den Wald und *Oberweiler* nach Leupolz. Auf der Hauptstraße vor der Kirche hält man links abwärts in Richtung Wangen. Nach etwa einem Kilometer beim *Leupolzbauhof* tritt man aber dann links aufwärts. Über *Stützenberg*, bei der Gabelung nach dem Wald rechts, *Höfen* und *Fünfers* gelangt man auf die Straße von Saamen und läßt es nach rechts abwärts unter der Autobahn durch laufen. Über *Beutelsau* erreicht man dann *Wangen*.

34 Wangen – Amtzell – Tettnang – Meckenbeuren

Verkehrsmöglichkeiten Bahn bis Wangen und ab Meckenbeuren (Beide Orte Fahrrad am Bahnhof).
Tourenlänge 30 Kilometer.
Fahrzeit 2½ Stunden.
Höhenunterschiede 190 Meter Steigung. 330 Meter Gefälle.
Karten 1:50 000 L 8324 Wangen, L 8322 Friedrichshafen oder 1:75 000 Kompass-Wanderkarte lc Bodensee Gesamtgebiet, 1:200 000 Mairs Generalkarte (Blatt 25).
Anmerkung Bademöglichkeit in Obereisenbach im beheizten Freibad.
Wissenswertes Wangen ist staatlich anerkannter Luftkurort. Die Lage der Stadt und die gepflegte Umgebung machen sie sehr sehenswert. In der Oberstadt wohnten die Patrizier, in der Unterstadt die Ackerbürger und Handwerker.

Die Wallfahrtskirche von Pfärrich aus dem Jahr 1350 ist barockisiert.

Amtzell besitzt ein Amtsschloß aus der Renaissancezeit, das barock umgebaut wurde. Auch die Pfarrkirche hat einen barokken Chor, ein spätgotisches Schiff und einen romanischen Turm.

Tettnang, die alte Residenz der Grafen von Montfort, besitzt drei Schlösser: das Torschloß aus dem Mittelalter, das Schloß

N
B 32
Bodnegg
Baltersberg
Amtzell
Goppertshäusern
Hof Weißenbach
Büchel
Pfärrich
B 32
Untere Argen
B 18
Lachen
Mohrhaus
Kugel
Ippenried
Hinter-
reute
Unterwagenbach
Prestenberg
Vorder-
Obereisenbach
Untereisenbach
Geiselharz
Oberau
Nieratz
Bhf.
WANGEN
A 96
B 18
Obere Argen
B 32
0
1
2
4 km

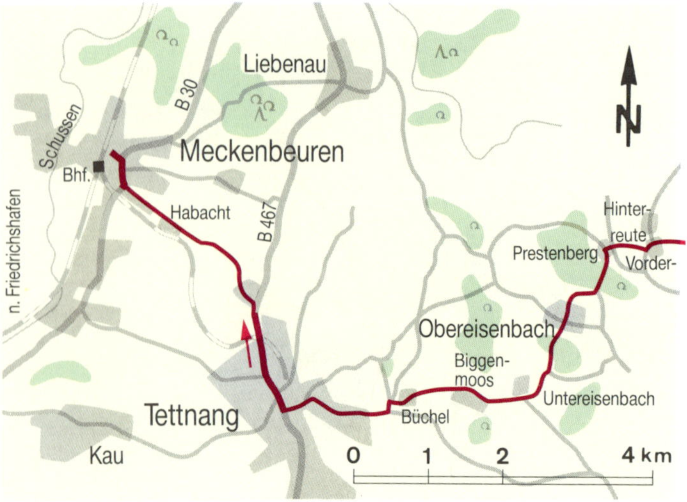

mit dem Staffelgiebel aus der Renaissancezeit, das heute Rathaus ist, und das Barockschloß von 1712. Spezialität der Gastronomie sind Spargelgerichte.

Tourenbeschreibung Von der Stadtmitte *Wangen* fährt man durch die Poststraße in die Immelmannstraße. Durch die Unterführung kreuzt man die Umgehungsstraße und fährt auf der Boelckestraße weiter bis zum Bildstock bei der Abzweigung nach Humbrechts. Man hält sich aber rechts und fährt auf der Wielandstraße bis sie auf den Nieratzweg trifft (»Wittwais«) und folgt dann dem Weg nach links. Als gesperrter Weg führt er durch die Wiesen zum Weiler *Nieratz*. Hier weist der Wegzeiger »Pfärrich« zunächst ins Argental hinab und über die Brücke nach *Oberau*. Nachdem man die Bundesstraße 32 gekreuzt hat, muß man das Fahrrad eine 18prozentige Steigung nach *Pfärrich* hinaufschieben. Kleinere Erhebungen zwischen einzelnen Bachläufen bestimmen nun die Strecke zum *Hof Weißenbach, Steinach* und nach *Büchel.* Eine Gefällstrecke führt nun hinunter über *Goppertshäusern* nach *Amtzell*. Am Ortseingang trifft man wieder auf die Bundesstraße 32 und hält sich dann rechts. Man überquert den Bach, verläßt 500 Meter später die Bundesstraße 32 nach links und fährt dann auf dem Sträßchen in Richtung Kugel. Am Waldrand überquert man die *Rohne*, die aber, außer den gleichen Buchstaben, mit dem französischen Fluß nichts gemeinsam hat. Am *Kugelhäusle* vorbei wechseln sich nun wieder die Steigungen und die Gefällstrecken ab. Durch *Kugel* geradeaus, durch *Hub, Weeg, Baltersberg* und *Mohrhaus* kommt man auf der Landesstraße 335 nach *Lachen* und anschließend links, dem Wegzeiger Tettnang nach, auf der L 326 nach *Ippenried.* Zur Gemeinde Bodnegg zählt der nächste Ort an der Gefällstrecke, *Unterwagenbach.* Bei *Vorderreute* hat man dann die Talsohle erreicht und überquert die Schwarzach. Es geht dann wieder hinauf nach *Prestenberg,* auf der Höhe durch den Wald und schließlich auf der Kreisstraße 177 nach *Obereisenbach* und *Untereisenbach. Durchs Bollenbachtal* über *Biggenmoos* und *Büchel,* durch Obstplantagen und an Hopfenfeldern vorbei, radelt man weiter nach *Tettnang-Missenhardt.* Hier hat man einen hübschen Blick auf Tettnang, den Bodensee und die Schweizer Alpen. Auf der Wangener Straße erreicht man dann die ehemalige Kreisstadt *Tettnang.* Hier biegt man nach rechts in die Hauptstraße ein. Man überquert die Bahnlinie und fährt auf dem Radweg neben der Straße bis am Ortsende die Landesstraße 329 nach links abzweigt. Über *Habacht* erreicht man dann den Zielort *Meckenbeuren,* biegt nach rechts in die Hauptstraße und dann links in die Bahnhofstraße ein und sieht dann bald den Bahnhof Meckenbeuren.

35 Wangen – Neuravensburg – Lindau

Verkehrsmöglichkeiten Bahn bis Wangen und ab Lindau (beide Orte Fahrrad am Bahnhof).
Tourenlänge 30 Kilometer.
Fahrzeit 2½ Stunden.
Höhenunterschiede 40 Meter Steigung, 195 Meter Gefälle.
Karten 1:50 000 Bodensee (Blatt Ost), 1:200 000 Mairs Generalkarte (Blatt 25).
Wissenswertes Wangen wurde im frühen 13. Jahrhundert Stadt. Gotische Martinskirche mit Mauern zur Unterstadt, mächtige Tore, liebe- und geschmackvoll restaurierte Häuser, die Wohlbehagen vermitteln. In Untermooweiler steht eine romanische Kapelle, die in ihrer Schlichtheit sehenswert ist. Bei Neuravensburg gibt es kleine Weiher. Von der Burg Neuravensburg, die nach den Zerstörungen des Bauernkriegs wieder aufgebaut worden war, steht nur noch ein Turm. Die Inselstadt Lindau mit dem mächtigen bayerischen Löwen an der Hafeneinfahrt, mit dem alten und neuen Leuchtturm, den römischen Re-

sten an der Heidenmauer und den restaurierten alten Bauten: Altes Rathaus von 1422–36. Haus »Zum Cavazzen« – 1719 mit dem Stadtmuseum, der Peterskirche um 1000 mit freigelegten Fresken von Hans Holbein d. Ä. bietet für jeden Gast etwas.

Tourenbeschreibung Vom Bahnhof Wangen im Allgäu radelt man zuerst in die Innenstadt und verläßt sie durch die Unterstadt in Richtung Kempten. Gleich nach der *Argenbrücke* hält man sich nach rechts, dem Fußgänger- und Radweg am Fluß entlang zur Straße, biegt nach rechts durch die Unterführung, dann links Richtung Herzmanns. Vor dem Waldstück zweigt der Weg rechts nach *Elitz* ab. Über *Wellbrechts* (dahinter Einmündung links, dann rechts »Schuppenberg«), *Löwenhorn, Jussenweiler* und *Schuppenberg* führt das Sträßchen bei *Untermooweiler* über den *Schwarzenbach*. Hier hält man sich rechts und fährt auf dem Radweg der ausgebauten Straße nach *Neuravensburg-Schwarzenbach* auf die Bundesstraße 18. Man biegt nach links (Vorsicht!) in die befahrene Bundesstraße ein und durchquert den Ort. Am *Neuravensburger Weiher* zweigt die Straße rechts nach Oberreitnau, Esseratsweiler ab. Am Waldrand steigt nun die ausgebaute Straße über die Autobahn nach *Baindt*, wobei man zunächst immer wieder nach rechts einen Blick auf die *Burgruine Neuravensburg* hat. Nach links sieht man, auf der Höhe angelangt, die Kette der Allgäuer Berge und den Bregenzer Wald. Über *Isigatsweiler* gelangt man nach *Duznau*. Hier geht es zunächst links in der Richtung nach Esseratsweiler, aber nach etwa 500 Metern biegt man rechts auf den Weg auf dem Damm ein. Geradeaus durchquert man dann *Liebenweiler* und gelangt durch ein Neubaugebiet nach *Doberatsweiler* (hübscher Blick). Auf der Hauptstraße radelt man etwa 300 Meter nach links, biegt dann unbezeichnet nach rechts auf einen Feldweg ab. An der 1. Gabelung hält man links, bei der nächsten rechts (Wanderweg 41),

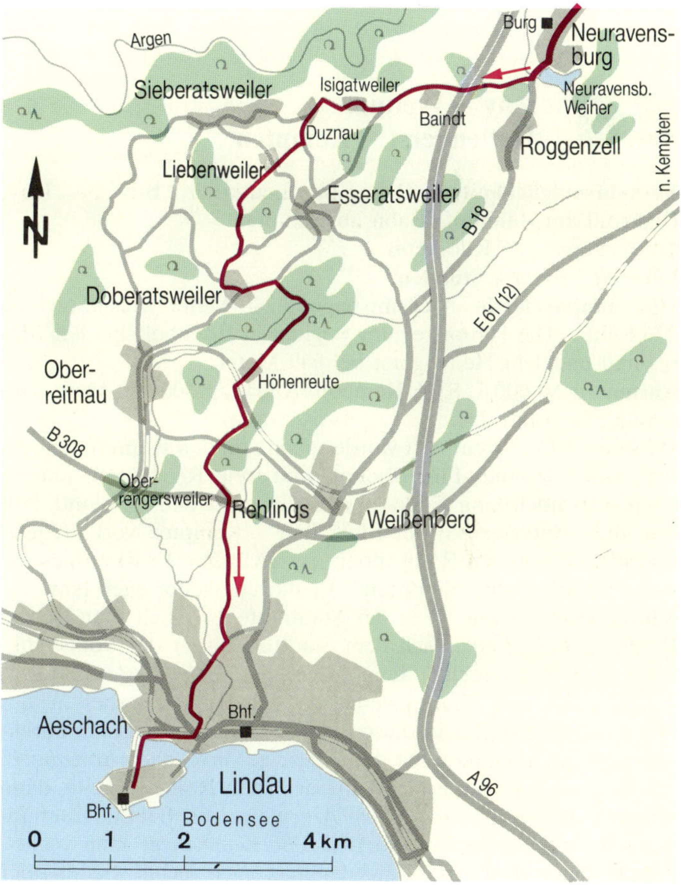

durch den hügeligen Wald, kommt dann über einen Bach und erreicht das Sträßchen nach *Höhenreute* rechts abwärts. Man fährt dann über die Bahnlinie und dann nach links Richtung Weißensberg, bei der Kreuzung geradeaus nach *Oberrengersweiler*. An der *Lindauer* Stadtgrenze kommt man auf den Oberrengersweiler Weg. Am Friedhof zweigt man dann nach rechts ab und fährt in den Stadtteil *Aeschach*. Bei der Einmündung in die Bundesstraße hält man sich links in Richtung Stadt. Um das Rad abzugeben, fährt man bei der Kurve an der Holdereggstraße nach rechts bis zum Bahnübergang und dann links auf dem Radweg über den Eisenbahndamm zur Insel. Zur Stadtbesichtigung ist es wohl zu Fuß einfacher.

36 Isny – Weitnau – Hellengerst – Kempten

Verkehrsmöglichkeiten Bahn bis Leutkirch, Bus bis Isny, (Fahrrad am Bahnhof) Bahn ab Kempten.
Tourenlänge 36 Kilometer.
Fahrzeit Etwa 4 Stunden.
Höhenunterschiede Gesamtsteigung 240 Meter, Gesamtgefälle 276 Meter. Die Hauptsteigung beginnt in Eisenbolz bei 825 Meter und endet in Hellengerst bei 949 Meter.
Karten 1:50 000 L 8326 Kempten/Allgäu, 1:200 000 Mairs Generalkarte (Blatt 25).
Wissenswertes Kempten wurde schon von den Römern gegründet, war Sitz eines Fürstbischofs und freie Reichsstadt und ist auch jetzt noch eine Einkaufsstadt für ein weites Umland. Auf der alten Bahnstrecke der Linie Isny – Kempten verläuft jetzt ein Stück des neuen Radwanderwegs »Allgäu«. Er ist ausgeschildert und führt über Kempten – Leutkirch wieder nach Isny.
Tourenbeschreibung Von der Stadtmitte *Isny* hält man sich in Richtung *Leutkirch*. Nach dem Stadttor, hinter der Volksbank, biegt man nach rechts, dem Wegzeiger *»Kleinhaslach«* nach, stadtauswärts ab. Man gelangt an der Kirche vorbei in der Hauptrichtung weiter in diesen Isnyer Stadtteil, den man durchradelt. Am Ortsende weist der Wegzeiger links nach *Rotenbach*, das man im Bogen um die Wälle des alten Römerkastells, dann übers Gleis und über die *untere Argen* erreicht. Bei der Einmündung in die Straße Rohrdorf-*Großholzleute* biegt man rechts, kommt dann an die B 12 auf der man nach rechts wieder über

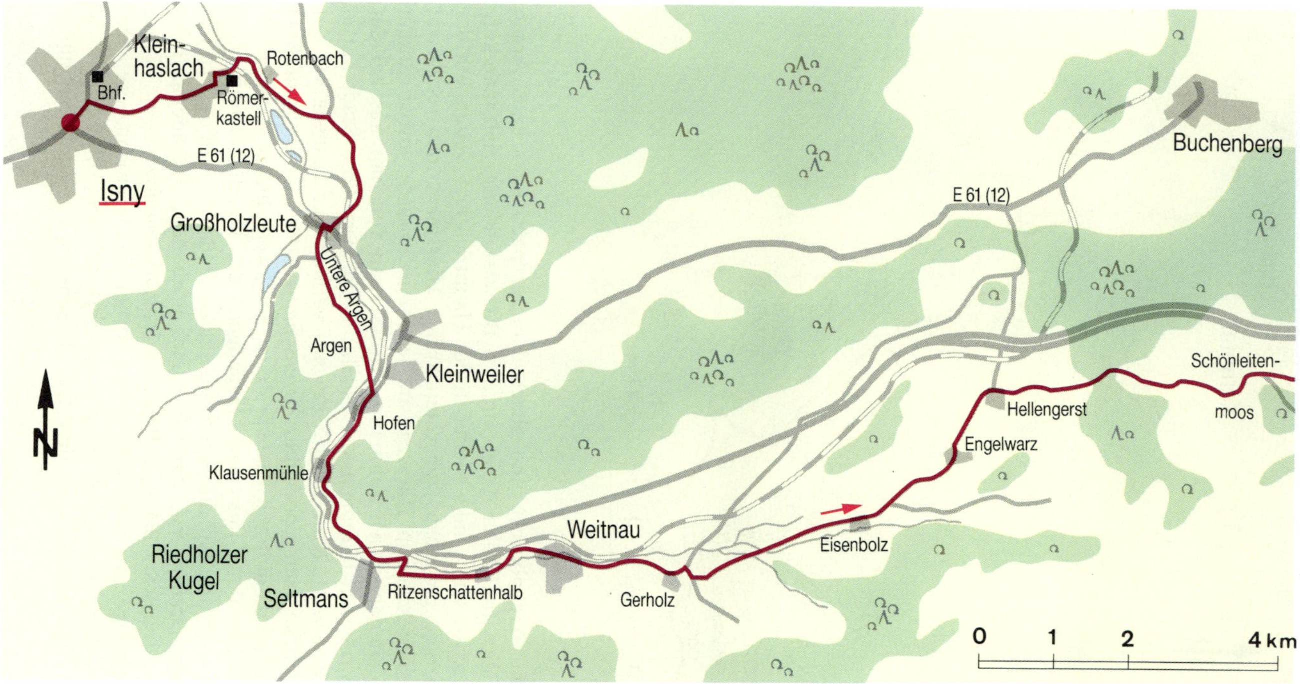
Klein-
haslach
Bhf.
Römer-
kastell
Rotenbach
E 61 (12)
Isny
Großholzleute
Untere Argen
Argen
Kleinweiler
Hofen
Klausenmühle
Riedholzer
Kugel
Seltmans
Ritzenschattenhalb
Weitnau
Gerholz
Eisenbolz
Engelwarz
Hellengerst
Schönleiten-
moos
E 61 (12)
Buchenberg
N
0
1
2
4 km

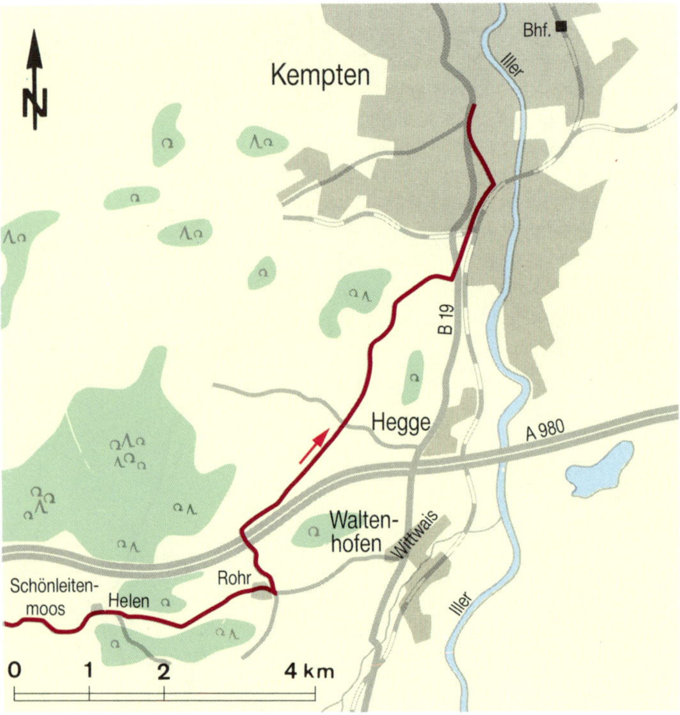

die Argenbrücke und gleich dahinter nach links nach Argen fährt. Im Weiler *Argen,* an dem Buswartehäusle, hält man kurz rechts, dann links wieder in der Hauptrichtung weiter, auf der Straße geradeaus zur Hauptstraße. Hier biegt man rechts auf einen schönen Radweg; an der *Klausenmühle* vorbei kommt man dann nach Seltmanns. (Man kann von hier aus auf der Straße nach *Immenstadt* radeln, wenn man diese Stadt aufsuchen will). Kurz nach *Seltmanns* verläuft der Radweg vor der Brücke nach rechts über *Ritzenschattenhalbs* nach *Weitnau.* Man radelt dann durch *Weitnau* weiter und zweigt hinter *Gerholz* erst rechts, dann links nach Hellengerst ab. Durch *Eisenbolz* und *Engelwarz,* wo die eigentlich starke Steigung beginnt, erreicht man *Hellengerst,* das 949 Meter hoch liegt. Geradeaus führt dann das Sträßchen in Richtung *Waltenhofen* abwärts am Naturschutzgebiet *Schönleitenmoos* vorbei durch Hochmoore. Der Blick auf Berge und Alpenvorland ist herrlich, sollte aber nicht davon abhalten, bei dem Gefälle sehr auf die Straße aufzupas-

Zu Tour 36 **An den Argen** (Foto: Verkehrsamt Langenargen)

sen. Durch *Helen* kommt man unten nach *Rohr.* Hier hält man sich nach links und fährt unter der Autobahn durch. Gleich dahinter biegt man rechts und radelt immer geradeaus, die Straße nach *Waltenhofen* kreuzend, durch einzelne Gehöfte, dann nach rechts, endlich auf dem *Adelharzer Weg,* nach *Kempten.* Auf der Hauptstraße links gelangt man zum Bahnhof bzw. zur Stadtmitte.

37 Badefahrt von Isny nach Kißlegg

Verkehrsmöglichkeiten Bus bis Isny und Bahn ab Kißlegg (beide Orte Fahrrad am Bahnhof).
Tourenlänge 25 Kilometer. **Fahrzeit** 2 Stunden.
Höhenunterschiede 155 Meter Steigung, 215 Meter Gefälle.
Karten 1:50 000 Isny und Umgebung oder L 8326 Kempten, 1:200 000 Mairs Generalkarte (Blatt 25).
Wissenswertes Der Marktplatz von Isny mit den Patrizierhäusern, das Rathaus aus dem Jahr 1684 sowie die Stadtbefestigungsanlagen zeigen noch heute, wie einst in Isny die Gabelung zweier Handelswege gesichert war. Der Blaserturm und das Bürgerspital, die barocke St.-Georgs-Kirche und die evangelische Nikolaikirche zählen zu den Wahrzeichen der Kurstadt. Die Beurener Kirche hat noch einen romanischen Turm. Enkenhofen besitzt eine Barockkirche aus dem 17. Jahrhundert. Die Utten-

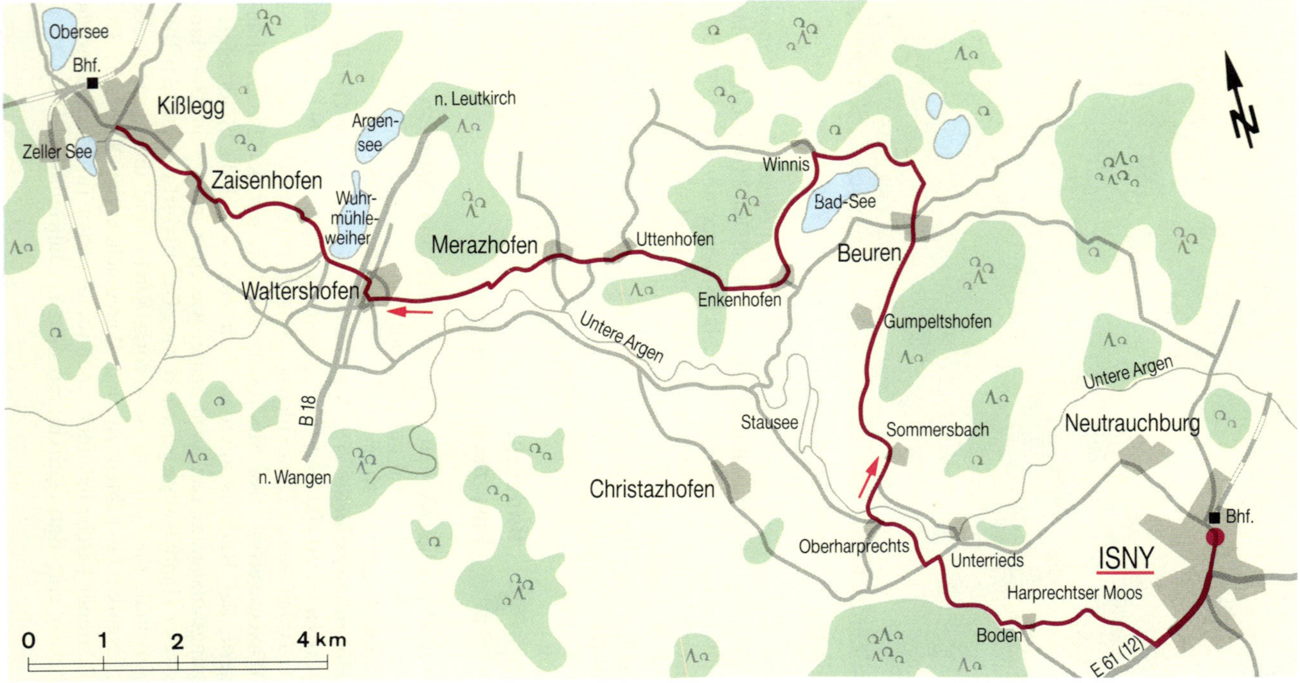
N
Obersee
Bhf.
Kißlegg
Zeller See
Zaisenhofen
Argen-
see
Wuhr-
mühle-
weiher
n. Leutkirch
Waltershofen
Merazhofen
Uttenhofen
Enkenhofen
Winnis
Bad-See
Beuren
Gumpeltshofen
Untere Argen
Stausee
Sommersbach
Neutrauchburg
Christazhofen
Oberharprechts
Unterrieds
ISNY
Bhf.
Harprechtser Moos
Boden
E 61 (12)
B 18
n. Wangen
0
1
2
4 km

mühle besteht seit dem 13. Jahrhundert. Oberhalb vom Berghof bei Kißlegg ist auf dem Schloßberg noch der überwachsene Wall einer alten Befestigung zu finden. Kißlegg mit dem Wolfegger Schloß aus dem 16. Jahrhundert und dem Kißlegger Schloß aus den Jahren 1721 bis 1727 mit seinen wertvollen Fresken ist eine Besichtigung wert. Auch die Kirche aus den Jahren 1734 bis 1738 mit berühmtem Silberschatz gehört zu den Sehenswürdigkeiten des Kneippkurorts.

Tourenbeschreibung Vom Bahnhof Isny fährt man durch die Stadtmitte und dann stadtauswärts auf der Straße nach Lindau. Am Ortsendeschild hält man sich rechts an der Siedlung vorbei abwärts und radelt auf dem Landwirtschaftsweg an der *Feldhütte* vorbei. Über die kleine *Achbrücke* erreicht man den Waldrand und folgt dem mit rotem Balken bezeichneten Weg nach links durch das *Harprechtser Moos*, durch den *Hof Boden* auf die Straße, die nach rechts nach Ried führt. Auf der Landesstraße 265 geht es ganz kurz nach links, bevor man nach rechts steil aufwärts das Fahrrad den Weg nach *Oberharprechts* schiebt. Hier bei der *Kapelle* radelt man geradeaus abwärts über die Argen und auf der Kreisstraße 8016 weiter über *Sommersbach* nach *Beuren.* (Der Stausee, zu dem bei Stockach hingewiesen wird, eignet sich nicht zum Baden.) In Beuren hält man sich zuerst geradeaus, dann links zum *Bad-See.* Vom Badeplatz radelt man weiter um den See und gelangt dann nach *Enkenhofen.* Oberhalb der Kirche führt das Sträßchen weiter nach *Uttenhofen.* Hier überquert man bei der *Uttenmühle* den *Mühlbach* und kommt auf der Kreisstraße 7906 nach Leutkirch-*Merazhofen.* An der Kirche links, dann rechts aufwärts zieht sich die Straße am Rand des Unteren Argentales über die Höhe (schöner Blick auf die Alpen und zur Waldburg) nach *Waltershofen.* Hier stößt man auf die alte Bundesstraße 18, fährt rechts und unterquert dann nach links die ausgebaute Umgehungs-Bundesstraße. Man kommt zum *Wuhrmühleweiher* und zur *Wuhrmühle.* Durch den Argenseebach ist dieser Weiher mit dem benachbarten Argensee verbunden. (Auch dort ist – über die alte Bundesstraße 18 erreichbar – beim Argenseehaus Bademöglichkeit.) Nach einem erfrischenden Bad ist die Steigung von der Wuhrmühle nach *Goppertshofen* schnell überwunden. Am Berghof vorbei radelt man um den *Schloßberg* herum, weiter geht es abwärts nach *Zaisenhofen* mit einem hübschen Blick auf Kißlegg mit dem alten Schloß und der Kirche. Auf der Landesstraße 265 fährt man schließlich nach *Kißlegg*, wo man auf der anderen Seite der Bahngleise, gegenüber vom Bahnhof, noch im Obersee baden kann.

38 Kißlegg – Ratzenried – Lindau

Verkehrsmöglichkeiten Bahn bis Kißlegg und ab Lindau.
Tourenlänge 45 Kilometer.
Fahrzeit 4 Stunden.
Höhenunterschiede 350 Meter Steigung, 812 Meter Gefälle.
Karten 1:50 000 L 8324 Wangen/Allgäu, Bodensee (Blatt Ost), 1:200 000 Mairs Generalkarte (Blatt 25).
Wissenswertes Kißlegg hat seinen Namen nach Kisilolt, dem Besitzer eines Hofes aus dem 9. Jahrhundert. Trotz den drei Großfeuern, die es im 16. und 18. Jahrhundert erleiden mußte, hat es sich durch die zwei Schlösser und die Pfarrkirche viel Schönes erhalten. Im Ort Ratzenried steht ein Schloß, das den Waldburg-Zeil gehört. Zwischen den Schloßweihern liegt die Ruine. Altratzenried. Eglofs ist ein Reichsdorf aus dem 13. Jahrhundert. Sehenswert sind die Barockkirche von 1766 und das Rathaus aus dem Jahr 1740. Hübsch ist der Blick hinunter ins Obere Argental und auf das gegenüberliegende Schloß Syrgenstein. Schloß Syrgenstein, im Privatbesitz, ist ein gut erhaltenes Renaissanceschloß. Maria Thann hat eine barocke Wallfahrtskirche. In Lindau ist die bekannte Hafeneinfahrt mit Leuchtturm und Löwen sehenswert, das alte Rathaus, die Peterskirche und die ganze Altstadt.
Tourenbeschreibung Von der Ortsmitte *Kißlegg* radelt man in der Richtung nach Leupolz, Karsee, vor der Kirche links, am alten Schloß vorbei. Bei der *Loretokapelle* fährt man geradeaus dem Wegzeiger »Allewinden« nach, biegt beim Wirtshaus *»Straßburg«* links ab nach *Unterhaid*. Man folgt dem roten Punkt auf einem Feldweg, quert die *Wolfegger Ach* und biegt an der L 265 rechts ab nach *Unterhorgen*. Auch hier weist der rote Punkt – erst links, dann rechts – zum *Argenseebach*. Gleich dahinter biegt man links ab nach *Wolfgelts,* und immer noch dem roten Punkt nach, bei der Gabelung rechts nach *Hilpertshofen*. Hier führt der rote Punkt im rechten Winkel auf eine Brücke über die Bundesstraße 18 und man erreicht dann die alte Bundesstraße. Man hat bei der Abfahrt ins Argental, bei klarem Wetter, einen schönen Blick auf den Säntis. Noch am Hang führt ein Feldweg links über die gedeckte Holzbrücke der Argen.

Am Fluß entlang radelt man bis zur Landesstraße 320 c, der man links aufwärts durch den Wald folgt. Am *Schloß Ratzenried* vorbei weist der Wegzeiger »Eglofs, Gießen« weiter zwischen den Schloßweihern und an der *Ruine Altratzenried* vorbei, nach *Sechshöf* und auf ein reizvolles Sträßchen nach *Gießen* im Gieß-

Bhf.
KISSLEGG
Unterhaid
n. Leutkirch
Unterhorgen
Wolfegger Ach
Waltershofen
Wolfgelts
Hilpertshofen
B 18
Untere Argen
Schloß
Ratzenried
Ruine
Sechshöf
Schliechten
Gerazreute
Wangen
Gießen
Gießbach
Steinberg
Aschen
Engelitz
Obere Argen
Eglofs
Schreckelberg
E 61 (12)
Syrgenstein
Itzlings
Lengatz
Wohn-
brechts
Maria Tann
Lengatzer Tobel
Hergatz
Mapprechts
Ried
0
1
2
4 km

bachtal. Die Abfahrt ist steil, dafür ist der Anstieg auf der anderen Seite durch den Wald nicht ganz so schlimm. Man erreicht *Aschen* und radelt hier geradeaus weiter nach *Steinberg*. Dort biegt rechts leicht aufwärts der Weg nach *Eglofs* ab. Die Kirche und den Platz davor sollte man doch ansehen, bevor man vor der Feriensiedlung rechts auf der 1,5-t-Straße steil abfährt. Am Hang biegt man nach rechts in die Bundesstraße 12 ein. Sie ist gleichzeitig die Europastraße 61, die von Bellinzona im Tessin bis München verläuft. Nach der Argenbrücke geht es links ab und steil bergauf am *Schloß Syrgenstein* vorbei. An dem Bildstock geradeaus durch den Wald radelt man rechts ab nach *Ried* und an der Linkskurve rechts ab auf dem Weg nach *Mapprechts*. Bei der Einmündung führt nach rechts das 5-t-Sträßle steil hinunter durch den *Lengatzer Tobel*. Man schiebt das Fahrrad wieder auf die Höhe und kann sich unter einem Baum mit einer Bank bei hübschem Blick auf den Turm der Wallfahrtskirche von Maria Thann erholen. In *Maria Thann* biegt man rechts in der Richtung nach Wohmbrechts ab, kreuzt die Bundesstraße und radelt nach *Engelitz*. Hier folgt man nach links wieder dem Wegzeiger *Wohmbrechts* (bei der Bushaltestelle links). In Wohmbrechts biegt man nach rechts wieder auf die Bundesstraße ein und nach etwa 200 Metern wieder nach links davon ab und fährt in Richtung *Schreckelberg*. Links geht es dann nach *Itzlings* und, nachdem man Straße und Bahn überquert hat, geradeaus in Richtung Niederwangen. Bei der nächsten Gabelung hält man links, radelt zwischen Mülldeponie und *Obermooweiler* weiter zur Einmündung der Straße bei *Untermooweiler*. Man fährt durch den Ort und an der sehenswerten kleinen romanischen Kirche vorbei dem Wegzeiger Degetsweiler nach. Bei dem Hof nach dem Waldstück hält man links durch *Egetsweiler* nach *Degetsweiler*, das man im Bogen durchquert, nach *Volklings*. Hier findet man nach links den Wegzeiger zum *Stockenweiler Weiher* und »Rundweg Volklings«. Um den Weiher erreicht man die Brücke über die Bahn und kommt nach *Stockenweiler*. Die stark befahrene (Vorsicht!) Bundesstraße 12 kreuzt man nach links versetzt und hält dann rechts nach Hergensweiler auf dem 6-t-Sträßchen. Man durchquert auf der Dorfstraße *Hergensweiler*, folgt an der Einmündung dem Wegzeiger zur B 308 und fährt am Waldrand rechts. Auf der Bundesstraße geht es kurz rechts, dann biegt man nach links auf die Straße nach Sigmarszell ab, nach 100 Metern radelt man nach rechts der »Alten Landstraße« nach (Wegzeiger Schlachters) bis an deren Ende in *Thumen*. Man folgt dann dem Wegzeiger nach Bösenreutin. Über *Zeisertsweiler, Witzigmänn* radelt man auf der ausgebauten Straße wei-

Schreckelberg
Itzlings
Wohn-
brechts
Obere Argen
Hergatz
Ober-
mooweiler
B 18
Unter-
B 32
Opfen-
bach
Engetsweiler
Leiblach
Neuravensburg
Volklings
Degetsweiler
Stockenweiler
A 96
Hergensweiler
Niederstaufen
B 308
B 18
E 61 (12)
Schlachters
Leiblach
Österreich
Thumen
Zeisertsweiler
Weißen-
berg
Witzigmänn
B 308
Bösenreutin
0
1
2
4 km
Bhf.
Lindau
Bodensee
Bhf.
n. Bregenz

ter, unter der Autobahn durch über *Bösenreutin* abwärts nach *Lindau* auf die Insel.

39 Isny – Lindenberg – Lindau

Verkehrsmöglichkeiten Bus bis Isny, Bahn ab Lindau.
Tourenlänge 46 Kilometer. **Fahrzeit** Etwa 4 Stunden.
Höhenunterschiede Steigung 192 Meter, Gefälle 501 Meter.
Karten 1:50 000 Isny und Umgebung, Bodensee (Blatt Ost) 1:200 000 Mairs Generalkarte (Blatt 25).
Anmerkung Für den Übergang nach Österreich Personalausweis erforderlich.
Wissenswertes In Isny fallen die Patrizierhäuser mit ihren Laubengängen, sowie das Rathaus aus dem Jahre 1684 auf. Auch das Waaghaus und der Blaserturm, der Wachtturm der Stadt, die katholische und evangelische Kirche verleihen dem Ort ein hübsches Stadtbild. Schloß Syrgenstein stammt aus dem 14. Jahrhundert und ist die letzte vollständig erhaltene Burg im Allgäu. Lindenberg, das früher wegen seiner Strohhut-Fabriken »Klein Paris« genannt wurde, ist ein freundlicher Fremdenverkehrsort. Die bayerische Hafenstadt Lindau hat sich auf der Insel viel von ihrem alten Charme bewahrt. Der Hafen mit den Löwen und dem Leuchtturm, das alte Rathaus und die Altstadt sind wirklich sehenswert. Der 6,7 Kilometer lange Pfändertunnel entlastet Bregenz von den Autoschlangen im Sommer; ebenso soll die riesige Zollstation die überlangen Wartezeiten kürzen.
Tourenbeschreibung Der Bahnhof Isny ist der Ausgangspunkt der Radwanderung. Man radelt von der Bahnhofstraße durch das *Wassertor* in die Ortsmitte. Von der Obertorstraße biegt man nach links in die Maierhöfer Straße ein und verläßt die ehemalige Reichsstadt. Auf der ausgebauten Straße radelt man bis *Hochstädt,* biegt hier in das erste Sträßchen rechts, auf dem Hauptweg weiter (»Brugg«), durch *Lengersau* leicht abwärts, am Hof Leiten vorbei, und gelangt mit einer Steigung nach Brugg. Auf der Landesstraße geht es links hinunter ins Argental. Vor der Argenbrücke folgt man rechts dem Wegzeiger nach Maleichen auf einem Weg, der teilweise mit rotem Balken bezeichnet ist, talabwärts. Man bleibt immer diesseits des Flusses, bis man nach Einzelhöfen zur Bundesstraße 12 kommt. Durch Eglofstal radelt man links auf der Bundesstraße und fährt über

die Argenbrücke. Hier steigt nach links ein nur teilweise geteertes Sträßchen am Schloß Syrgenstein vorbei auf die Höhe. Oben radelt man nun geradaus nach Wolfertshofen. Nach dem ersten Haus im Ort führt unser Weg links ab (ohne Wegzeiger) und im Bogen unter dem Ort abwärts durchs *Hammermoos* bis zur *Hammerschmiede* an der Bahnlinie. Hier vor dem Gleis hält man links (gelegentlich Radwegzeichen) und kommt nach dem Bahnübergang nach *Riedhirsch.* Zunächst links, dann rechts auf dem gesperrten Weg erreicht man die Bundesstraße 32. Man überquert sie und bleibt nun über *Großholz* auf der Straße nach Lindenberg (neben der Straße gibt es bis zur Grenze immer wieder einen Radweg). Durch *Lindenberg* folgt man dem Wegzeiger Lindau-Scheidegg. Man gelangt auf die Bundesstraße 308, die man kurz darauf wieder verläßt, um geradeaus weiter nach *Scheidegg* zu radeln. Durch den Ort fährt man geradeaus und folgt nach dem Marktplatz dem Wegzeiger »Bregenz« halb rechts. Nach dem Zoll geht es aufwärts durch *Weienried* (höchster Punkt der Fahrt 841 Meter). Man genießt nun die Abfahrt nach der Bregenzer Straße (Vorsicht, bremsen nicht vergessen!). Bei der Einmündung unten hält man links, folgt dann nach etwa zwei Kilometern rechts dem Wegzeiger *Hörbranz* und an der Kirche vorbei dem Wegzeiger »Lindau« zur Grenze. Auf der *Rickenbacher Straße* radelt man stadteinwärts, beim Rechtsbogen links ab in den Heuriedweg und folgt dem Wegzeiger »Eichwald, Strandbad« bis ans Ufer. Nach rechts, im Landschaftsschutzgebiet zwischen Güterbahnhof und See erreicht man die

Zu Tour 39 **Scheidegg** (Foto: Kurverwaltung Scheidegg)

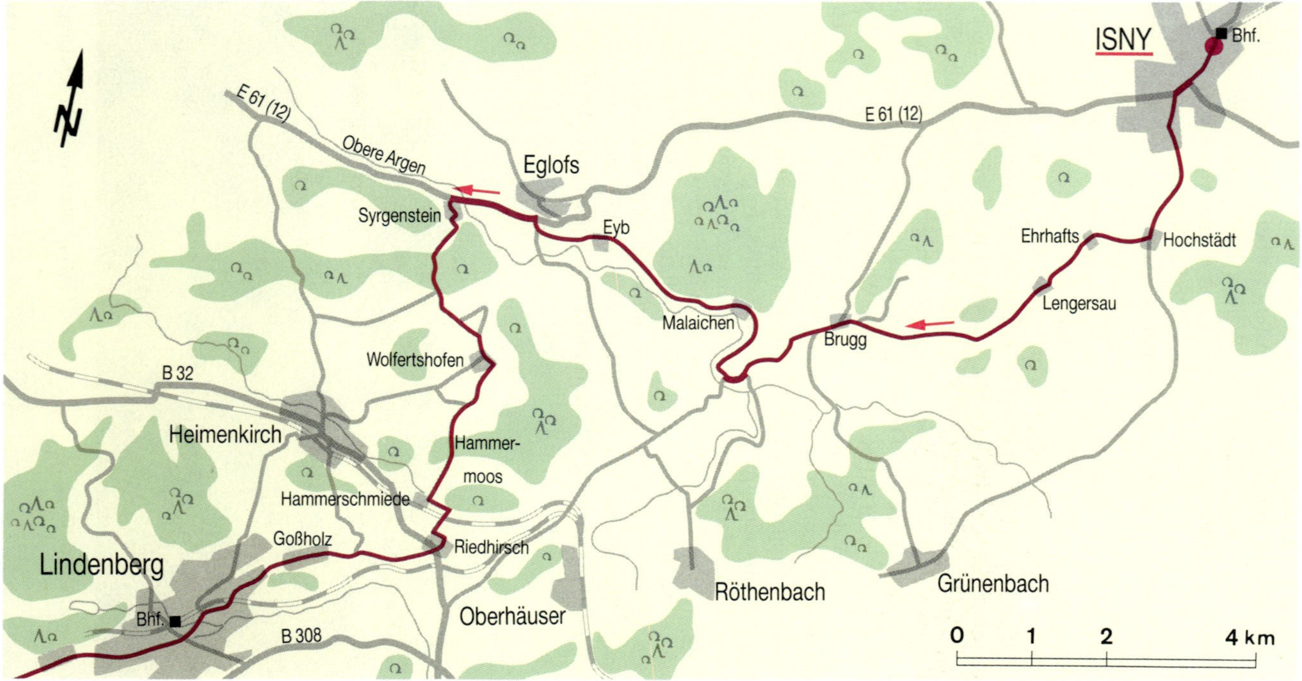

ISNY
Bhf.
E 61 (12)
Hochstädt
Ehrhafts
Lengersau
Brugg
Malaichen
Eyb
Eglofs
Obere Argen
E 61 (12)
Syrgenstein
Wolfertshofen
Hammer-
moos
Hammerschmiede
Riedhirsch
Goßholz
Heimenkirch
B 32
Lindenberg
Bhf.
B 308
Oberhäuser
Röthenbach
Grünenbach
0
1
2
4 km

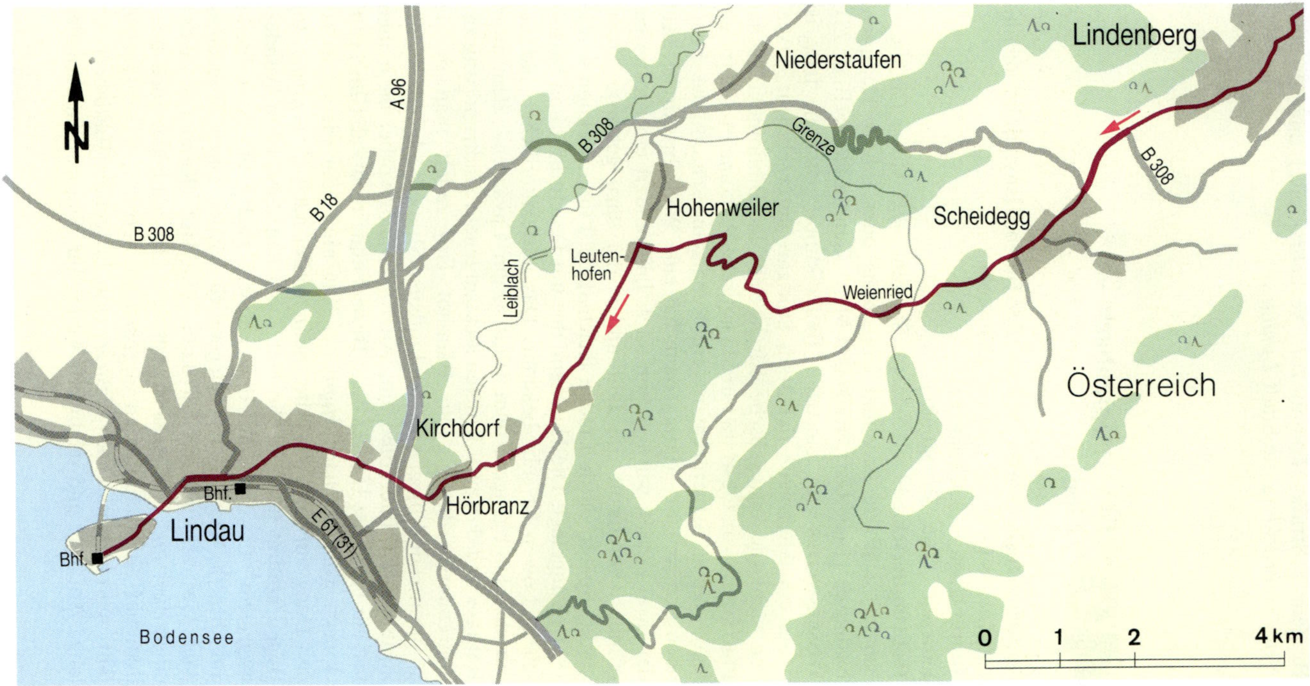
N
Lindenberg
Niederstaufen
A 96
B 308
Grenze
B 308
B 18
B 308
Hohenweiler
Scheidegg
Leutenhofen
Leiblach
Weienried
Österreich
Kirchdorf
Hörbranz
Bhf.
Lindau
Bhf.
E 61 (31)
Bodensee
0
1
2
4 km

Bregenzer Straße, kommt zum Verkehrskreisel und über die *Neue Seebrücke* in die Stadt *Lindau.*

40 Isny – Opfenbach – Lindau

Verkehrsmöglichkeiten Bahn oder Bus bis Isny, Bahn ab Lindau (beide Orte Fahrrad am Bahnhof).
Tourenlänge 43 Kilometer.
Fahrzeit Gute 3½ Stunden.
Höhenunterschiede 185 Meter Steigung, 495 Meter Gefälle.
Karten 1:50 000 Isny und Umgebung oder L 8326 Kempten, Bodensee (Blatt Ost), 1:200 000 Mairs Generalkarte (Blatt 25).
Wissenswertes Im einstigen Benediktinerkloster in Isny ist heute ein Altersheim der Stadt Stuttgart untergebracht. Daneben steht die evangelische Kirche mit der Bibliothek. In der Pfarrkirche von Gestratz wurden gotische Wandmalereien freigelegt. Schloß Syrgenstein ist ein Renaissanceschloß, das heute noch bewohnt ist. Maria Thann hat eine Wallfahrtskirche. Auf der Insel Lindau wurde schon im 9. Jahrhundert ein Kloster gegründet, bereits im 13. Jahrhundert der dazu gehörige Stadtmarkt. Später wurde Lindau Reichsstadt. Lindaus Hafen wurde 1811/12 angelegt. Die Hafeneinfahrt mit Leuchtturm und bayerischem Löwen ist sehr bekannt. Das mittelalterliche Stadtbild mit den Laubgängen, dem Haus »Zum Cavazzen«, dem alten Rathaus und den zwei Kirchen lockt zu einem Stadtrundgang an.
Tourenbeschreibung Vom Bahnhof Isny radelt man in die Stadtmitte und biegt von der Lindauer Straße nach links in die Straße nach Maierhöfen ein. An *Anderhalbs* vorbei biegt man fast am Ende des Hanges ohne Bezeichnung rechts ab (links geht es nach Vorholz) nach *Happach.* Nun muß man wieder rechts den Hang aufwärts am Altersheim vorbei nach *Ringenberg.* Im Bogen kommt man auf die Höhe und hält dann beim Wanderwegzeiger »Gestratz« auf dem Feldweg nach links. Man bleibt auf diesem Weg, findet gelegentlich wieder einen Wegzeiger nach Gestratz und erreicht dann beim Hof »Kenners« wieder einen Teerweg. Die Aussicht auf dem Drumlinhügel hoch über dem tief eingeschnittenen *Argental* ist herrlich. Über *Horben* fährt man hinunter nach *Gestratz* (nur für geübte Radfahrer, da lange Abfahrt) und talabwärts weiter zur Hauptstraße. Vor der

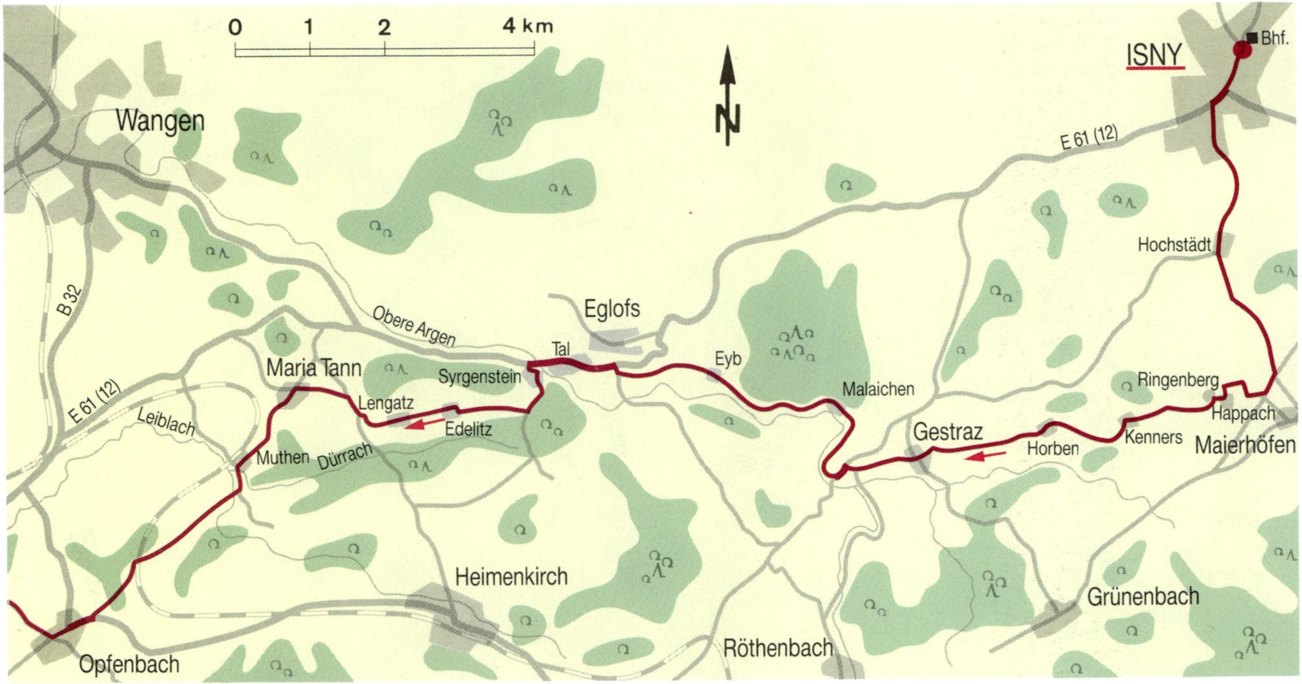
0
1
2
4 km
N
ISNY
Bhf.
Wangen
E 61 (12)
B 32
Hochstädt
Eglofs
Obere Argen
Tal
Eyb
Malaichen
Ringenberg
Happach
Maierhöfen
Kenners
Horben
Gestraz
Maria Tann
Syrgenstein
Lengatz
Edelitz
Leiblach
Muthen
Dürrach
Heimenkirch
Grünenbach
Röthenbach
Opfenbach

Obernützenbrugg
Göritz
B 32
Beuren
Opfenbach
Stockenweiler
E 61 (12)
A 96
Hergensweiler
Leiblach
Hagers
Niederstaufen
B 308
B 18
Grenze
Leiblach
Laiblachsberg
Österreich
Reutin
Lindau
Ricken-
bach
Hangnach
Bhf.
Bodensee
Bhf.
0
1
2
4 km

Argenbrücke biegt man rechts ab auf den Talweg nach *Maleichen.* Man bleibt flußabwärts, immer diesseits der Argen (Wegzeiger Eglofstal; Abkühlmöglichkeit in der Argen), bis man bei den Häusern von *Eyb* die Bundesstraße 12 erreicht. Weiter radelt man talabwärts bis man nach der Argenbrücke das Fahrrad das Sträßchen zum *Schloß Syrgenstein* steil hinaufschieben muß. Bei einem Bildstock auf der Höhe zweigt nach rechts der Weg ab und führt über *Edelitz-Lengatz* nach *Maria Thann.* Schon auf der Höhe sieht man den Kirchturm der Wallfahrtskirche, auf die man zufährt. In Maria Thann hält man sich links in Richtung *Muthen.* Hier folgt man zuerst nach links dem Wegzeiger Heimenkirch, dann rechts dem nach Opfenbach. Bei der Eisenbahnbrücke fährt man auf einer Steigung aus dem *Leiblachtal*, quert dann die Bahnlinie nach Lindau und radelt weiter, ein Stück auf der Bundesstraße 32, nach *Opfenbach.* Nach der Schule zweigt es rechts nach *Göritz*-Beuren ab. Vor der Hochspannungsleitung folgt man dem Wegzeiger »Hergensweiler-Hergatz« zur *Kleyenmühle* und erreicht in *Obernützenbrugg* die befahrene Bundesstraße 12. (Wer dem Autoverkehr entgehen will, fährt bei der Hochspannungsleitung weiter nach *Beuren* und beim Gasthaus Kreuz halb rechts weiter bis zum Hof am Ende des Teerwegs. Von hier führt ein Waldweg – eventuell dreckig – (Nr. 73) hinunter (teilweise muß man schieben) ins Leiblachtal, dann steil wieder bergauf nach Stockenweiler.) Auf der Bundesstraße 12 fährt man von Obernützenbrugg etwa 1½ Kilometer links nach *Stokkenweiler.* Hier biegt man nach links in das unbeschilderte Sträßchen mit 6-t-Begrenzung ein und radelt weiter nach *Hergensweiler.* Auf der Dorfstraße durchquert man den Ort, fährt geradeaus, folgt an der Einmündung links dem Wegzeiger zur B 308 und fährt am Waldrand rechts. Auf der Bundesstraße fährt man kurz nach rechts und zweigt dann links ab nach Sigmarszell. Auf der *Alten Landstraße* radelt man nach rechts auf der Höhe weiter, biegt links in die *Leiblachstraße*, fährt abwärts über *Leiblachsberg* und *Hubers,* kommt an die *Leiblach*, an der man dann – immer der österreichischen Grenze (sogar am Steg mit Eisentoren!) entlang – durch *Hangnach* talabwärts fährt. Man kommt zum Zoll und gelangt von hier aus nach rechts auf der Straße, die unter der Autobahn durch nach *Rickenbach* und *Reutin* führt, auf die Bregenzer Straße und über den Verkehrskreisel auf die Insel *Lindau.* Durch die Innenstadt zum Bahnhof.

41 Lindau – Friedrichshafen – Meersburg

Verkehrsmöglichkeiten Bahn bis Lindau, Bus oder Schiff ab Meersburg.
Tourenlänge 42 Kilometer.
Fahrzeit Gute 3 Stunden.
Höhenunterschiede Zwischen 400 und 450 Metern.
Karten 1:50 000 Bodensee (Blatt Ost), 1:200 000 Mairs Generalkarte (Blatt 24).
Bemerkung Auf allen Bodenseeschiffen kann man das Fahrrad mitnehmen.
Wissenswertes Lindau, auch Venedig am Bodensee genannt, ist auf jeden Fall einen Inselrundgang wert. Der Marktplatz, die Kirchen St. Stephan und St. Maria sowie das bemalte Haus »Zum Cavazzen«, die Bürgerhäuser und Laubengänge, das Alte Rathaus, der Diebsturm, der alte und neue Leuchtturm, der Löwe aus dem Jahre 1856, sind Sehenswürdigkeiten, die man sich nicht entgehen lassen sollte. Wasserburg war bis 1720 eine Insel, dann wurde der Damm aufgeschüttelt. Die ehemalige Kirchenburg wurde immer wieder umgebaut. In Nonnenhorn ist ein 100 Zentner schwerer Felsblock aus der Seegfrörne von 1880 und ein Torkel-Weinkeller aus dem Jahre 1591 zu sehen. Das maurische Schloß in Langenargen, von König Wilhelm I. von Württemberg 1860 erbaut, ist heute Strandcafé. Das Pfarrhaus von 1735/40 am Marktplatz birgt ein Museum, das unter anderem an den berühmten Barockmaler Franz Anton Maulpertsch, der aus Langenargen stammt, erinnert. Eriskirchs gotische Kirche hat berühmte Glasfenster. Friedrichshafen, aus der Reichsstadt Buchhorn und dem Kloster Hofen entstanden, wurde bekannt durch den Luftschiffbau des Grafen Zeppelin. Im Jahre 1944 wurde es völlig zerstört und später teils im alten Stil wieder aufgebaut. In Immenstaad sind die alten Häuser sehr schön gerichtet (Fachwerkhaus von 1578). Schloß Kirchberg war der Sommersitz der Äbte von Salem. In der Kirche von Hagnau steht noch eine Madonna von 1460. Der Heilige Johannes, der auch noch in die Kirche gehört, steht seit der Seegfrörne von 1963 in Münsterlingen am Schweizer Ufer. Meersburg mit alter Burg und neuem Schloß, mit teils noch gotischen Häusern in der Ober- und Unterstadt, ist seit 1299 Stadt. Im Barockstil wurden das Neue Schloß, der Marstall und das Seminar errichtet.
Tourenbeschreibung Vom Hauptbahnhof *Lindau* radelt man zur Post, überquert die Bahnhofstraße, fährt die Dammsteggasse und den Eisenbahndamm entlang bis zum *Aeschacher Ufer*. Der

Zu Tour 41 **Wasserburg/Bodensee** (Foto: Klaus Puntschuh)

Damm schließt zusammen mit der Straßenbrücke den *Kleinen See* zwischen Festland und Insel ein. Am Ende des Dammes wendet man sich nach links über die Gleise und benützt jetzt den Radweg am Ufer entlang durch die Giebelbachstraße, Schachener Straße. Nach 500 Metern biegt man nach links in den Öschländerweg ein, kommt durch den Lindenhofweg und dann links in die Almandstraße. Durch *Reutenen* gelangt man nach *Wasserburg*, radelt auf der ausgeschilderten Strecke zur Halbinsel mit Schloß, Kirche und Friedhof. Auf dem Rückweg von der Halbinsel wendet man sich geradeaus, am Parkplatz vorbei nach links. Auf dem gesperrten Teerweg durchs Naturschutzgebiet (Rückblick auf Wasserburg) bleibt man diesseits der Bahnlinie bis *Nonnenhorn*. Die Seestraße führt am Bad vorbei weiter, man biegt dann links in die Uferstraße ein bis *Kreßbronn*. An der Vorfahrtsstraße weist das Radwegzeichen nach links. Auf der Bodanstraße, am Strandbad vorbei radelt man erst in Richtung Gohren, bleibt aber an der Kurve am Wald geradeaus auf dem Radweg nach *Tunau* (barockisierte alte Kirche). Hier wählt man den Wanderweg (Wegzeiger) nach *Gohren*, biegt nach links auf die Straße nach Langenargen und radelt auf der ältesten Kabelhängebrücke Deutschlands über die *Argen*. Gleich dahinter benützt man den Wanderweg, der direkt an der Argen seewärts führt. Er verläuft dann im Bogen am Yachthafen vorbei zur

Friedrichshafen
Schussen
Mariabrunn
E 121 (31)
Eriskirch
Schlatt
Tuniswald
B 467
Argen
Schwedi
Gohren
Kreßbronn
Langenargen
Tunau
E 121 (31)
LINDAU
N
Nonnenhorn
Reutenen
Wasserburg
Aeschach
B o d e n s e e
0 1 2 4 km
Bhf.

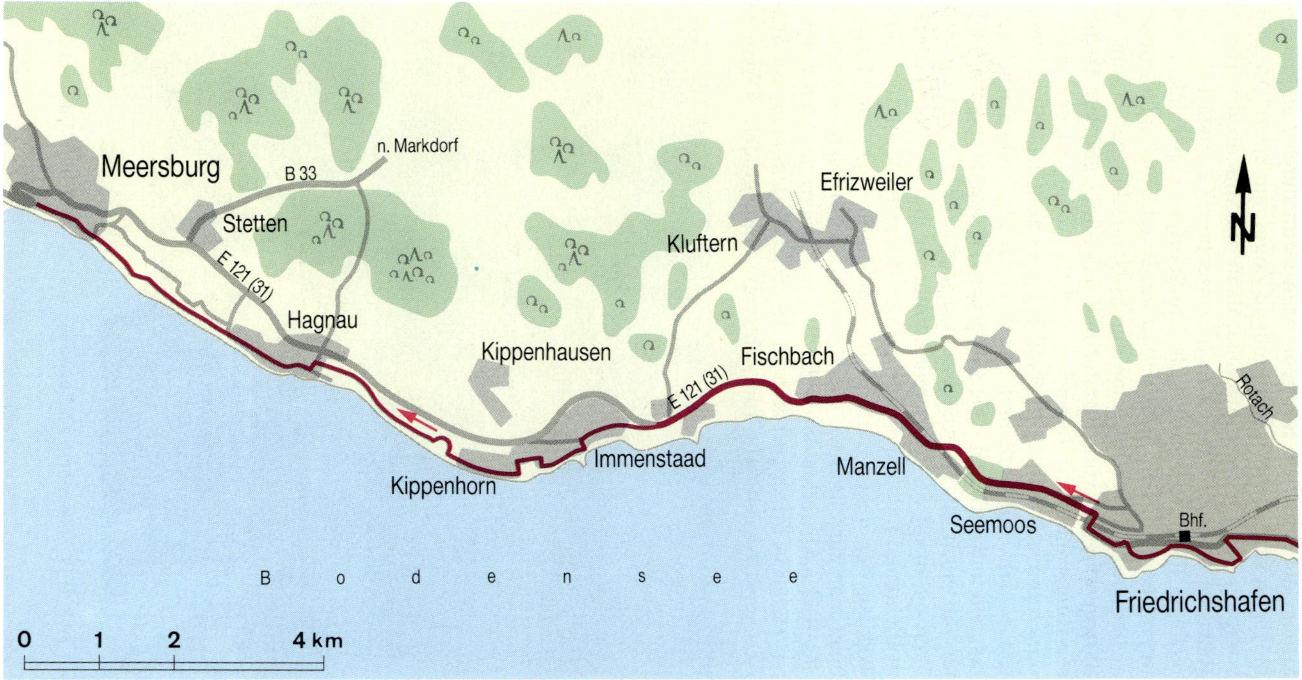
Meersburg
n. Markdorf
B 33
Stetten
E 121 (31)
Hagnau
Kippenhausen
Kluftern
Efrizweiler
Fischbach
Kippenhorn
Immenstaad
Manzell
Seemoos
Rotach
Bhf.
Friedrichshafen
B o d e n s e e
0 1 2 4 km

Straße, die links zum See geht. Man bleibt durch *Langenargen* möglichst seenah (verkehrsberuhigte Zone), am *Schloß Montfort* vorbei in der Unteren Seestraße, dann am Strandbad vorbei in Richtung Schwedi. Nach den französischen Kasernen hält man rechts in Richtung Moos, nach dem Sportplatz aber links (Radwegzeichen) über die *Schussenbrücke.* Durch einen militärischen Sicherheitsbereich radelt man durchs Naturschutzgebiet, am *Eriskircher* Freibad vorbei weiter und dann links auf dem Bodensee-Rundwanderweg (zunächst Fußweg) dann wieder geteert weiter durchs Naturschutzgebiet. Da es eventuell auch viele Fußgänger hat, sind Radfahrer nur geduldet und sollten Rücksicht nehmen und auch mal schieben! Wenn der Rundwanderweg später nur noch als Fußweg weiterverläuft, bleibt man auf dem Teerweg, bleibt vor der Bahnunterführung und der Bundesstraße in Richtung Lindau und dann auf der Hauptstraße auf dem Radweg auf der linken Seite. Zur »Stadtmitte« und zur »Fähre« biegt man nach links ab, radelt durch den Parkplatz und schiebt das Rad nach rechts durch die Bahnunterführung. Man kommt am Hafen in Friedrichshafen an den See, an dem man, der Spaziergänger wegen sehr rücksichtsvoll, entlangradelt. (Wem es

Zu Tour 41, 42 **Meersburg am Bodensee** (Foto: Klaus Puntschuh)

eilt, dem ist der Radstreifen an der Hauptstraße anzuraten.) Vor der Graf-Zeppelin-Halle biegt man lieber rechts auf die Straße, aber gleich nach der Parkhauseinfahrt wieder links ab zum Schloß mit der zweitürmigen Kirche. Am Strandbad vorbei durch die Grundstraße und die Schmiedstraße fährt man dem Radwegzeichen »Meersburg« nach, biegt rechts über die Bahn, dann in die Zeppelinstraße nach links ein und bleibt auf dem Radweg neben der Bundesstraße 31 durch *Seemoos, Manzell* und *Fischbach.* Nach *Immenstaad* geht es dann links abwärts, durch den Ort, (links ein Abstecher zur Schiffslände mit netter Grünanlage) radelt man auf der Seestraße West am See entlang weiter durch die Strandbadstraße. Der Seeuferweg ist dann für Radfahrer gesperrt, die über die Kippenhornstraße erst wieder nach links zum Seeufer kommen. Eventuell muß man sein Rad schieben, um niemanden zu belästigen, kommt dann durch den Park und ein Bootsgelände, und biegt dort nach rechts ab, dann wieder links durch den Campingplatz nach *Hagnau.* Auch hier bleibt man am See und kann auf der Meersburger Straße an Hotels und einem Yachtklub vorbei nach *Meersburg* in die Unterstadt gelangen.

42 Meersburg – Überlingen – Ludwigshafen – Singen

Verkehrsmöglichkeiten Bus oder Schiff bis Meersburg, Bahn ab Singen.
Tourenlänge 46 Kilometer.
Fahrzeit 4 Stunden.
Höhenunterschiede 225 Meter Steigung, 240 Meter Gefälle.
Karten 1:50 000 Blatt 10 Hegau-Bodensee, 1:200 000 Mairs Generalkarte (Blatt 24).
Wissenswertes Meersburg ist durch seine malerische Lage am Hang zwischen den Weinbergen bekannt. Die Burg, von der die Stadt ihren Namen bekam, aus der Zeit der Merowinger, stammt in ihren ältesten Teilen, dem Dagobertsturm, aus dem 12. Jahrhundert. Im 15. Jahrhundert bekam sie das heutige äußere Ansehen. Von 1208 bis 1803 war sie im Besitz des Bischofs von Konstanz. In Unteruhldingen kann man die Pfahlbauten besichtigen. Das Kloster Birnau in herrlicher Lage über dem See ist durch seine Barockkirche von Peter Thumb und den kleinen »Honigschlecker« von Feichtmayr berühmt geworden. Überlingen erhielt vom Kaiser Barbarossa die Stadtrechte und wurde

Am Bodensee (Foto: Klaus Puntschuh)

1268 Reichsstadt. Das Münster, die Ölbergkapelle, das Rathaus aus dem 15. Jahrhundert und das Reichlin-Meldeggsche Haus mit seinem Museum sollten besichtigt werden. Auch kneippen kann man in Überlingen. Am Stadtende, in Goldbach, steht die Silvesterkapelle aus vorromanischer Zeit. In Hödingen steht eine Renaissance-Wallfahrtskapelle. Am Sipplinger Berg befindet sich der Hochbehälter der Bodensee-Wasserversorgung. Ludwigshafen, das frühere Sernatingen, wurde 1826 nach Großherzog Ludwig von Baden benannt. Kirche aus dem 12. Jahrhundert mit barocker Ausstattung. In der Fabrikstadt Singen ist ein Museum für Ur- und Frühgeschichte und eine Schmetterlingssammlung. Der neue Bodensee-Radrundweg geht ab Überlingen in der Nähe des Sees, zum Teil aber in Abgaswolken.

Tourenbeschreibung Man schiebt das Rad in *Meersburg* von der Unterstadt in die Oberstadt. (Der Radweg neben der alten Bundesstraße am See ist näher, aber ohne Wald.) An der Ampelkreuzung radelt man in Richtung Daisendorf geradeaus stadtauswärts. Beim »Letzten Heller« hält man vor der Brücke der

Hödingen
E 121 (31)
Goldbach
Kapelle
Bhf.
Überlingen
Überlingener See
Bhf.
Nußdorf
Untermaurach
Birnau
Mühlhofen
Obermaurach
Aach
Ober-
uhldingen
Unter-
Pfahlbauten
Dingelsdorf
Wallhausen
Litzelstetten
Mainau
Bodensee
B 31
Stetten
Meersburg
0
1
2
4 km
N

Umgehungsstraße nach links auf den Wanderweg (blau-weiß) »Unteruhldingen«, der zunächst parallel zur Straße verläuft. Man folgt dem »kleinen Naturpfad« an der ersten Gabelung links, am Parkplatz vorbei in den Wald. Im Bogen verläuft der Hauptweg, z. T. als Sportpfad, an Sprunggrube und Hebelhölzern vorbei, leicht abwärts. Bei der Kreuzung an den Bänken wählt man den Bodenseerundwanderweg nach rechts, der auch als Hauptwanderweg bezeichnet ist. Dieser Beschilderung, immer leicht rechts abwärts, radelt man bis zum Waldende nach, und bleibt weiterhin geradeaus bei diesem Zeichen (gelegentlich Radwegzeichen), dann an Höhlen vorbei abwärts. Man kreuzt die Meersburger Straße in Unteruhldingen, hält an der Einmündung links (Radwegzeichen), dann wieder Bodenseerundwanderweg. An Segelhafen, Bad und Pfahlbauten vorbei (bei starkem Fußgängerverkehr schieben!), sonst die Seefelder Straße ortsauswärts radeln, gelangt man nach *Seefelden*. Bei der Kirche wendet man sich nach links (Radwegzeichen, Bodenseerundwanderweg) und erreicht *Obermaurach*. Hier darf man nicht mehr weiterfahren, sondern muß aufsteigen zur *Birnau*. Am Platz vor dem Kloster geht der Bodenseerundwanderweg weiter, den man nun an der Bahn entlang benützen muß, bis er bei *Nußdorf* in die Straße einmündet. Bei geringem Wanderverkehr kann man nun zwischen Bahn und See den Rundweg befahren, sonst bleibt man auf der Straße durch Nußdorf und *Überlingen*, das man dann auf der Mühlen- und Münsterstraße durchradelt. Nach dem Bahnhof *Überlingen-West* kommt man über die Bahn (wenn Campingplatz nicht besetzt, am See bleiben) und besichtigt noch die Silvesterkapelle. Hier muß man nun nach rechts aufwärts durch *Goldbach*, über die Brücke der Umgehungsstraße (B 31) und weiter aufwärts nach *Hödingen*. Man fährt durch den Ort weiter, nach *Nesselwangen* (eventuell über den Sipplinger Berg und Haldenhof; 100 Meter höher). In Nesselwangen biegt man nach links in die Straße zum Haldenhof ein, dann aber bei der Gabelung, bleibt man auf der K 7773 abwärts in Richtung Bonndorf. Bei der Einmündung läßt man es abwärts sausen auf die Bundesstraße 31 und dort wieder abwärts nach *Ludwigshafen*. Bei den ersten Häusern biegt man nach rechts ab in die Mühlbachstraße und auf der Vorfahrtsstraße wieder nach rechts. An der Kurve wechselt man auf den Radweg zwischen Bahn und See, der als Bodenseerundwanderweg nach Bodman führt. Beim Bahnübergang, wenn der BRW nach links verläuft, bleibt man geradeaus auf dem Landwirtschaftsweg. Er erreicht bei der *Kläranlage* die Straße, man folgt ihr nach rechts bis zur Bundesstraße 34, wieder rechts über die Bahn, gleich dahinter aber links auf

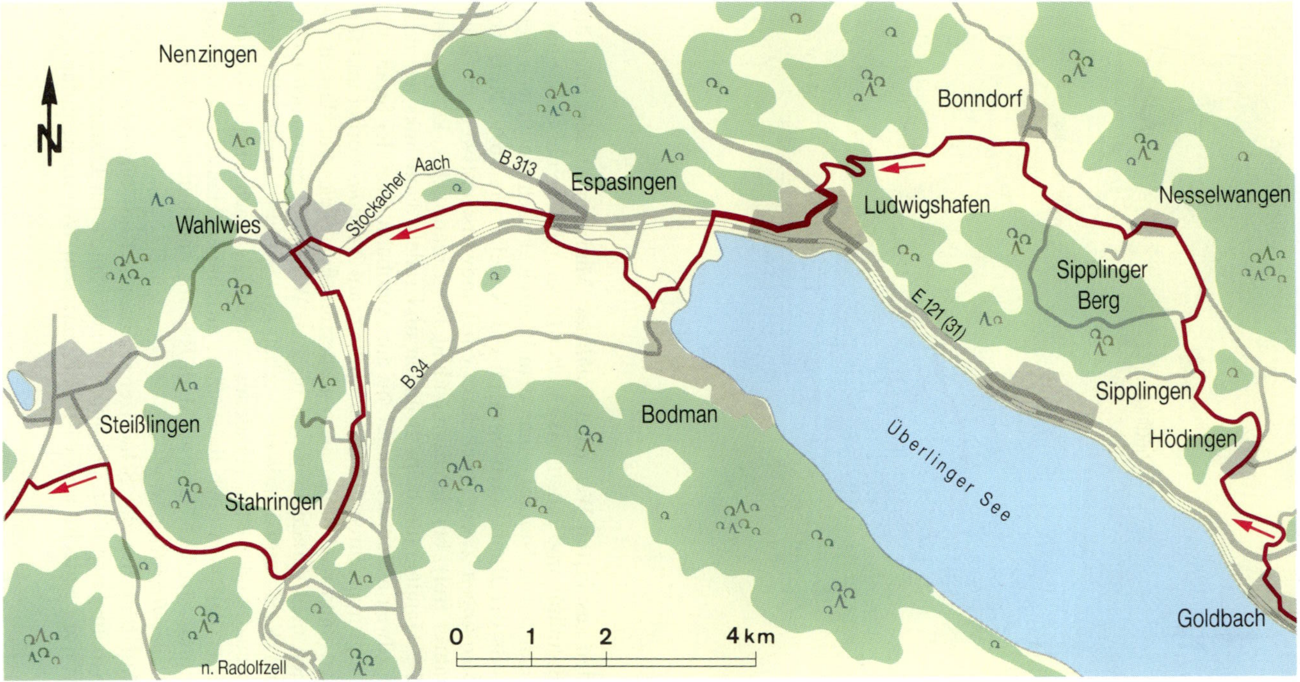
Nenzingen
N
Bonndorf
Nesselwangen
B 313
Stockacher Aach
Espasingen
Ludwigshafen
Wahlwies
Sipplinger
Berg
E 121 (31)
B 34
Sipplingen
Steißlingen
Bodman
Hödingen
Überlinger See
Stahringen
Goldbach
0
1
2
4 km
n. Radolfzell

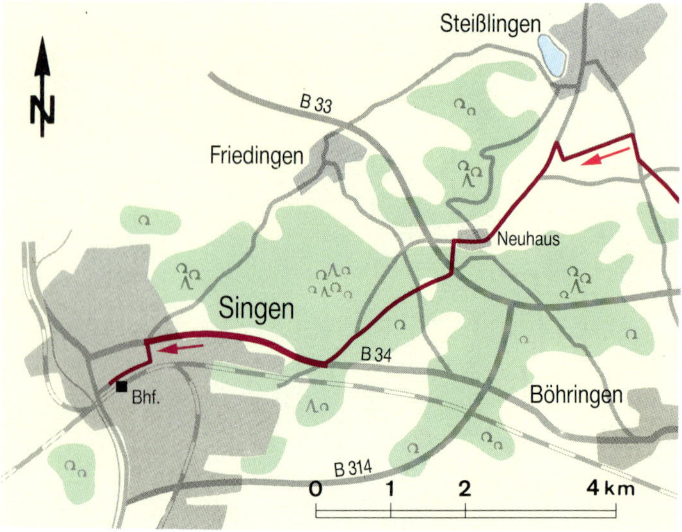

den gesperrten Weg nach *Wahlwies.* Man kommt dort über die Bahnlinie und radelt links weiter (zweimal über die Bahn) nach *Stahringen.* Nun folgt man dem Wegzeiger nach Steißlingen diesseits der Bahn, auch noch an der Kapelle von 1699. Kurz vor *Steißlingen* zweigt nach links ein Landwirtschaftsweg ab (Radfahrer frei), bei der Einmündung biegt man rechts, kreuzt dann die Hauptstraße beim Brunnen und radelt dann links auf dem Radweg neben der Straße bis zur Autobahn. Auf der Straße gelangt man durch die Unterführung, am *Neuhaus* vorbei und findet dann nach links einen gesperrten Forstweg. Auf diesem radelt man geradeaus weiter bis zum Waldrand, dann nach rechts am Kies- und Sandwerk vorbei zur Vorfahrtsstraße, die man kreuzt und weiter geradeaus zur Straße nach Singen kommt. Hier hält man nach links, fährt an einigen Häusern vorbei zur Bundesstraße 33 und auf dem Radweg daneben nach *Singen.*

Neuer Rad-Rundweg:

Auf Initiative der Schweizer wurde ein Rad-Rundweg um den See ausgeschildert, der »für Genießer, nicht für Distanz-Schnellfahrer« gedacht ist. Er ist meist unserem Weg nachempfunden.

Zu Tour 42 **Neue Uferpromenade in Überlingen**
(Foto: Städtische Kurverwaltung in Überlingen)

43 Von Singen über Stein am Rhein am Schweizer Ufer nach Konstanz

Verkehrsmöglichkeiten Bahn bis Singen und ab Konstanz (auf Untersee und Rhein, wenn Platz ist. Möglichkeit auf einem Schiff mitzufahren).
Tourenlänge 43 Kilometer (49 Kilometer).
Fahrzeit Knapp 4 Stunden (5 Stunden).
Höhenunterschiede Zwischen 400 und 430 Metern Meereshöhe (Variante steigt bis auf 700 Meter Meereshöhe).
Karten 1:50 000 L 8318 Singen, L 8320 Konstanz, 1:200 000 Mairs Generalkarte (Blatt 24).
Anmerkung Bademöglichkeit am Untersee. Da die Route grenzüberschreitend ist, Personalausweis nicht vergessen! Variante über das Schweizer Hinterland, Höhe bis 700 Meter (!) sehr aussichtsreich. (Die Schweizer lieben die Radfahrer am See nicht so sehr.)
Wissenswertes Stein am Rhein ist eine Stadt mit schönem mittelalterlichen Stadtbild, ebenso wirkt das Kloster St. Georgen. Die Burg Hohenklingen wurde zwischen dem 11. und 13. Jahrhundert erbaut. Kurz vor Mammern steht oberhalb die barocke Wallfahrtskirche Klingenzell. Im Schloß von Glarisegg ist heute ein Gymnasium. Steckborn hat ein sehenswertes Rathaus von 1667 und ein Heimatmuseum im Turmhof (14. und 17. Jahrhundert). In Berlingen steht ein Rathaus von 1780 und der Kehlhof von 1686. Oberhalb von Mannenbach liegt das 1546 erbaute Schlößchen Arenenberg, das der Königin Hortense Beauharnais

gehörte (heute Napoleon-Museum). In Gottlieben steht eine Burg aus dem Jahr 1251 (Anbau 1837/38) worin Johannes Hus eingekerkert war. Konstanz mit seinem Liebfrauenmünster, dem Wessenberghaus und dem Dominikanerkloster (heute Inselhotel) ist ebenfalls sehenswert.

Tourenbeschreibung Vom Bahnhof *Singen* radelt man nach Westen am Bahngelände entlang. Man biegt zunächst in die Straße nach Stein am Rhein ein, unterquert die Bahn und hält sich sobald als möglich durch die Anlagen nach rechts. Man fährt an der *Ach* entlang abwechselnd erst links, dann rechts, dann links, wie eben der Weg verläuft, über die Brücken, auch über die Straße nach Stein am Rhein, weiter an der *Ach*. Vor der Bahnunterführung bleibt man auf dem gesperrten Weg bachabwärts, unterquert erst dann die Bahnlinie und bleibt am Bach bis zur *Arlener Straße*. Hier hält man sich links, fährt durch den Ort bis zur *Hebelschule*, dann rechts ortsauswärts durch die Lindenstraße auf dem kleinen Sträßchen Richtung Bohlingen. Man erreicht einen Weg mit Feldkreuz, der zu Schrebergärten führt. Dem nächsten Weg in der Senke, einem sehr einfachen Feldweg, folgt man nach rechts. Am Grenzstein und -häuschen vorbei gelangt man ins schweizerische *Wiesholz*. (Grenzübergang mit gültigen Papieren ohne Ware für Radfahrer und Fußgänger erlaubt.) Durch Wiesholz kommt man wieder auf die Hauptstraße hinter dem Zollamt *Moskau*. Nach Stein am Rhein verläuft nun meist ein Radweg neben der Straße. In *Hemishofen* fährt man durch den Ort. In *Stein am Rhein* überquert man den *Rhein* und biegt, gleich dahinter, bei einer Tankstelle nach links in die Rhistraße (für Anlieger) ein. Auf dem Wanderweg nach Mammern und Steckborn radelt man nun weiter nach *Eschenz*. Auf der Hauptstraße muß man nun hinter *Eschenz* nach *Mammern* weiterfahren. Hinter *Glarisegg*, vor dem Bahnübergang, biegt man nach rechts in den Glarisegger Weg ein und fährt oberhalb der Bahn durch *Steckborn*. Hier wechselt man wieder bis Berlingen auf den Radweg neben der Hauptstraße. Dahinter, ab dem Bahnübergang wählt man den Weg links neben der Bahnlinie und fährt hinüber nach *Mannenbach*. Weiterhin radelt man zwischen Bahn und See nach *Ermatingen*. Hier lohnt ein Abstecher zu den alten Fischerhäusern im Ortsteil *Stad* mit Blick hinüber zur Reichenau.

Die Variante endet hier in *Ermatingen-Stad*. Sie beginnt in *Eschenz*, wo man an der Kreuzung des Bodenseerundwegs dem Wegzeiger zum Bahnhof folgt. Man kreuzt die Bodensee-Hauptstraße und fährt zunächst kurz in Richtung Frauenfeld über die Bahn. Gleich nach den Gleisen findet man einen Wanderweg-

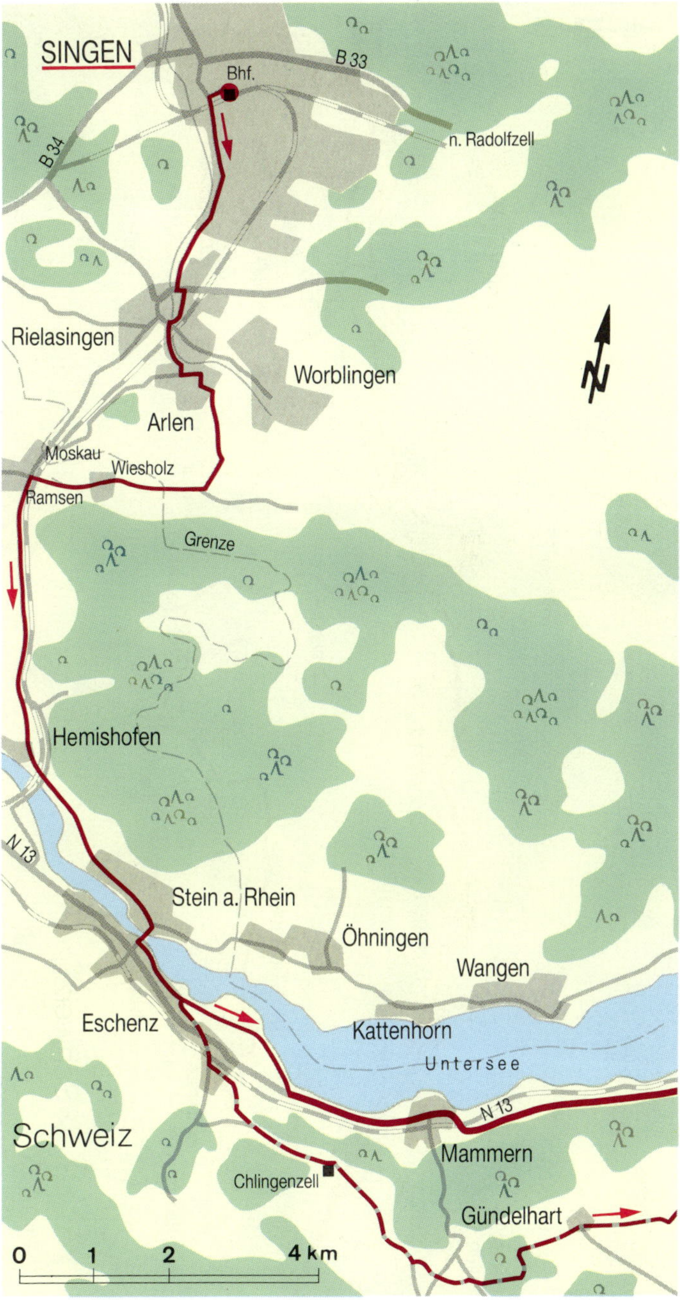
SINGEN
Bhf.
B 33
B 34
n. Radolfzell
Rielasingen
Worblingen
Arlen
Moskau
Wiesholz
Ramsen
Grenze
Hemishofen
N 13
Stein a. Rhein
Öhningen
Wangen
Eschenz
Kattenhorn
Untersee
N 13
Schweiz
Mammern
Chlingenzell
Gündelhart
0
1
2
4 km

Horn
Reichenau
Gaienhofen
Hemmen-
hofen
Untersee
B 33
Konstanz
Stad
Ermatingen
N 13
Berlingen
Mannenbach
Steckborn
Gottlieben
Rhein
Ziegelhof
Bhf.
Triboltingen
Wolfsberg
Glarissegg
Salen-Reutenen
Tägerwilen
N 13
Büren
Emmishofen
Heidenhaus
Helmetshausen
Helsighausen
Fischbach
Schweiz
0
1
2
4 km

weiser »Chlingenzell«, der nach links, erst am Gleis entlang, dann rechts im Bogen aufwärts, dann halb links über die Brücke verläuft. Hier muß man nun den Feldweg am Waldrand aufwärts schieben. Man erreicht das Sträßchen nach *Klingenzell* und, mit Aussicht über den See, die dortige Wallfahrtskirche in 566 Meter Höhe. Auf dem weiteren Weg über die Höhen hat man immer wieder reizende Ausblicke auf den See und die Landschaft. Man folgt dann wieder dem »Wegzeiger Frauenfeld«, an der Kreuzung dem nach »Steckborn« geradeaus, dann dem »Liebenfels, Mammern«; wieder dem Wanderwegzeiger »Steckborn« und radelt dann geradeaus »Gündelhart«. Beim *Oberholz* weist der Wanderweg dann links nach *Gündelhart*. Bei der Kirche im Ort bleibt man geradeaus nach *Helmetshausen*, hier wieder Richtung »Steckborn«, am Hof auf der Höhe rechts leicht abwärts zur Hauptstraße, die man links versetzt kreuzt in Richtung »Salen-Reutenen« über *Bulgen* aufwärts. Nun geht es weiter aufwärts bis zum *Heidenhaus*. Man radelt durch *Salen-Reutenen* (710 Meter!) dann rechts abwärts, durch *Büren*, hier links nach Fischbach, in *Fischbach* wieder links in Richtung Ermatingen. In *Helsighusen* muß man sich entscheiden, ob man links abwärts, über *Fruthwilen* und *Salenstein* zum *Arenenberg* und dann nach *Ermatingen* will. Sonst folgt man in *Helsighusen* dem Radwegzeichen geradeaus durch die Höfe, hält an der nächsten Kreuzung am Wasserbehälter links in den Wald und kommt am Wasserbehäl-

Zu Tour 43 **Rathausplatz Stein am Rhein/Schweiz**
(Foto: Verkehrsverein Stein am Rhein)

ter Ermatingen vorbei auf dem Forstweg abwärts. Am *Wolfsberg* vorbei erreicht man am bemalten Gasthof »Adler« in *Ermatingen* die Hauptstraße. Erst wendet man sich nach rechts, dann links zur »Schiffslände« in *Stad* und folgt der oberen Seestraße nach rechts. Man trifft nun wieder auf die erstbeschriebene untere Seestrecke.

Am Parkplatz vorbei führt der Weg durch die Riedstraße nach links und bleibt nun wieder auf dem Bodensee-Rundwanderweg (Wanderer nicht belästigen!). Er verläuft nun weiter an *Triboltingen* vorbei zum *Rosengarten* und nach *Gottlieben*. Man gelangt über *Ziegelhof* zum *Zollhaus*, folgt dann nach links dem Radwegschild etwa 200 Meter weit vor zum *Rhein* und erreicht dort die Innenstadt oder an der Rheinbrücke nach rechts den Bahnhof *Konstanz*. Zur Fähre Meersburg geht es über die Brücke nach links.

44 Singen – Radolfzell – Konstanz

Verkehrsmöglichkeiten Bahn bis Singen und ab Konstanz, Fähre und Schiff ab Konstanz.
Tourenlänge 35 Kilometer.
Fahrzeit Knapp 3 Stunden.
Höhenunterschiede Fast eben.
Karten 1:50 000 Blatt 10 Hegau-Bodensee, 1:200 000 Mairs Generalkarte (Blatt 24).
Wissenswertes Singen ist eine Fabrikstadt. Die zur Festung ausgebaute mittelalterliche Burg auf dem Hohentwiel war im 10. Jahrhundert Sitz der schwäbischen Herzöge. Sie wurde auch durch Scheffels Roman »Ekkehard« im Jahre 1855 bekannt. Der berühmteste Festungskommandant war der in Kirchheim/Teck begrabene Württemberger Konrad Wiederholt, der von 1598 bis 1667 lebte. Anfang des 19. Jahrhunderts wurde die Festung auf Napoleons Befehl geschleift. Der immer württembergische Hohentwiel kam durch die Kreisreform der siebziger Jahre an Baden. Radolfzell ist eine Gründung des Veroneser Bischofs Ratold; die Münsterkirche und Reste der Stadtbefestigungen zählen zu den Sehenswürdigkeiten. Die Reliquien der Hausherren »Zeno und Theopont« zu deren Ehren das »Hausherrenfest« alljährlich gefeiert wird, befinden sich im Liebfrauenmünster. Die Halbinsel Mettnau ist ein Vogelschutzgebiet. Allensbach ist durch sein Institut bekannt. Schloß Hegne war ein Sommersitz

Zu Tour 43, 44, 45 **Konzilgebäude in Konstanz** (Foto: Verkehrsamt Konstanz)

der Konstanzer Bischöfe aus der Zeit der Renaissance. Das römische Konstantia wurde 590 zum Bischofssitz erhoben. Konstanz war im 16. Jahrhundert protestantisch und verlor nach der Niederlage der Protestanten seine Reichsfreiheit. Das Münster, das alte Rathaus (jetzt barock), die Zunfthäuser mit dem Rosgartenmuseum, das Konzilhaus sollte man schon besichtigen.

Tourenbeschreibung Von der Stadtmitte *Singen* biegt man in die Straße nach Stein am Rhein, unterquert die Bahn und hält sobald als möglich nach rechts zum Radweg an der *Ach*. Diesen radelt man bachabwärts entlang, mal rechts, mal links, unterquert die Bahnlinie und bleibt am Bach durch *Rielasingen* bis zur Arlener Straße. Hier hält man sich nach links, fährt durch *Arlen* bis zur Hebelschule und wendet sich hier wieder nach links in die Lindenstraße. Man überquert die Straße nach Worblingen und wählt von der Zeppelinstraße aus die erste Straße nach rechts (erst Worblinger-, dann Rielasinger Straße). An der Kreuzung bleibt man geradeaus (Oberstraße) bis man am Ortsende von

SINGEN
n. Ludwigshafen
N
B34
Bhf.
Böhringen
Radolfzell
Mindelsee
Markelfingen
Überlingen
am Ried
Rielasingen
Moos
Bhf.
Mettnau
Gnadensee
B 33
Radolfzeller Aach
Arlen
Worblingen
Bohlingen
Zellersee
Allensbach
0
1
2
4 km

B 33
Allensbach
Hegne
Gnadensee
Natur-
schutz-
gebiet
Reichenau
Mainau
Wollmatingen
Bhf. Reichenau
Untersee
Natur-
schutz-
gebiet
B 33
Berlingen
Mannenbach
Ermatingen
Petershausen
Rhein
Schweiz
Triboltingen
Gottlieben
N 13
Konstanz
Bhf.
Tägerwilen
0
1
2
4 km

Worblingen, wieder in der Hauptrichtung, auf dem alten kleinen Anliegersträßchen weiterfährt (kurze schlechte Strecke). Rechts unter sich sieht man die Hauptstraße. An der Einmündung schlägt man den Weg nach links aufwärts ein, kreuzt die Straße auf der Höhe und radelt abwärts, auch über die nächste Hauptstraße, nach *Überlingen am Ried.* Im Ort hält man rechts in die Singener Straße, an der Kirche links, dann rechts, durch die Brunnenstraße auswärts folgt man erst dem Wegzeiger Radolfzell, dann dem nach Böhringen. An privaten Seen vorbei gelangt man auf eine Querstraße am Ortsrand von *Böhringen*. Man kreuzt sie, biegt halb rechts an den Gebäuden vorbei auf den Feldweg, der an der Bahn entlang auf den Kirchturm von Radolfzell zu verläuft. Dann aber biegt er nach rechts ab und auf die Straße. Hier wendet man sich nach links, nach etwa 400 Metern trifft man auf die Höristraße und kann, wieder nach links, auf dem Radweg daneben nach *Radolfzell* radeln. Man kann aber auch vor der Bahn den Bodenseerundweg nach rechts neh-

Zu Tour 44 **Bodanrück – Radolfzell – Güttingen,** im Hintergrund der Mindelsee (Foto: Verkehrsamt Radolfzell)

men (Fußgänger!) und zwischen Bahn und See bis zur Unterführung am Bahnhof in die Altstadt gelangen. Aus der Stadtmitte Radolfzell kommt man auf der Konstanzer Straße über die Bahn (Radweg) und biegt dann rechts in den Libellenweg ein, dann nach links in die Reichenauer Straße, auf der man geradeaus bis zum Riedweg radeln muß. Hier geht es nun nach rechts stadtauswärts am Sportplatz vorbei nach *Markelfingen*. Vor der Bundesstraße hält man nach rechts duch den Ort bis zum *Mühlbach* und hier nach links bis zur Bundesstraße 33. Auf dem Radweg neben der Straße erreicht man *Allensbach*, radelt hier geradeaus durch den Ort um dann wieder den Radweg neben der Bundesstraße zu benützen. Man hält dann rechts in Richtung Konstanz und Reichenau, muß über die Bahnbrücke neben der Straße und hat dann wieder seinen eigenen Radweg bis in die Stadt *Konstanz*.

45 Konstanz – Romanshorn – Arbon – Rorschach

Verkehrsmöglichkeiten Bahn oder Fähre bis Konstanz, Bahn oder Schiff ab Romanshorn.
Tourenlänge 35 Kilometer.
Fahrzeit 3 Stunden.
Höhenunterschiede Zwischen 400 und 450 Metern.
Karten 1:50 000 Bodensee (Blatt Ost), 1:200 000 Mairs Generalkarte (Blatt 25).
Wissenswertes Konstanz war vom 6. Jahrhundert bis ins 19. Jahrhundert Bischofssitz, seit dem 10. Jahrhundert hatte es Marktrecht. Bis die Stadt 1548 vorderösterreichisch wurde, war sie freie Reichsstadt, seit Napoleon, 1806 dann badisch. Das Konzilgebäude (1388), das Rathaus von 1484, das Inselhotel, (1236 als Dominikanerkloster erbaut), das Münster, in dem im 15. Jahrhundert ein Papst gewählt wurde, und das Rosgartenmuseum mit seinen Schätzen sollte man besichtigen. Kreuzlingen entstand aus einem Hospiz im 10. Jahrhundert, das mit einem Splitter des heiligen Kreuzes beschenkt worden war. Als Augustinerkloster wurde es um 1120 gegründet. Romanshorn war ein Fischerdorf, das erst durch den Schiffs- und Bahnverkehr eine Bedeutung gewann. Arbon war die römische Poststation Arbor felix, später ein fränkischer Königshof. Der Turm des Schlosses, das 1266 den letzten Staufer auf seiner Reise nach Italien beherbergte, steht noch. Martinskirche und Galluskapelle aus dem Jahre 1000. Im Römerhof ist ein Museum. Rorschach wurde 850

Zu Tour 43, 44, 45 **Konstanz am Bodensee** (Foto: Klaus Puntschuh)

zum ersten Mal urkundlich erwähnt, besitzt seit dem Jahr 947 das Marktrecht. Das barocke Kornhaus, der spätgotische Bau des Klosters Mariaberg sind die hervorragendsten Sehenswürdigkeiten der Stadt.

Tourenbeschreibung Kommt man von der Meersburger Fähre nach *Konstanz/Staad*, so biegt man nach deren Verlassen, wenn die Straße ihre normale Breite bekommt, nach links in die Anliegerstraße (Hoheneggstraße) ein, hält bei der Vorfahrtsstraße kurz links und radelt dann nach rechts in die Lindauer Straße. Man folgt zunächst nach links dem Wegzeiger »Sportzentrum« und bleibt dann geradeaus durch den Wald immer auf der Straße. Man zweigt dann am Tennisplatz vorbei nach links ab zum See und radelt daran entlang bis zur Brücke, dort nach links den Gleisen entlang zum Bahnhof *Konstanz*. (Zur Besichtigung der Stadt geht es vor dem Bahnhof durch die Unterführung.) Um nach *Kreuzlingen* zu gelangen überquert man die Gleise nach dem Bahnhof und benützt die Straße, die geradeaus weiter-

zur Fähre
Petershausen
KONSTANZ
Bhf.
Bodensee
N
Bottighofen
Münsterlingen
Landschlacht
Kreuzlingen
Scherzingen
Altnau
Schweiz
Kesswil
N 13
Güttingen
Uttwil
0
1
2
4 km

N
B o d e n s e e
Uttwil
Bhf.
Romanshorn
Egnach
Bhf.
N 13
N 33
Neukirch
Arbon
Horn
Rorschach
Bhf.
N 13
Steinach
Goldach
Roggwil
Obersteinach
Tübach
N 1
Goldach
Schweiz
0 1 2 4 km

führt (Wegzeiger »Schweiz«), bis man auf die Kreuzlinger Straße trifft, die nach links verläuft. Gleich nach dem Zoll, hinter der Bahnbrücke, wendet man sich nach links ins Industriegebiet. Neben dem Gleis (Radstreifen an der Straße) radelt man weiter dieser Straße nach und trifft dann auf die Hauptstraße, die nach links nach *Bottighofen* führt. Man wendet sich im Ort, in der Schulstraße, nach rechts und radelt dann nach links auf der Scherzinger Straße geradeaus bis *Scherzingen.* Hier geht es kurz links, dann auf der Hauptstraße rechts und dann halb links nach *Altnau.* Man bleibt auf dieser Straße, obwohl der Radweg nach links bezeichnet ist, da man dann weniger Höhenunterschiede und eine hübschere Aussicht hat. Geradeaus durch Altnau radelt man weiter bis *Güttingen.* Gleich nach dem Ortsschild biegt man halb rechts in die zweite Straße ein (Wegzeiger Keßwil), bleibt geradeaus oberhalb der Kirche vorbei und schlägt dann, gleich nach dem Hohlweg am Ortsrand rechts aufwärts, an der nächsten Kreuzung, ohne Wegzeiger, den Weg scharf links ein. Nun radelt man, mit Blick auf den See, an Obstgärten entlang bis zur Kreuzung an der Baumreihe. Man wendet sich nach links abwärts bis zur Vorfahrtsstraße am Ortseingang von *Keßwil.* Hier geht es nun wieder rechts aufwärts nach *Dozwil* und dann links abwärts nach *Uttwil.* Man kreuzt die Hauptstraße und gelangt über die Bahn zum See, wo man nun nach rechts den See entlang auf dem Seeweg, an Bad und Fabriken vorbei nach *Romanshorn* kommt. An einem hübschen Park und der Kirche vorbei wählt man nach links die Kirchgasse, fährt zum Hafen, dann an den Gleisen entlang die Neustraße und kommt auf dem Egnacher Weg über den Zubringer zur Fähre in die *Kehlhofstraße*, der man weiter folgt. Vor der Brücke über die Bahn bleibt man halb rechts eben weiter (die Gleise sind links), hält bei der Straßeneinmündung nach links unter der Bahn durch zum *Egnacher Bahnhof.* Links vor dem Bahnhof quert man wieder ein Gleis und wendet sich gleich dahinter nach rechts in den Seeweg (für Radfahrer erlaubt), auf dem man zwischen Bahn und See nach *Arbon* gelangt. Der Radweg führt weiter am See entlang bis *Steinach.* Hier kreuzt man versetzt die Vorfahrtsstraße, folgt dem Wanderwegzeiger *»Tübach, Goldach«* über die Bahn in den Kirchweg, kreuzt die nächste Straße der Wandermarkierung nach in die Aachstraße, beim Kreuz hält man rechts und gelangt an der *Goldach* entlang zur Hauptstraße. Von hier aus geht es nun bequem abwärts nach *Rorschach* an den Hafenbahnhof.

46 Rorschach – Bregenz – Lindau

Verkehrsmöglichkeiten Bahn oder Schiff bis Rorschach, Bahn oder Schiff ab Lindau.
Tourenlänge 36 Kilometer.
Fahrzeit 3 Stunden.
Höhenunterschiede Zwischen 400 und 475 Metern.
Karten 1:50 000 Bodensee (Blatt Ost), 1:200 000 Mairs Generalkarte (Blatt 25).
Wissenswertes Rorschach mit barockem Kornhaus und spätgotischem Kloster Mariaberg hat seit dem 10. Jahrhundert das Marktrecht. Rheineck hat hübsche alte Häuser und über dem Ort die Burgruine Alt-Rheinegg. Das Naturschutzgebiet Rohrspitz ist besonders schön außerhalb der Camping-Saison. An den verschilften Ufern des Sees sammeln sich allerhand Vögel: Bekassinen, Bläßhühner, Möven, Schwäne, Brachvögel, Kiebitze, Reiher. Die ehemalige Benediktinerabtei Mehrerau wurde um 1080 gegründet. Heute gehört sie den Zisterziensern. Bregenz nannten schon die Kelten Brigantion. Sie wurden um 70 n. Chr. von den Römern besiegt. Anfangs des 13. Jahrhunderts wurde Bregenz zur Stadt erhoben. Es gehörte 1805 bis 1814 zu Bayern. In der Oberstadt ist der Martinsturm am Martinsplatz, in der Nähe die Pfarrkirche von 1318 (barockisiert), in der Unterstadt die barocke Johann-Nepomuk-Kapelle interessant. Die Bregenzer Festspiele sind weltbekannt. Lindau, die Inselstadt im Bodensee mit der bekannten Hafeneinfahrt mit Löwen und Leuchtturm, mit dem alten Leuchtturm, dem Haus »Zum Cavazzen«, den schönen Kirchen, dem Diebsturm, den alten Häusern mit den Laubengängen, lohnt einen längeren Aufenthalt.
Tourenbeschreibung Vom Bahnhof *Rorschach/Hafen* fährt man am besten die kerzengerade Straße unter der Bahn durch zum Kloster *Mariaberg*. Vor dem Kloster biegt man nach halb links aufwärts in die Straße ein, die nach *Rorschacherberg*, Buchen und Thal führt. Am Hang, immer mit hübschem Blick auf den See, gelangt man nach *Buchen*. An der Kirche hält man halb links in die Buechbergstraße, radelt über die Autobahn leicht aufwärts, am Camping vorbei, dann abwärts nach *Buriet*. Die Hauptstraße verläuft rechts in Richtung St. Margarethen. Man folgt aber in *Rheineck* nach links dem Wegzeiger »Lindau, Bregenz, Gaissau«. Am Bahnhof Rheineck vorbei gelangt man auf die Brücke, die über Bahn, Autobahn und *Alten Rhein* zum Zoll führt. In Österreich, in *Gaißau*, radelt man durch den Ort und biegt nach dem Ortsende, am Waldrand, links in den Schotter-

Zu Tour 46 **Bregenz am Bodensee**
(Foto: Landesfremdenverkehrsverband Vorarlberg, Bregenz)

weg ein (keine Beschilderung). Bei den bogenförmigen Schuppen wendet man sich nach rechts auf den Teerweg und folgt dann nach etwa einem Kilometer nach links dem Wegzeiger zum *Rohrspitz*. (Schon hier, aber erst recht vorne, im Naturschutzgebiet, kann man Vögel beobachten.) Am Damm vorne, am Campingplatz, wählt man den für Radfahrer erlaubten Feldweg nach rechts. (Man kann auch ganz vor zum Spitz radeln, muß aber dann wieder zurück.) Nach dem Pumpwerk schlägt man nach rechts den Weg nach *Fußach* ein. Bei der Gabelung findet man ein Radwegzeichen. Nach der Kirche radelt man nach links über die Steinbrücke bis zum Rheindamm. Rechts aufwärts erreicht man die Hauptstraße. Man fährt mit dem Radwegzeichen über die Brücke des *Rheinkanals* und über die zweite Brücke, biegt halb links in die Landstraße ab (Wegzeiger »Gendarmerie«) und fährt im Bogen durch *Hard* mit seinen hübschen alten Häusern. Man erreicht wieder die Bundesstraße, radelt darauf nach links über die *Bregenzer Ach*, biegt nach der Brücke links ab und bleibt geradeaus bis zum Barbenweg. Ihm folgt man erst nach rechts, dann im Bogen nach links weiter. Bei der Einmündung hält man rechts, am Krankenhaus und *Kloster Mehrerau* vorbei, den »Seglerweg« immer weiter, dann bis zum Festspielhaus Bre-

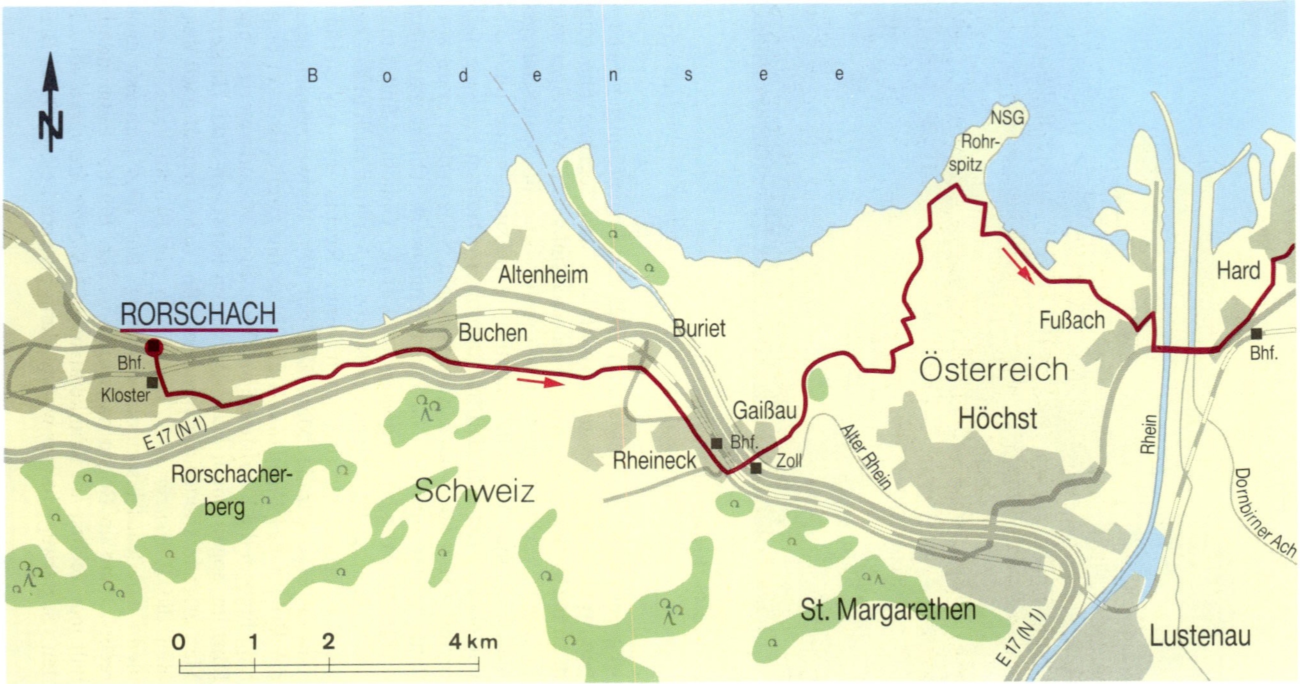
N
Bodensee
NSG
Rohr-
spitz
Altenheim
RORSCHACH
Bhf.
Kloster
Buchen
Buriet
Hard
Fußach
Bhf.
Österreich
Höchst
Gaißau
Bhf.
Zoll
Rheineck
Alter Rhein
Rhein
Dornbirner Ach
E 17 (N 1)
Rorschacher-
berg
Schweiz
St. Margarethen
Lustenau
0
1
2
4 km

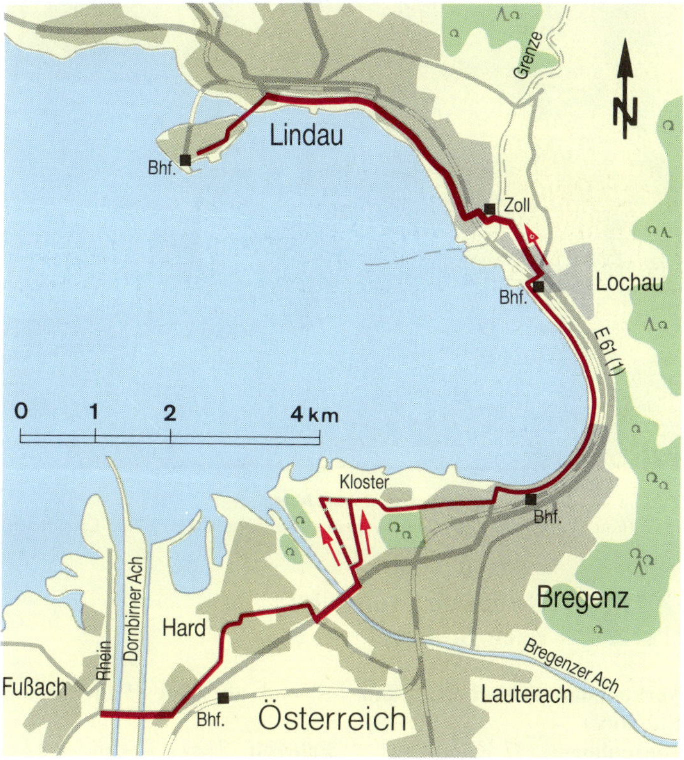

genz. Vor dem Festspielhaus wendet man sich nach rechts und fährt den Gleisen entlang zwischen Bahn und See weiter zum Bahnhof *Lochau*. Nach dem Bahnhof unterquert man das Gleis und muß auf der Hauptstraße zum Zoll *Unterhochsteg-Lindau/ Ziegelhaus*. Dahinter wendet man sich nach links durch die Grenzlandsiedlung. Man unterquert nach rechts wieder die Bahn (nur 1,6 Meter Höhe!), radelt an den Gleisen weiter, dann am Strandbad vorbei, auf der Brückenrampe dann links die Ladestraße weiter, die direkt am See verläuft und zur Hauptstraße kommt. Nach links erreicht man dann den Kreisverkehr zur Brücke auf die *Insel Lindau*. Geradeaus kommt man durch die Altstadt zum Hafen und zur Bahn.

Zu Tour 46 **Bregenz am Bodensee, Gebhardsberg**
(Foto: Landesfremdenverkehrsverband Vorarlberg, Bregenz/Foto Lauterbach)

47 Rundfahrt von Ulm nach Süden

Verkehrsmöglichkeiten Bahn bis und ab Ulm (Fahrrad am Bahnhof).
Tourenlänge 37 Kilometer. **Fahrzeit** Etwa 3 Stunden.
Höhenunterschiede Etwas auf und ab zwischen 470 und 520 Metern.
Karten 1:50 000 L 7724 Ulm, 1:200 000 Mairs Generalkarte (Blatt 22).
Wissenswertes Die ehemals Freie Reichsstadt Ulm mit dem höchsten Kirchturm der Welt besitzt ein gotisches Münster mit bedeutenden Kunstwerken. Das Rathaus, der Neue Bau, das Kornhaus, das Schwörhaus und die alten Befestigungen an der Donau sind sehenswert. Außerdem gibt es dort ein Brotmuseum. Das Kloster Wiblingen ist hauptsächlich wegen seiner Bibliothek berühmt. Die ehemals gotische Kirche in Bihlafingen wurde barock umgebaut; Dellmensingen hat noch eine barocke Kirche.
Tourenbeschreibung Vom *Ulmer* Hauptbahnhof fährt man, aus dem Hauptportal kommend, nach rechts an den Bahngleisen entlang auf dem bezeichneten Radweg bis an die *Donau*. Rechts, flußaufwärts bleibt man am Ufer bis zur Autobrücke.

Bhf.
ULM
N
Iller
B 30
Industrie-
gebiet
Donautal
Wiblingen
B 311
Gögglingen
Unter-
kirchberg
Donau
Unterweiler
Erbach
Donaustetten
Altheim
Staig
Dellmensingen
Weinstetten
Humlangen
Schmiechen
Rot
B 30
Ammerstetten
Hüttisheim
Stetten
Schnürpflingen
Oberholzheim
Bihlafingen
0
1
2
4 km

Auf dem Steg überquert man die Donau und gelangt unter der Brücke zur Straße nach Wiblingen. Auf dem Radweg daneben erreicht man *Wiblingen* und sollte zunächst zumindest in dem Klosterhof sich umschauen. Dann radelt man weiter in der Richtung nach Illerkirchberg, biegt aber vor der Kirche nach rechts, nach Unterweiler ab. Am Waldende, bei der Kurve, zweigt aus den Leitplanken ein Feldweg nach links ab. Er führt zum Autobahnzubringer von Illerkirchberg her. Man kreuzt ihn und bleibt ein kurzes Stück geradeaus bis zu den Häusern und dem Wanderparkplatz. Hier hält man links, bei der Gabelung am Rastplatz rechts, wie auch bei der nächsten Gabelung, aber dann immer geradeaus bis zum Waldaustritt. Hier muß man bis zum nächsten Waldrand radeln und daran entlang nach links auf den Teerweg, nachher an den Raffinerien vorbei nach *Altheim*. Nach einem Rechtsbogen wendet man sich nach links in eine Siedlung und bleibt nun immer geradeaus durch den Ort bis man auf die »Hauptstraße« trifft. Man wendet sich erst nach rechts aufwärts, dann links nach Weinstetten, an der Vorfahrtsstraße wieder rechts und in *Weinstetten* bei der ersten Kreuzung links. Man radelt die 3,5-t-Anliegerstraße (Bachstraße) abwärts und erreicht die Straße nach Schnürpflingen mit einem Radweg. Bei der Vorfahrtsstraße in *Schnürpflingen* folgt man auf der K 7367 dem Wegzeiger nach *Bilhafingen*, radelt dort weiter in der Richtung nach Oberholzheim, biegt aber am Ortsende nach rechts in den 6-t-Teerweg ein, an einem Feldkreuz vorbei oberhalb der *Schmiechen,* nach *Hüttisheim*. An der Einmündung wendet man sich nach links in den Ort, kreuzt die Vorfahrtsstraße, muß zuerst in Richtung Humlangen, dann Richtung Stetten und dann wieder Humlangen radeln. Man kommt am Sportplatz vorbei und nachher im Bogen aus dem *Schmiechental* heraus. Bei der Einmündung biegt man nach links in die Vorfahrtsstraße ein und dann, nach etwa 500 Metern, nach rechts auf einem gesperrten Teerweg, der auf den Wald zuführt. Vor dem Wald (Radwegzeichen Baden-Württemberg) wendet man sich nach links über die Brücke der Bundesstraße 30 nach *Dellmensingen*. Man kreuzt die Umgehungsstraße, und die nächste Vorfahrtsstraße, folgt dem Wegzeiger »Schule, Sporthalle«, hält an der Ulmer Straße kurz rechts und dann links zu den Sportanlagen (Radwegzeichen). Dahinter biegt man nach links über die Brücke mit baumbestandener Rampe über die *Donau*, dann rechts an der Donau entlang bis man beim Kraftwerk wieder über eine Brücke radelt. Am Fluß abwärts geht es bis zur nächsten Vorfahrtsstraße bei *Donaustetten* und wieder über die *Donau* um auf der anderen Seite weiter abwärts zu radeln. An der nächsten Brücke, bei

Gögglingen, hat man nun die Wahl, ob man diesseits der Donau bleiben will, durch das *Industriegebiet Donautal* und unter dem Autobahnzubringer diesseits der Bahn auf dem Radweg nach Ulm zurück möchte. Man kann aber auch über die *Donaubrücke* nach *Gögglingen* und auf dem Radweg neben der Straße Richtung Ulm zurückfahren. Auch auf diesem Weg muß man bei der großen Kreuzung mit dem Autobahnzubringer unter der Straße durch und gelangt dann, erst an der Donau entlang, dann über die Brücke und zwischen Bahn und Fluß wieder nach *Ulm*.

48 Von Laupheim ins Rottal über Orsenhausen, Bußmannhausen nach Walpertshofen zurück nach Laupheim

Verkehrsmöglichkeiten Bahn bis Laupheim West (Fahrrad am Bahnhof).
Tourenlänge 34 Kilometer.
Fahrzeit 2 bis 3 Stunden.
Höhenunterschiede 125 Meter Steigung, 125 Meter Gefälle.
Karten 1:50 000 L 7724 Ulm, L 7924 Biberach/Riß, 1:200 000 Mairs Generalkarte (Blatt 22).
Wissenswertes In Burgrieden-Rot steht oberhalb des Ortes eine Villa Fugger. Die katholische Stadtpfarrkirche in Laupheim sowie Schloß Groß- und Kleinlaupheim sind sehenswert. Das Parkbad beim Hirschgehege lädt am Abschluß der Radtour ein.
Tourenbeschreibung Von der Stadtmitte *Laupheim* (Marktplatz) fährt man in Richtung Fliegerhorst. An der ersten und zweiten Gabelung auf der Höhe hält man sich links. Die Kreisstraße K 7518 verläuft nun über den Ortsteil *Hochstetten* hinunter nach *Burgrieden* ins *Rottal*. Von Burgrieden nach *Rot* findet man neben der Landstraße einen Radweg. Man darf dieses Rot nicht mit dem weiter flußabwärts gelegenen Prämonstratenserkloster Rot an der Rot verwechseln. Von Rot, das Ortsteil von Burgrieden ist, geht es an der ersten größeren Abzweigung (2. Straße) links am *„Straßberg“* aufwärts. Man kommt an einem Wanderparkplatz und einem Spielplatz vorbei, hält im Wald bei der ersten Gabelung *(Schalwald)* rechts und bleibt bei allen Kreuzungen auf dem Hauptweg, dem blauen Balken nach, bis man am Waldausgang, bei dem Schuppen nach rechts auf dem 3,5-t-Teerweg nach *Weihungszell* gelangt. Hier wählt man nach rechts die K 7515 nach Orsenhausen, die für Lkw's gesperrt ist.

Bronnen
B 30
Rot
Burgrieden
LAUPHEIM
Rottum
Hochstetten
Rot
P
Schalwald
Weihung
Weihungszell
Bühl
Hörenhausen
Orsenhausen
Baustetten
Harthöfe
Bußmannshausen
Rot
Groß-
schafhausen
Wain
Walpertshofen
B 30
Klein-
Schwendi
Mietingen
0
1
2
4 km

Sie mündet in die L 1268 ein, auf der man abwärts nach *Orsenhausen* kommt. An der Kirche vorbei radelt man geradeaus durch die Bachstraße weiter bis zur Hauptstraße. Man biegt zuerst nach links, darauf ein, aber gleich darauf rechts nach Bußmannshausen ab. Die Straße führ quer durchs *Rottal* über Bahn und Bach. Nach einer kurzen Steigung erreicht man am Hang die Gemeinde *Bußmannshausen.* Hier hält man sich an der zweiten Ringstraße, an der Kurve, links, durch die Rathausstraße rechts und schiebt das Fahrrad dann geradeaus durch den Einschnitt auf die Höhe. Man bleibt bis zum Feldkreuz mit den Birken (Radweg 3) auf dem Teerweg und fährt dann nach links auf den Wald zu. An der Kreuzung am Waldrand trifft man auf einen blauen Punkt und schlägt den Feldweg nach rechts ein, der erst am Waldrand, dann durch den Wald wieder auf einen geteerten Weg führt (Radwegzeichen). Man gelangt dann nach *Walpertshofen,* Gemeinde Mietingen. Man durchfährt den Ort und folgt der K 7516 nach rechts zu den *Harthöfen.* Nach den Harthöfen, an der Kreuzung mit dem Sträßchen nach Bühl, wendet man sich nach links über die Felder an der Siedlung vorbei. Am Ortsrand von *Baustetten* erreicht man dann geradeaus die Laupheimer Straße. Auf dem Radweg daneben überquert man die Straße vom Fliegerhorst und radelt auf der Baustetter und Lange Straße zum Marktplatz *Laupheim* zurück.

49 Rundfahrt um Biberach nach Süden (Füramoos)

Verkehrsmöglichkeiten Bahn bis und ab Biberach (Fahrrad am Bahnhof).
Tourenlänge 40 Kilometer.
Fahrzeit $3^1/_2$ Stunden, gut
Höhenunterschiede 300 Meter Steigung, 300 Meter Gefälle.
Karten 1:50 000 L 7924 Biberach, L 8124 Bad Waldsee, 1:200 000 Mairs Generalkarte (Blatt 22).
Wissenswertes Die ehemalige Freie Reichsstadt Biberach wurde 1170 gegründet. Bis zum Dreißigjährigen Krieg war es eine Handelsstadt. Im 17. Jahrhundert wurde es dann mehr als Kunststadt bekannt. Christoph Martin Wieland führte hier 1761 Shakespeare auf. Auch die Goldschmiede und Maler waren berühmt. Das Braith-Mali-Museum im Spital zum Heiligen Geist zeugt heute noch von Biberacher Kunst und Handwerk. Der Biberacher Marktplatz mit den alten Patrizierhäusern und der spät-

gotischen, barock umgebauten Pfarrkirche ist sehenswert. Gegen den Hügel war die Stadt durch den Gigelturm und den Wolfenturm gesichert. In der barocken Ummendorfer Kirche steht noch eine spätgotische Madonna. Die Kirche in Fischbach, mehrfach umgebaut, geht auf eine spätgotische Kapelle zurück. Die Heinrichsburg war ein Renaissance-Schloß und gehörte den Waldburg-Wolfeeg-Waldsee. In Busenberg wurde der »fliegende Mönch« Kaspar Mohr 1575 geboren.

Tourenbeschreibung Vom Bahnhof Biberach folgt man dem Wegzeiger nach Saulgau und gelangt durch die Waldseer Straße nach *Rißegg Halde.* Kurz darauf biegt man links nach Ummendorf ab, unterquert die Bundesstraße 30 und überquert die Bahnlinie nach Friedrichshafen. Durch den langgestreckten Ort *Ummendorf* hält man zuerst in Richtung Schweinhausen und biegt am Ortsende, bei dem großen Baum links, dem blauen Balken nach, auf die 7-t-Straße nach Wettenberg aufwärts. Am Ortsende von *Wettenberg* findet man sogar einen alten Wegzeiger im spitzen Winkel links abwärts nach Fischbach weisend (13 Prozent Gefälle). In *Fischbach* radelt man zuerst auf der Straße nach Eberhardzell, bei der Bushaltestelle hält man halb links in den Rehmooser Weg und hat nun am Skilift vorbei wieder eine Steigung und dann weiter links, erreicht man den *Weiler Rehmoos*. Hier biegt man wieder nach links neben der Überlandleitung in den Wald und gelangt auf einem Teerweg abwärts auf die Straße, die links nach *Dietenwengen* führt. Man wendet sich auf die Straße, die zunächst aufwärts nach Füramoos verläuft, dann um den Hügel mit den Anlagen der Post herum. Das *»Hohbäumle«*, der nächste Hügel mit einem mächtigen alten Baum darauf, wird nicht umfahren, sondern man bleibt geradeaus, abkürzend, hinauf. Von oben hat man eine schöne Aussicht. Abwärts geht es nach *Füramoos* mit renovierter Kirche. Hier radelt man zuerst in der Richtung nach Eberhardzell, dann zweigt man nach links (Radwegzeichen) Richtung Mühlhausen ab. In *Hummertsried* biegt man rechts ab auf die Kreisstraße 7567 Richtung Eberhardzell. Bei der Abfahrt nach *Ritzenweiler,* mit Blick auf Eberhardzell, hält man sich gleich bei den ersten Häusern links abwärts nach *Kappel.* Im Bogen nach rechts erreicht man die Haußmannstraße und fährt darauf links weiter, bis man nach rechts aufwärts nach Zuben abbiegt. An der Einmündung in die Hauptstraße biegt man nach rechts auf den höchsten Punkt ab. Hier hat man eine herrliche Aussicht, oft bis zu den Alpen. Nach dem Abzweig nach Märbottenweiler biegt man nach links auf die Straße nach Hochdorf. Am *Schloß Heinrichsburg* vorbei gelang man schließlich auf die Höhe. Der Rückblick ist hier wie-

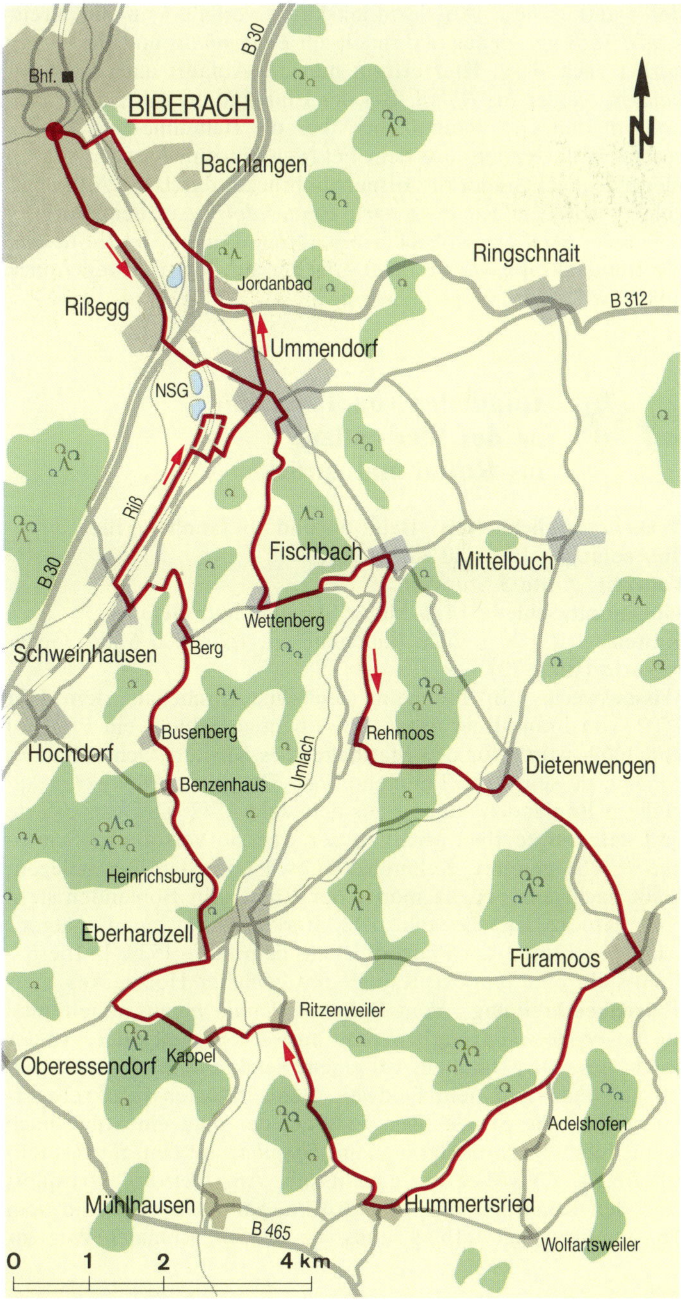

Bhf.
BIBERACH
B 30
Bachlangen
Ringschnait
Jordanbad
B 312
Rißegg
Ummendorf
NSG
Riß
B 30
Fischbach
Mittelbuch
Wettenberg
Schweinhausen
Berg
Busenberg
Rehmoos
Hochdorf
Umlach
Dietenwengen
Benzenhaus
Heinrichsburg
Eberhardzell
Füramoos
Ritzenweiler
Oberessendorf
Kappel
Adelshofen
Mühlhausen
Hummertsried
B 465
Wolfartsweiler
0
1
2
4 km

der wunderschön. An der Linkskurve verläßt man die Kreisstraße 7564 geradeaus und radelt am *Benzenhaus* und *Busenberg* vorbei nach *Berg.* Hier erfreut nun die Abfahrt nach *Schweinhausen,* wieder ins *Rißtal.* Bei der Einmündung fährt man nach links in den Ort, dann rechts über die Bahnlinie und wieder rechts daran entlang auf dem Feldweg bis zum Kieswerk. Man biegt hier rechts über die Eisenbahnbrücke, durch die Allee und gelangt auf dem Riedweg nach *Ummendorf.* Auf dem Radweg neben der Straße nach Biberach unterquert man beim *Jordanbad* die Bundesstraße 312 und hält – weiter auf dem Radweg – nach links wieder zurück nach *Biberach.*

50 Rundfahrt von Tannheim an der Iller entlang ins Rottal und zurück

Verkehrsmöglichkeiten Bahn bis und ab Tannheim/Iller.
Tourenlänge Etwa 40 Kilometer.
Fahrzeit Gute 3 Stunden.
Höhenunterschiede 145 Meter Steigung und Gefälle.
Karten 1:50 000 L 7926 Babenhausen, 1:200 000 Mairs Generalkarte (Blatt 22).
Wissenswertes In Tannheim steht eine Kirche aus dem Jahr 1702, von Franz Beer erbaut. Das heutige Schloß, ein Pfleghof von 1669, wurde für den Statthalter des Klosters Ochsenhausen gebaut, dessen Amt Tannheim war. Die ovale Heiligkreuzkapelle in Bonlanden stammt aus dem Jahr 1742. Die kanalisierte und aufgestaute Iller wird von der Energie-Versorgung Schwaben (EVS) genützt. Kellmünz, hübsch über der Iller gelegen, heißt nach dem »coelia mons« der Römer. In Bonlanden steht eine barocke Kapelle von 1742. Berkheim hat einen spätgotischen Kirchturm, der Pfarrhof ist aus dem Jahre 1529. In Illerbachen steht eine barocke Kapelle mit gemalter Holzdecke.
Tourenbeschreibung Vom Bahnhof *Tannheim* aus radelt man am *Lager-Hochhaus* vorbei rechts auswärts in die Felder. An der Bank unter den Bäumen, bei einem Feldkreuz, bleibt man weiter geradeaus auf dem Feldweg. Beim nächsten Feldkreuz erreicht man die Straße nach Egelsee, der man ein Stück nach rechts folgt. Dann zweigt man am *Flugplatz* auf den, für Radfahrer freien, EVS-Weg nach rechts ab. Am *Illerwerk* überquert man den Kanal auf der 4,5-t-Brücke, hält sich rechts, an dem Verbindungskanal entlang, links vor auf dem schmalen Weg zur

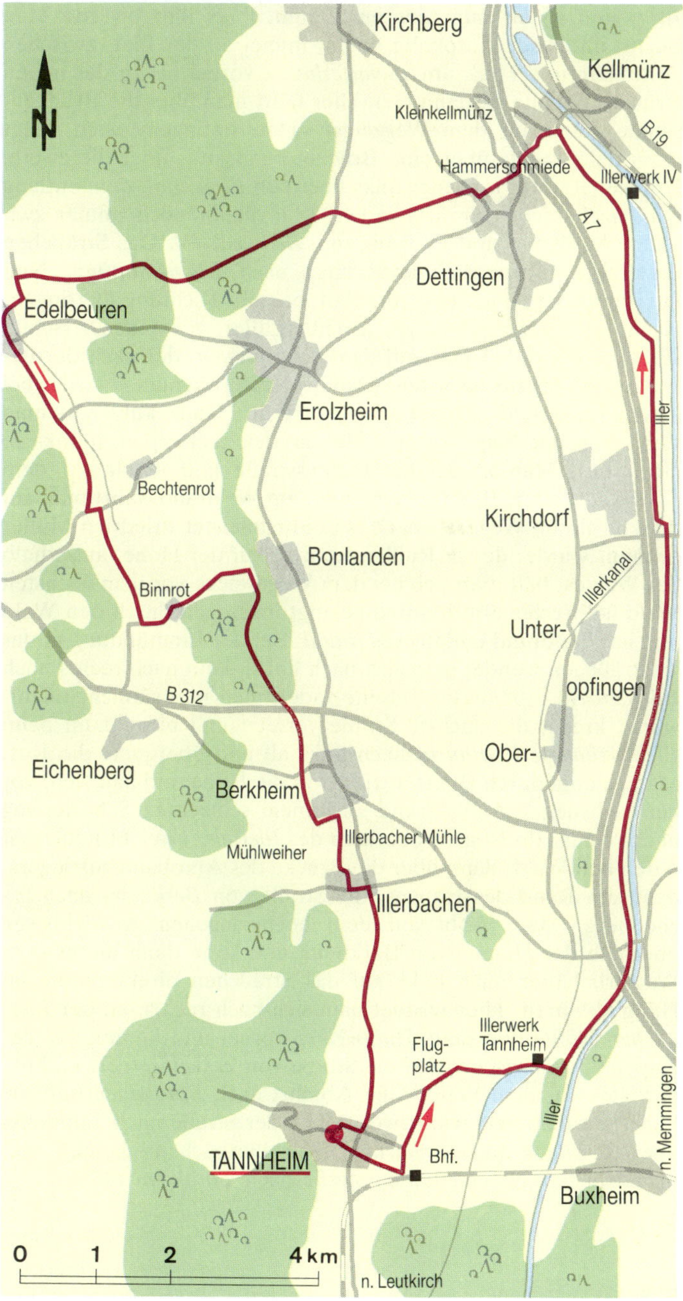
N
Kirchberg
Kellmünz
Kleinkellmünz
B 19
Hammerschmiede
Illerwerk IV
A 7
Dettingen
Edelbeuren
Erolzheim
Iller
Bechtenrot
Kirchdorf
Bonlanden
Binnrot
Illerkanal
Unter-
opfingen
B 312
Ober-
Eichenberg
Berkheim
Illerbacher Mühle
Mühlweiher
Illerbachen
Illerwerk
Tannheim
Flug-
platz
Iller
n. Memmingen
TANNHEIM
Bhf.
Buxheim
0
1
2
4 km
n. Leutkirch

Iller, und radelt nun hier am Damm links illerabwärts. Man bleibt, unter der Autobahn durch, immer an der Iller, zwischen Autobahn und Fluß, am *»Schifferhaus«* vorbei bis zu der neuen Brücke (die alte ist dahinter). Hier fährt man über die Brückenrampe geradeaus dem Wegzeiger »Unteropfingen« nach, biegt dann nach rechts über eine Brücke, dann links über die zweite Brücke (Radweg), wieder links über den *Illerkanal,* dem entlang man nach rechts abwärts radelt. Man bleibt noch immer zwischen Autobahn und Fluß bis zum *Illerwerk IV*. Das Sträßchen durch die *Hammerschmiede* führt nach *Kleinkellmünz*. Nun überquert man nach links die Autobahn in Richtung Dettingen. Nach der Abzweigung nach Kirchberg/Iller, vor dem Ortsschild *»Dettingen«,* radelt man auf dem Schotterweg, der nach der Fabrik rechts bis zur nächsten Straße verläuft, die man – wieder bei einem Ortsschild »Dettingen« – erreicht. Ganz kurz hält man sich rechts und biegt vor dem Hof auf den Teerweg nach links ab (Radweg). Man kreuzt die Landesstraße und radelt auf dem Forstweg weiter. Bei der Gabelung, am Waldrand, fährt man auf dem mittleren Weg, der nach dem Forstmeister Friedrich Müller genannt wurde, der in Rußland starb. Auf der Höhe, außerhalb des Waldes, hält man sich bei dem Wegdreieck vor dem nächsten Wald halbrechts abwärts und gelangt im Bogen durch den Wald und am Waldrand entlang ins *Rottal.* Bei der Einmündung in das Talsträßchen wendet man sich nach links, dann nach rechts nach *Edelbeuren.* Auf dieser Talseite radelt man nun südlich, talaufwärts, kreuzt die nächste Straße versetzt und biegt dann beim *Elektrizitätswerk Binnrot* nach links ab und überquert die Rot. Man gelangt durch Binnrot wieder in die Höhe und hält sich, vor dem Abstieg, am Waldrand auf einem schlechten Schotterweg nach rechts. Im Bogen, oberhalb des *Illertals,* erreicht man, erst durch den Wald, dann über die Brücke des Autobahnzubringers, dann am Rand des Hanges, die Straße von *Berkheim* nach Eichenberg. Man bleibt auf dem hochgelegenen Aussichtsweg oberhalb der Häuser von Berkheim und kann dann hinter dem Wasserbehälter nach links auf das Sträßchen direkt unten am Hang abfahren. Hier wendet man sich nach rechts, an der *Illerbacher Mühle* und dem *Mühlweiher* vorbei und kommt bei der Kapelle in *Illerbachen* auf die Straße von Zell. (Geteert und näher ist – vor dem Wald – die Abfahrt nach *Bonlanden* und die Fahrt auf dem Wirtschaftsweg neben der Straße nach Tannheim über *Berkheim* und *Illerbachen.*) Von Illerbachen aus muß man in jedem Fall auf der Landesstraße nach *Tannheim* radeln.

51 Kunstfahrt von Memmingen über Ottobeuren nach Memmingen

Verkehrsmöglichkeiten Bahn bis und ab Memmingen (Fahrrad am Bahnhof).
Parkmöglichkeiten In Benningen
Tourenlänge 35 Kilometer.
Fahrzeit 3 Stunden.
Höhenunterschiede 260 Meter Steigung, 260 Meter Gefälle.
Karten 1:50 000 L 8126 Memmingen, 1:2000 Mairs Generalkarte (Blatt 22).
Wissenswertes Memmingen war eine welfische und staufische Stadt und bevor sie an Bayern angeschlossen wurde, eine Freie Reichsstadt. Die Altstadt besitzt gotische bis barocke Gebäude und am Stadtbach sogar Klein-Venedig. Zu den Sehenswürdigkeiten in Memmingen gehören außerdem das Steuerhaus mit Arkaden, Rathaus mit Erkern, das Siebendächerhaus und der Weinmarkt. Die Basilika von Ottobeuren wurde von 1748 bis 1760 von Johann Michael Fischer gebaut. Die Innenausstattung stammt von Feichtmayr, Zeiller, Zick und Christian. Die Bibliothek und der Theatersaal sind ebenfalls sehenswert.
Tourenbeschreibung Der Bahnhof des Eisenbahnknotenpunkts *Memmingen* im Allgäu ist der Ausgangspunkt für eine Radtour ins Barock, nach Ottobeuren. Man unterquert die Bahnlinie nach knapp 500 Metern südlich des Bahnhofs und radelt zunächst durch ein Industriegebiet über die *Luitpold-* und die *Riedbachstraße.* Am Elektrizitätswerk vorbei fährt man hinüber nach *Benningen* bis zur Hauptstraße bei der Post. Hier hält man sich zuerst rechts, dann im Ort links und folgt den Wegweisern in Richtung Hawangen auf der Hawanger Straße. Nach einer kurzen Steigung erreicht man nach einem Steinbruch die *Benninger Einöde* mit ihren verstreuten Bauernhöfen. Über den *Schnittenbach* führt die Landstraße weiter nach *Hawangen.* Man durchquert die Ortschaft, fährt nach rechts über den *Krebsbach* und radelt dem Wegzeiger »Klosterwald« nach ins Tal der *Westlichen Günz.* Nach der *Kläranlage* am Wald hält man rechts und kommt nun am *Kloster Wald* mit dem Maria-Ward-Institut vorbei. Am Waldrand entlang führt das Sträßchen nach *Eggisried.* Nach dem Umspannwerk hat man einen hübschen Blick auf die majestätische Basilika von Ottobeuren. Man fährt nun auf einem Weg mit 12 Prozent Gefälle über *Fröhlins* nach *Ottobeuren.* Die Basilika wurde in Form eines griechischen Kreuzes erbaut. Bei der Weiterfahrt hält man sich hinter der Basilika links und folgt dann dem Wegzeiger »Brüchlins-Wolferts«. Man schiebt das Rad

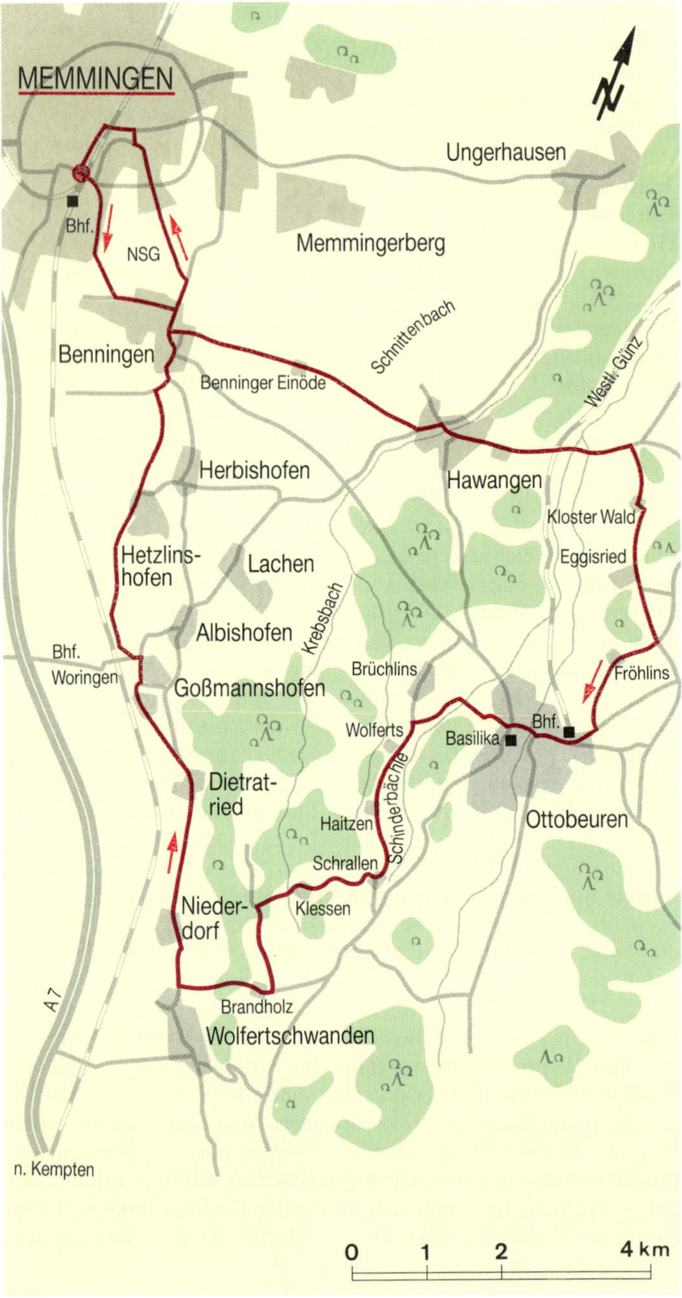
MEMMINGEN
Bhf.
NSG
Memmingerberg
Ungerhausen
Benningen
Schittenbach
Benninger Einöde
Westl. Günz
Herbishofen
Hawangen
Kloster Wald
Hetzlins-
hofen
Lachen
Eggisried
Krebsbach
Albishofen
Bhf.
Woringen
Brüchlins
Fröhlins
Goßmannshofen
Wolferts
Bhf.
Basilika
Schinderbächle
Dietrat-
ried
Haitzen
Ottobeuren
Schrallen
Nieder-
dorf
Klessen
A7
Brandholz
Wolfertschwanden
n. Kempten
0
1
2
4 km

die Steigung hinauf und kann dann zum *Schinderbächle* hinunterfahren. Man tritt nach links aufwärts zur Höhe, hält sich dort wieder links und fährt über *Wolferts, Haitzen* nach *Schrallen.* Dort biegt man rechts ab nach *Klessen,* kommt dann über den *Krebsbach* und rechts im Bogen nach *Brandholz* und mit einer neunprozentigen Abfahrt ins *Mühlbachtal.* Die Häuser von *Wolfertschwenden* läßt man bei der Einmündung links liegen und radelt nach rechts weiter nach *Niederdorf.* Bei schwachem Autoverkehr kann man über *Dietatried, Großmannshofen, Albishofen* und *Herbishofen* nach *Benningen* weiterfahren. Will man dem Verkehr entgehen, hält man sich hinter Dietatried auf dem Teerweg (*»Haldenwang«*) nach links, der dann rechts zwischen Bahn und Straße talabwärts zum Bahnhof *Woringen* führt. Vor den Gleisen zweigt man auf den Feldweg nach rechts ab, der unten am Hang nach *Hetzlinshofen* und dort geradeaus weiter nach *Benningen* führt. Man erreicht die Hauptstraße, auf der man den Ort durchquert und findet am Ortsausgang links, parallel zur Straße, einen separaten Radweg. Auf diesem kehrt man nach *Memmingen* zurück. Man sollte sich noch die Zeit nehmen, die Stadt mit dem Chorgestühl der Martinskirche und den Wandmalereien der Frauenkirche anzusehen.

(Foto: Klaus Puntschuh)

52 Von Bad Wurzach nach Seibranz, Hauerz und ums Wurzacher Ried

Verkehrsmöglichkeiten Bus bis Bad Wurzach (Bahn-Güterverkehr).
Parkmöglichkeiten Am Wurzcher Ried bei der Bundesstraße 465.
Tourenlänge 39 Kilometer.
Fahrzeit Etwa 4 Stunden.
Höhenunterschiede 145 Meter Steigung und Gefälle.
Karten 1:50 000 L 8124 Bad Waldsee, 1:200 000 Mairs Generalkarte (Blatt 25).
Anmerkung Bademöglichkeiten im Moorfreibad Wurzach.
Wissenswertes Bad Wurzach ist das älteste schwäbische Moorbad. Zu den Sehenswürdigkeiten zählt das um 1725 erbaute Schloß mit seinem Treppenhaus (heute Salvatorianerkolleg), das Residenz der Grafen und Fürsten von Waldburg – Zeil – Wurzach war. In zwei kleeblattförmigen Gegenkurven steigen die Treppen zum dritten Geschoß hinauf. Im alten Teil der Schloßkapelle befindet sich das Sandsteingrabmal »Georg mit dem hübschen Haar« aus dem 15. Jahrhundert. Einen klassizistischen Stil weist die dreischiffige Pfarrkirche auf. Im Sanatorium Maria Rosengarten ist die »schönste Hauskapelle« des Rokoko, in der immer noch zelebriert wird; eine der heitersten Kapellen überhaupt. Die barocke Kirche auf dem Gottesberg hat außer ihren Reliquien auch noch ihre schöne Lage mit der herrlichen Aussicht auf die Vorarlberger und Schweizer Alpen. In Dietmanns steht eine barocke Kirche mit spätgotischem Turm.
Tourenbeschreibung Von der Stadtmitte in *Bad Wurzach* aus radelt man zunächst an der Kirche vorbei und biegt dann nach rechts ab. Man schiebt das Rad auf den *Gottesberg* und kann am *Pappelkreuz* vorbei wieder abwärts fahren und kommt dann nach *Gospoldshofen* mit seiner guten Käserei. Hier hält man sich links und erreicht auf der Kreisstraße 7918 *Seibranz,* das 60 Meter höher liegt. Zunächst links in Richtung Hauerz, dann rechts folgt man den Wegzeigern nach Treherz. Man hält sich dann aber am Ortsende wieder nach links in Richtung Lindau–Hauerz. Man radelt weiter zum *Gehöft Linden.* Hier überquert man eine Landstraße und fährt am Waldrand hinunter ins Tal nach *Hauerz.* Im Ort trifft man auf eine Hauptstraße, die man nach der Kirche nach links verläßt. Die Kreisstraße 7923 führt hinüber nach *Rupprechts* im Rupprechtser Tal. Schnurgerade verläuft die Strecke weiter nach *Dietmanns.*

N
Eggmannsried
Unterschwarzach
Knetzenweiler
Unterluizen
Rupprechts
Hauerz
Menzlis
Riedhöfe
Friedlings
Dietmannser
Ried
Dietmanns
Ziegolz
Wengen
Wurzacher
Ried
Linden
Riedsee
BAD WURZACH
Bhf.
Ried-
schmiede
Haidgau
Krattenweiler
Wurzacher Ach
Kimpfler
Seibranz
Ziegelbach
Gospoldshofen
0
1
2
4 km

Hier hält man sich rechts und radelt am *Dietmannser Ried* entlang, auf der Kreisstraße 7928 nach *Unterluizen.* Auf der Kreisstraße 7929 erreicht man durch den Wald *Friedlings.* Immer wieder hat man den Blick über das weite Ried, auch wohl mit dem Kirchturm von Bad Wurzach. *Menzlis* heißt der nächste Hof, bevor man *Knetzenweiler* erreicht. An einem Waldstück stößt man auf die Bundesstraße 465. Nur wenige Meter nach rechts muß man diese stärker befahrene Straße benützen. Gleich hinter dem Ortsschild *Unterschwarzach,* das zur Stadt Bad Wurzach gehört, biegt man links ab auf ein 3,5-t-Sträßchen zu den *Riedhöfen.* Durch ein Waldstück kommt man zum *Weiler Ziegolz.* Auch auf diesem Weg, oberhalb des Rieds, hat man einen prachtvollen Blick übers Moor. Über *Wengen* radelt man weiter am Ried entlang. Man folgt inzwischen einem Wanderweg, der bei einer Hochspannungsleitung das Sträßchen nach links verläßt. Bei der *Riedschmiede* verläßt man den Wanderweg und bleibt geradeaus bis zum *Weiler Kimpfler* beim ehemaligen Bahnhof Haidgau – (man hält sich auf der Landstraße links (Vorsicht, Verkehr!)) – und zweigt dann über die Bahnlinie, die nur noch dem Güterverkehr dient, nach Ziegelbach ab. Am Ortsende geht es nun noch einmal bergauf über den *Hof Krattenweiler* und den *Ziegelbacher Berg,* mit hübscher Aussicht auf Ried und Stadt Bad Wurzach. Aber dann genießt man die Abfahrt bis hinunter in die Stadtmitte! Wer sehr müde ist, biegt in Ziegelbach gleich links ab und radelt unten, um den Berg herum, nach *Bad Wurzach.*

53 Wolfegger Weihertour über Rotenbach – Brunnen – Immenried

Verkehrsmöglichkeiten Bahn bis und ab Wolfegg (Fahrrad am Bahnhof).
Parkmöglichkeiten In Wolfegg.
Tourenlänge 32 Kilometer.
Fahrzeit 2 Stunden.
Höhenunterschiede 100 Meter Steigung
Karten 1:50 000 L 8124 Bad Waldsee, 1:200 000 Mairs Generalkarte (Blatt 25).
Wissenswertes Zur Herrschaft Wolfegg gehörte einst auch Wurzach. Im Rittersaal des Schlosses schauen 22 hölzerne Waldburger Ahnen martialisch auf die Besucher, die nur noch zu Konzerten ins Schloß kommen können. 1733 bis 1742 wurde die

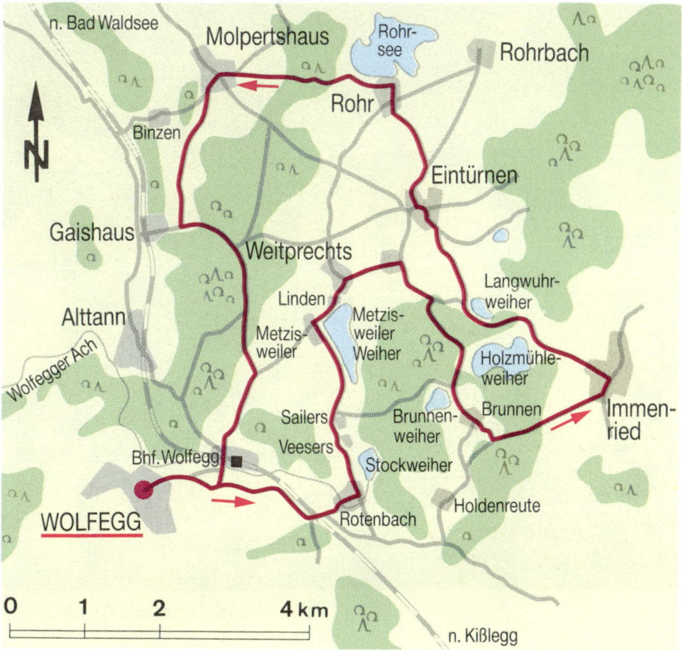

barocke Schloßkirche erbaut. Bauernhofmuseum. Nicht-Kunstfreunde können das Automobilmuseum besichtigen, das etwa 50 Fahrzeuge von 1897 bis heute zeigt. Die Kirche von Eintürnenberg geht auf ein früheres Gotteshaus aus dem 12. Jahrhundert zurück. Der Turm der Kirche ist noch romanisch.

Der Rohrsee mit seiner Insel ist ein Naturschutzgebiet, was aber von den »wirtschaftlich« denkenden Anliegern nicht so sonderlich respektiert wird. Auch auf den anderen Seen ist im Sommer so viel Unruhe, daß es kaum noch Vögel, außer Möwen, gibt. An den Weihern teilweise Bademöglichkeiten.

Tourenbeschreibung Von Wolfegg, Bahnstation an der Strecke Aulendorf – Leutkirch – Memmingen, radelt man zunächst parallel zur Bahnlinie auf der Landesstraße 316 in Richtung Kißlegg. Nach dem beschrankten Bahnübergang hält man sich links und folgt dem Wegzeiger nach Rotenbach und Neuhaus. Am Weiler *Rotenbach* vorbei zieht sich der Weg zum Gehöft *Neuhaus* und mündet hier in einen Querweg ein. Man hält sich nun links und zweigt nach wenigen Metern wieder rechts ab. Der

(Foto: Ulrich Schnabel, Archiv DWV)

Weg führt nun zum *Stockweiher,* wo einige Umkleidekabinen und das Schild »Baden auf eigene Gefahr« eine erste Möglichkeit zur Erfrischung geben. Zurück zum Hauptweg wählt man die gleiche Strecke, etwa 200 Meter, und radelt dann nach rechts weiter. An den Höfen *Veesers* und *Sailers* vorbei kommt man zum nächsten See, zum *Metzisweiler Weiher.* Es besteht hier wieder Möglichkeit zum Baden. Etwas stärker befahren ist nun die Straße über *Linden* zum Bad Wurzacher Stadtteil *Weitprechts.* Man hat dann eine Steigung hinter sich zu bringen, den Anstieg nach *Eintürnenberg.* Die Kirche, die an der Stelle einer keltischen Kultstätte steht, im 17. Jahrhundert neu gebaut wurde auf romanischen Grundmauern, hat leider einen häßlichen Betoneingang. Die hübsche Rundsicht über Wälder, Wiesen und Weiher belohnt für den Aufstieg. Man hält sich nun rechts, an der Halle vorbei, über die Höhe zum Wald. Bei der Gabelung am Waldrand biegt man nach rechts zum *Brunnenweiher* ab (Bademöglichkeit) und weiter nach *Brunnen.* Hier radelt man auf dem zweiten Teerweg nach rechts aufwärts und gelangt dann im Wald nach links auf die K 7903 nach *Immenried.* Vor dem Abstieg zur Hauptstraße von Kißlegg her, auf der Höhe (Schuppen links und rechts, Zeichen mit Straßennummer), biegt man nach links ab, fährt durch den Hof (Rücksicht!) und hält unten links ortsauswärts. Nach dem Waldstück und der *Holzmühle* liegt dann links der *Holzmühleweiher,* den man vorher, vor dem Brunnenweiher, schon links gesehen hatte. Hier gibt es viele Bademöglichkeiten. Auf dem Weg (Wegzeiger Langwuhrweiher) radelt man weiter den mittleren Weg (Radwegzeichen) auf Schotter in den Wald. Auf dem Damm des *Langwuhrweihers* verläuft der dann wieder geteerte Weg, dem man dann am Waldende geradeaus weiter nachradelt und am Ortseingang links nach *Eintürnen* einbiegt. Man folgt am Ortsende dem Wegzeiger nach Ziegelbach und Bad Wurzach nach rechts. Bei der Bushaltestelle wendet man sich nach links nach *Rohr* am *Rohrsee.* Am See hält man links und gelangt anschließend in den Wald *Haslach.* An der großen *Kiesgrube* vorbei erreicht man dann den Ort *Molpertshaus.* Ein Fahrweg Richtung Wolfegg führt nun zunächst Richtung Binzen, dann aber links ab nach Gaishaus. Man kreuzt bei einem fliegenpilzartigen Hütchen die Ölpipeline der Südpetrol AG. In *Gaishaus,* bei der Rechtskurve, beim ersten Haus, hält man sich scharf links abwärts und gelangt auf den Schotterweg ohne Wegzeiger. An einem Wegdreieck, am *Waldstück »Schindelgrub«*, an dem Rastplatz, findet man den hölzernen Wegzeiger »Wolfegg«. Auf dem Forstweg fährt man bei allen Kreuzungen geradeaus und erreicht beim *Birkenschachen* den Waldrand. Von hier aus sieht man schon die Landesstraße 317, der man dann nach rechts folgt. Am *Schlupfenmoos* vorbei kommt man bei der Unterführung zum Bahnhof *Wolfegg* und kann dann seinen Ausgangspunkt nicht mehr verfehlen.

54 Rundfahrt von Leutkirch aus über Arnach und Ottmannshofen

Verkehrsmöglichkeiten Bahn bis und von Leutkirch.
Tourenlänge 55 Kilometer (Abkürzung 39 Kilometer).
Fahrzeit 4½ Stunden (3 Stunden).
Höhenunterschiede 400 Meter Steigung, 400 Meter Gefälle (150 Meter Steigung, 150 Meter Gefälle).
Karten 1:50 000 L 8124 Bad Waldsee, L 8324 Wangen, L 8126 Memmingen, 1:200 000 Mairs Generalkarte (Blatt 25).
Wissenswertes Die ehemalige Freie Reichsstadt Leutkirch war die Hauptstadt des Nibelgaues. Das Rathaus mit den Arkaden, das Heimatmuseum im Bock, der Bockturm und der Pulverturm und die ganze Altstadt sind sehenswert. Im Stadtweiher kann

man baden. Zwischen den verstreuten Weilern und Einödhöfen kann man am Waldrand Rehe und auf den Wiesen seltene Vögel sehen. Die Gegend ist sehr lieblich. In Arnach steht eine barocke Kirche. Der Wachbühl ist einer der schönsten Aussichtspunkte des Voralpengebiets. Die Sicht reicht vom Wendelstein bis in die Schweizer Alpen. Auch in Aichstetten steht eine barocke Kirche und hat es beachtenswerte Bauernhäuser.

Tourenbeschreibung Von der Stadtmitte *Leutkirch* radelt man zunächst auf der Straße nach Wangen. An der Ampel bei der Umgehungsstraße hält man rechts und folgt nach der Bahnunterführung dem Wegzeiger nach links zum Hundesportplatz. Neben der Bahnlinie bleibt man nun, am ehemaligen Bahnwärterhaus vorbei, weiter bis zur Straße nach Heggelbach. Hier wendet man sich nach links über die Bahn und an der Kreuzung nach rechts über *Weipoldshofen* nach *Lanzenhofen.* (Rechts sieht man den Ellerazhofer Weiher.) In Lanzenhofen geht es links aufwärts nach *Herrot,* das man geradeaus in Richtung Kißlegg (Radwegzeichen) durchradelt. An der Senke, bei der ersten Abzweigung, muß man nun nach links durch die Mühle aufwärts treten. Am Feldkreuz, nach dem Wald, steigt es wieder leicht aufwärts zu der Kapelle und geradeaus durch den Hof weiter (schöner Blick). Am Kreuz unter der Linde radelt man geradeaus durch *Oberrot* (Rehe, Vögel!) nach *Bremberg.* Geradeaus durch das Gehöft und dann durch den Wald, hat man am Waldaustritt einen hübschen Blick auf Kißlegg (altes Schloß und Kirche, in der Ferne die Waldburg). Am Feldkreuz auf der Höhe hält man nun rechts durch *Hunau* nach *Emmelhofen.* Am Ortsanfang, bei der Einmündung muß man nun gleich nach rechts leicht aufwärts, dann durch den Wald, am Kreuzweg danach links nach *Haslach* und *Menzlings.* In Menzlings weist der Wegzeiger links nach *Freibolz* am Damwildgehege vorbei über die Bahn. Nach den Häusern führt ein Feldweg nach rechts durch die Wiesen und ein Moor nach *Ellerazhofen.* (Zum Baden im *Ellerazhofer Weiher* Abstecher nach rechts.) In Ellerazhofen biegt man auf der K 7905 nach links und auf dem nächsten Abzweig wieder nach links nach *Sonthofen.* Am Wirtshaus biegt man rechts nach *Stegrot* (Rehe, Vögel), das man dann auf der Straße von Leutkirch erreicht. In diesem Weiler führt der Weg geradeaus weiter nach *Übendorf* und hier rechts über *Freipürsch* nach *Arnach.* In Arnach radelt man immer geradeaus, über den Kirchberg wieder auf die Straße nach Brugg. Kurz darauf zweigt rechts der Weg nach Riedlings ab. Durch die Aussiedlerhöfe gelangt man an die Bundesstraße 465, die man vorsichtig kreuzt. Durch *Riedlings* kommt man dann nach *Bauhofen.* (Wer nun hier die Steigungen

n. Brugg
Seibranz
Talacker
Riedlings
Bauhofen
Starken-
hofen
Rippoldshofen
Arnach
Bauhofer
Einöden
Wach-
bühl
Langer Berg
Eschach
Immenried
Freipürsch
B 465
Altmannshofen
Aitrach
Diepoldshofen
Herbraz-
hofen
Schloß Zeil
Unterzeil
Übendorf
Wurzacher Ach
Aich-
stetten
Stegrot
Reichenhofen
Altmannspeier
B 18
A 96
Sonthofen
Willerazhofen
Rot
Ottmanns-
hofen
Reipertshofen
Elleraz-
hofen
Elleraz-
hofer
Weiher
Freibolz
Heggelbach
Haslach
Emmel-
hofen
Menzlings
Bhf.
Lanzen-
hofen
Weipolds-
hofen
LEUTKIRCH
Hunau
Herrot
Oberrot
B 18
Tautenhofen
Bremberg
0
1
2
4 km

scheut, kann nach rechts abbiegen und über *Diepoldshofen, Reichenhofen* und *Herbrazhofen,* dort nach rechts über den Wanderweg, nach Leutkirch gelangen.)

Sonst schiebt man das Rad geradeaus aufwärts zu den *Bauhofer Einöden.* Immer geradeaus weiter durch die Senke erreicht man die ersten Häuser von *Starkenhofen,* wendet sich hier nach rechts aufwärts und auf der Höhe macht man den Abstecher nach links zum *Wachbühl* mit seinem Wasserbehälter. Zurück zum Sträßchen biegt man dann nach links abwärts ein, bei der Kreuzung wieder links Richtung Schloß Zeil und kreuzt dann die Vorfahrtsstraße in den Waldweg mit Schranke. Auf den zweiten Waldweg, vor Beginn des Gefälles, biegt man links ein und erreicht geradeaus abwärts den Hof *Rippoldshofen.* (Bei sehr nassem Wetter radelt man auf der Vorfahrtsstraße links nach Seibranz, dort rechts die Oberdorfstraße und wieder rechts den Rippoldshofer Weg auswärts.) Geradeaus durch den Hof geht es dann über den Bach und auf die Straße von Seibranz nach Treherz bei *Talacker.* Auf dieser K 7920 durchquert man in Richtung Treherz den Weiler, radelt durch *Häberlings* und biegt an Kapelle und Weiher rechts mit 13 Prozent Gefälle nach Eschach ab. (Vorsicht!) Vor *Eschach* hält man links nach *Aichstetten,* unterquert die Autobahn, fährt über die *Aitrach,* und wendet sich am Bräuhaus nach rechts, am Rathaus vorbei die ganze Dorfstraße weiter bis zur Bundesstraße 18. Mit Vorsicht überquert man diese und die Bahn, und muß nun aufwärts über *Altmannspeier* und mit 13 Prozent Steigung hinauf nach *Ottmannshofen.* Hier weist der Wegzeiger nach rechts nach *Leutkirch,* das man durch Einödhöfe und den Wald auf der K 7917 wieder erreicht.

55 Von Kempten rund um den Niedersonthofer See

Verkehrsmöglichkeiten Bahn bis und ab Kempten.
Tourenlänge 30 Kilometer.
Fahrzeit 2½ Stunden.
Höhenunterschiede 113 Meter Steigung und Gefälle.
Karten 1:50 000 L 8326 Kempten, 1:200 000 Mairs Generalkarte (Blatt 25).
Wissenswertes Die Altstadt von Kempten war die Römersiedlung Cambodunum. In der geistlichen Neustadt liegt die fürstäbtliche Residenz und die Benediktinerklosterkirche St. Lorenz. In Rauns ist die Kirche von St. Cosmas und Damian sehenswert.

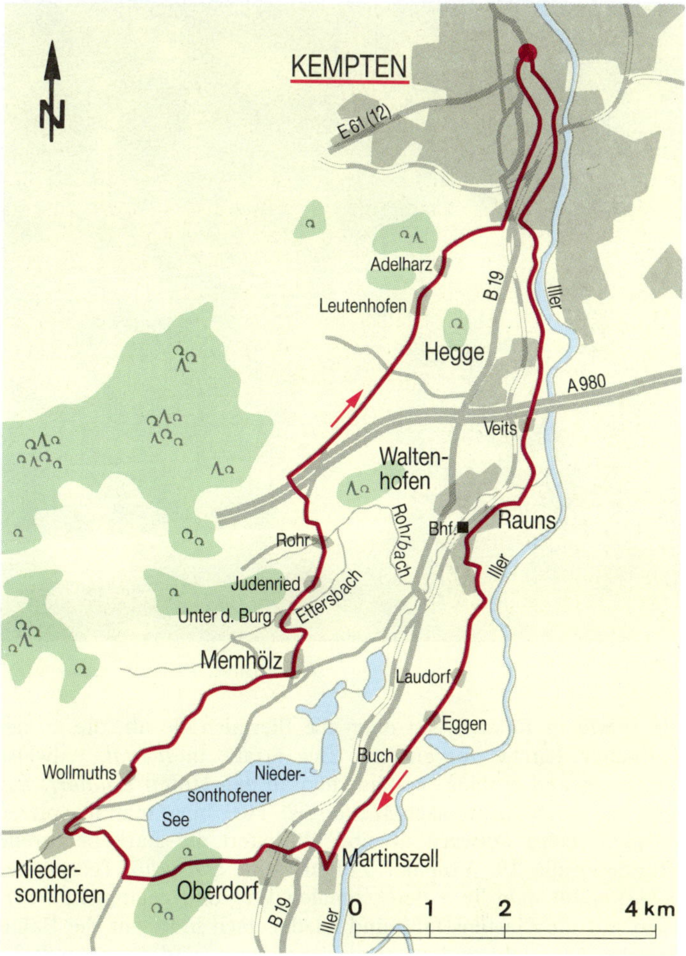

Tourenbeschreibung Von der Stadtmitte *Kempten* fährt man in Richtung *Immenstadt,* kreuzt den Schumacherring und radelt auf der *Eicher* Straße, zwischen Bahn und *Iller,* stadtauswärts. Am großen Bahngelände biegt man nach links in die Heggener Straße ein und radelt geradeaus durch *Hegge,* dann die Veitser Straße auswärts. Man bleibt immer diesseits der Bahn, unterfährt die Autobahnbrücke, kommt durch *Veits* und ein Neubaugebiet von *Rauns,* neben dem Bahnhof *Waltenhofen.* Links und

(Foto: Ulrich Schnabel, Archiv DWV)

dann wieder links zweigt dann die Illertalstraße ab, die an der hübschen Kirche vorbeiführt. Eine Straße in *Illertal,* teilweise am Waldrand entlang, verläuft nun an den Höfen *Laudorf, Eggen* und *Buch* vorbei nach *Martinszell.* Hier biegt man im spitzen Winkel rechts aufwärts ab und überquert die stark befahrene Bundesstraße 19. Von der Zufahrt zum *Dinserhof* (gesperrter Weg) wählt man links den schmalen Weg und gelangt in *Oberdorf* auf die Gartenstraße und wieder nach links auf die Bahnbrücke. Nun geht es die Bergstraße aufwärts und dann durch die Siedlung. Eine schön ausgebaute Landstraße zieht sich durch den Oberdorfer Wald nach *Niedersonthofen.* (Vor dem Ort führt rechts ein Weg »zum Badeplatz«; er biegt dann nach Norden ohne den Ort zu berühren, auf die Straße nach *Memhölz.* Um auf den beschriebenen Rundweg zu gelangen, muß man darauf kurz nach links fahren, um im spitzen Winkel den Weg nach *Wollmuts, Linsen* zu erreichen.) In *Niedersonthofen,* das dem See seinen Namen gab, weist ein alter bayrisch-weißblauer Wegzeiger in Richtung *Memhölz.* Nach der Kirche, am Ortsausgang, führt halb links aufwärts (RW 12) der Weg nach *Wollmuts,* das man geradeaus durchfährt in der Richtung nach *Memhölz.* An der Kreuzung oberhalb der Kirche und Straße biegt man links ein (Wegzeiger Porsche) an den Häusern vorbei und dann radelt man im weiten Bogen links ins *Ettersbachtal.* An den Höfen *»Unter der Burg«* und *Judenried* vorbei kommt man durch *Rohr,* fährt hier links über den *Rohrbach,* an der *Rohrmühle* rechts, unter der Autobahn durch und gleich dahinter nach rechts und neben der Autobahn weiter. Man kommt nach *Leutenhofen,* überquert die Straße und radelt auf der Höhe, danach halb rechts abwärts auf dem *Adelharzer* Weg zur B 19. Nach links gelangt man zur Stadtmitte *Kempten* oder zum Hauptbahnhof.

56 Isny – Eschach – Isny

Verkehrsmöglichkeiten Bahn über Kempten nach Isny (Fahrrad am Bahnhof) oder Bahn bis Leutkirch, Bus bis Isny.
Tourenlänge 47 Kilometer.
Fahrzeit 5 Stunden.
Höhenunterschiede 380 Meter Steigung, 380 Meter Gefälle.
Karten 1:50 000 L 8326 Kempten, 1:200 000 Mairs Generalkarte (Blatt 25).
Anmerkung Die Rundfahrt bietet viel, ist aber durch die Länge und Steigungen anstrengend, so daß man sich viel Zeit nehmen sollte, auch für Badeaufenthalte.
Wissenswertes Isny wurde 1042 gegründet und erhielt 1281 von Rudolf von Habsburg die Stadtrechte. Aus zwei Patrizierhäusern wurde 1684 das Rathaus zusammengefügt. Es wurde jetzt mit Liebe restauriert. Die Kirche von Rohrdorf besitzt eine Hans Multscher zugeschriebene Plastik, wurde aber Ende des letzten Jahrhunderts »modernisiert«. Die Barockgruppe von Rimpach war einst Jagdschloß des Fürstbischofs von Chiemsee, des Grafen Waldburg-Trauchburg.
Tourenbeschreibung Man hält sich am Bahnhof Isny Richtung Nordosten und kommt diesseits der Bahn über die Argen nach *Ratzenhofen.* Nun steigt das Sträßchen an und führt an einem *Reiterhof* vorbei zu einer Straßengabel, wo man sich links hält. Ab *Rohrdorf* benutzt man zunächst die Straße in Richtung Leutkirch, etwa 2 km Hauptstraße, zweigt aber vor *Rimpach* wieder ab und fährt auf der alten Straße nach *Friesenhofen.* Am Ortseingang, vor dem Allgäuer Fachwerkhaus, muß man im spitzen

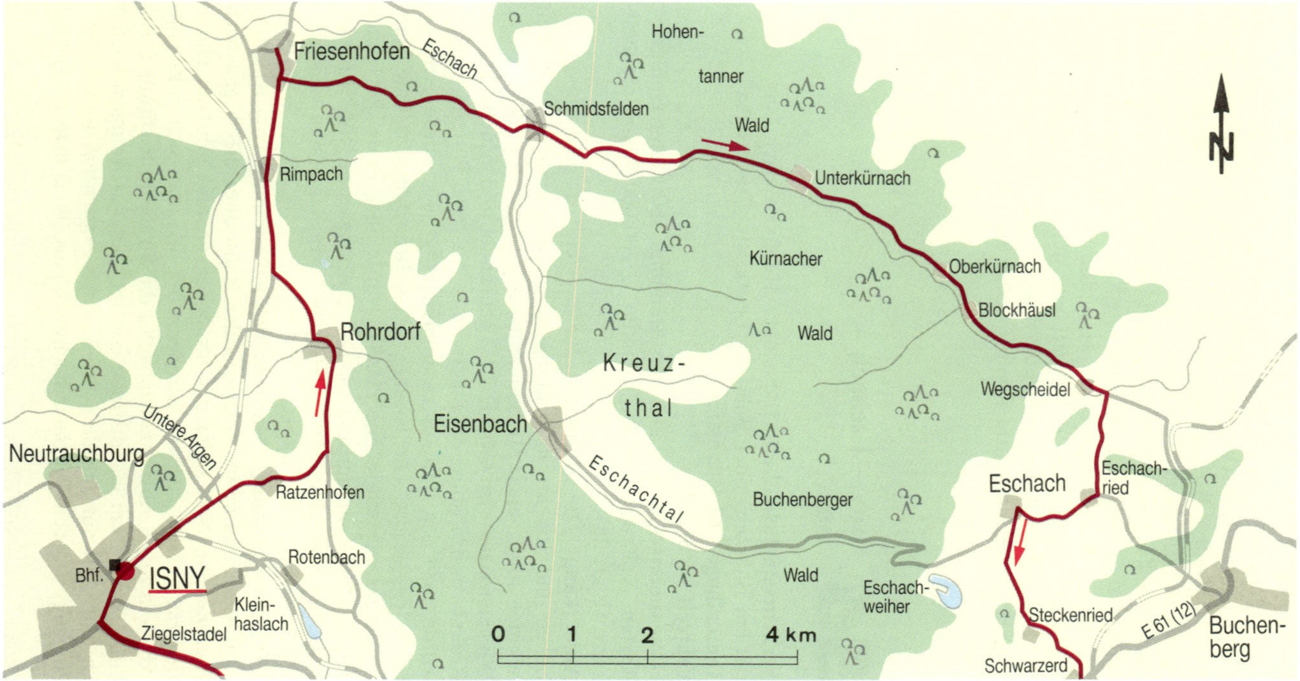
Friesenhofen
Eschach
Hohen-
tanner
Wald
Schmidsfelden
Rimpach
Unterkürnach
Kürnacher
Wald
Oberkürnach
Blockhäusl
Rohrdorf
Kreuz-
thal
Wegscheidel
Eisenbach
Untere Argen
Neutrauchburg
Ratzenhofen
Eschachtal
Buchenberger
Wald
Eschach
Eschach-
ried
Rotenbach
Bhf.
ISNY
Klein-
haslach
Ziegelstadel
Eschach-
weiher
Steckenried
Schwarzerd
E 61 (12)
Buchen-
berg
0
1
2
4 km

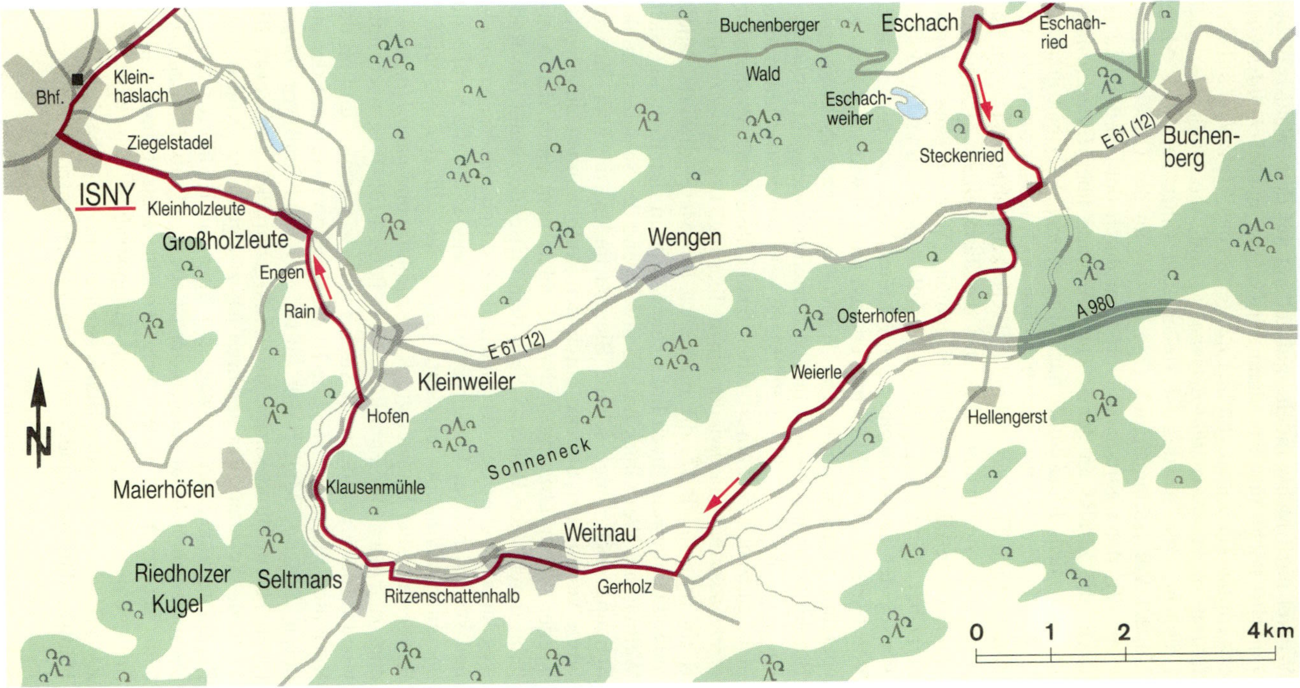
Bhf.
Klein-
haslach
Ziegelstadel
ISNY
Kleinholzleute
Großholzleute
Engen
Rain
Maierhöfen
Riedholzer
Kugel
Seltmans
Buchenberger
Wald
Eschach
Eschach-
weiher
Eschach-
ried
Steckenried
Buchen-
berg
E 61 (12)
Wengen
Osterhofen
A 980
E 61 (12)
Kleinweiler
Hofen
Weierle
Hellengerst
Sonneneck
Klausenmühle
Weitnau
Ritzenschattenhalb
Gerholz
N
0
1
2
4 km

Winkel nach rechts radeln und gelangt auf dem Waldsträßchen zunächst leicht aufwärts, dann mit Gefälle, nach *Schmidsfelden.* (Eventuell kann man von hier aus rechts das *Eschachtal* aufwärts fahren über *Kreuzthal-Eisenbach* und die Paßhöhe nach Eschach. Der Anstieg ist steiler und führt auf 1033 Meter Höhe.) Vor Schmidsfelden (783 Meter) an der Gabelung links (RW 17), dann geradeaus fährt man durch den Weiler und erreicht die Straße an der Kürnach entlang über *Unterkürnach, Oberkürnach, Blockhäusle* nach *Wegscheidel.* Hier hält man sich rechts, in *Eschachried* wieder rechts, noch immer aufwärts, und kommt nach *Eschach.* Schon ab Wegscheidel hat man einen umfassenden, herrlichen Blick auf die Tannheimer Gruppe, die Oberstdorfer Berge und die Nagelfluh. (Wer ein ganz gesundes Herz hat, kann noch etwas weiter aufwärts treten und im kalten Wasser des Eschachweihers, 999 Meter hoch gelegen, baden.) Von Eschach aus geht es nun endlich links abwärts auf dem gesperrten Sträßchen mit dem Wanderwegweiser »Schwarzerd«. Bei der Gabelung wendet man sich nach links, es geht einen steilen Stich hinunter, (etwa 300 Meter sehr schlechte Steilstrecke) nicht ganz sichere Fahrer sollten besser absteigen! Ab dem *Hof Steckenried* hat man wieder einen Teerweg. Bei *Schwarzerd* erreicht man die B 12, die man etwa 800 Meter abwärts radeln muß. Dann zweigt nach links eine Straße in der Richtung nach Weitnau ab. Wer Glück hat, kann während des Schiebens an der Steigung noch einige seltene Blumen finden, die aber im weiteren Verlauf der Strecke durch den Autobahnbau ausgerottet wurden. Über *Osterhofen, Weilerle* fährt man unter der Autobahn durch nach *Weitnau.* Nach dem Ortsende zweigt der Radweg links ab über den Weitnauer Bach durch *Ritzenschattenalbs* und kommt bei der Wasserversorgung wieder auf die Straße auf der man *Seltmanns* erreicht. Geradeaus auf der gesperrten Straße führt der Radweg zur Klausenmühle und nach *Hofen,* wo man sich nach der Fabrik auf den Peter-Früh-Weg nach links wendet, dann geradeaus. »Am Schidel« weiterfährt und an der Bushaltestelle links hält. Die Bundesstraße verläuft auf der anderen Talseite. Man radelt durch *Rain* und muß vor *Engen* rechts ab zur Bundesstraße an der Argenbrücke. Nach etwa 200 Metern, die man links gefahren ist, zweigt in der Kurve, vom Parkplatz links, ein Fußweg, der aber für Radfahrer frei ist, (Schild ist manchmal entfernt, er ist aber frei!) ab. In *Kleinholzleute,* das man auf diesem Weg erreicht, wendet man sich erst links, dann rechts (parallel zur Hauptstraße). Man trifft beim *Ziegelstadel* wieder die Bundesstraße und kann bald auf dem Radweg daneben wieder nach *Isny* zurückkehren.

57 Von Kißlegg zum Schloß Wolfegg und zurück

Verkehrsmöglichkeiten Bahn bis und ab Kißlegg (Fahrrad am Bahnhof).
Parkmöglichkeiten Am Bahnhof Kißlegg.
Tourenlänge 27 Kilometer.
Fahrzeit 2½ Stunden.
Höhenunterschiede 190 Meter Steigung, 190 Meter Gefälle.
Karten 1:50 000 L 8326 Kempten, 1:200 000 Mairs Generalkarte (Blatt 25).
Wissenswertes Kißleggs Pfarrkirche, eine mittelalterliche Basilika, wurde im 18. Jahrhundert barockisiert. Das burgartige alte Schloß der Fürsten Waldburg-Wolfegg stammt aus dem 16. Jahrhundert. Im neuen Schloß befinden sich die Sibyllen von Joseph Anton Feuchtmayr. Wolfeggs imposante Schloßanlage kann nicht besichtigt werden. Im Kurhaus ist ein Thermalbad. Im Automobilmuseum sind Raritäten und Oldtimer zu sehen. Bei der Lorettokapelle am Ortsausgang sieht man an klaren Tagen die Alpenkette von der Zugspitze bis zum Säntis.

In Rötsee ist, neben der Wirtschaft und dem Pfarrhaus aus barocker Zeit, das Einsiedler- und Wallfahrtskirchlein mit barokkem Innenraum, das im 10. Jahrhundert gegründet wurde, sehenswert. Im Rötseer Moor gibt es noch seltene Pflanzen.

Tourenbeschreibung Von *Kißlegg* fährt man zuerst in Richtung Bad Wurzach, hält sich gleich nach dem Bahnübergang rechts und radelt dem Wegzeiger »Stolzensee« nach. Man kommt am *Obersee* entlang, fährt durchs Landschafts- und Wasserschutzgebiet zum *Hof Stolzensee, Baierhof,* und wählt hier die Straße nach rechts durch den Wald. Am Waldrand, beim *Hof Hasenfeld* fährt man geradeaus auf dem 1,5-t-Feldweg nach *Weitershofen.* (Die »Natur-Variante« führt nach Hasenfeld den zweiten Weg links am Parkplatz vorbei ins Naturschutzgebiet (Wander- und Radweg) durch den Wald nach Blöden, wo man nach links auf das Sträßchen nach Rahmhaus biegt.) Von Weitershofen radelt man weiter nach *Rötsee,* hält sich hier links und gelangt durch eine liebliche Landschaft auf ein Sträßchen, das über *Blöden* und *Rahmhaus* nach *Immenried* führt. Nachdem man den Ort nach links durchfahren hat, zweigt nach rechts, am Hang ein Sträßchen nach Wolfegg ab. Über *Holdenreute* gelangt man auf die *Oberschwäbische Barockstraße* und nach *Wolfegg.* Am Südende des Orts, bei der *Loretokapelle,* findet man einen Teerweg nach

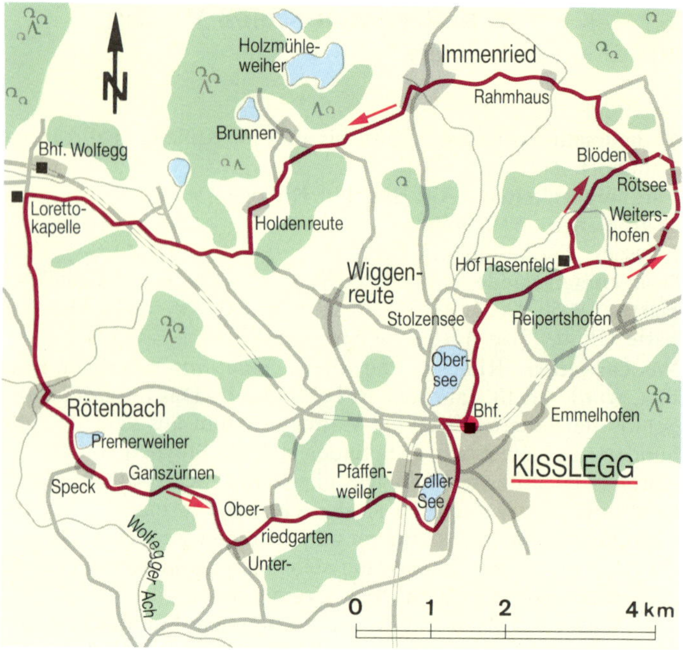

links, der dann nach rechts, an den Höfen *Schlegelsberg* und *Brenden* vorbei, auf die K 7901 und hinunter nach *Rötenbach* führt. Hier muß man nach rechts durch den Ort fahren, dann über die Wolfegger Ach und an der Kreuzung ganz links, wieder über die Wolfegger Ach, am *Premerweiher* vorbei, und kommt schließlich in Speck an. Oben in *Speck* weist der Wegzeiger nach links nach *Ganszürnen*. Nun radelt man weiter dem roten Kreuz nach durch den Wald, hält in *Unterriedgarten* links und erreicht über *Oberriedgarten, Pfaffenweiler* und am Kißlegger *Zellersee* vorbei wieder *Kißlegg*.

58 Aussichtstour – rund um Wangen – über Leupolz

Verkehrsmöglichkeiten Bahn bis und ab Wangen (Fahrrad am Bahnhof).
Parkmöglichkeiten Parkplatz am Stadtrand von Wangen.
Tourenlänge 28 Kilometer.
Fahrzeit 3 Stunden.
Höhenunterschiede 290 Meter Steigung, 290 Meter Gefälle.
Karten 1:50 000 L 8324 Wangen im Allgäu, 1:200 000 Mairs Generalkarte (Blatt 25).
Anmerkung Auch bei dieser Tour hat man wieder unterwegs eine Bademöglichkeit.
Wissenswertes Die alte Reichsstadt Wangen besitzt ein mittelalterliches Stadtbild. Oberhalb von Beutelsau liegt links oben die Ruine Praßberg mit einem Bergfried aus groben Quadersteinen. Leupolz, 1241 als Lehen an Luitpoldis verliehen, hat eine Kirche mit altem Turm, schöne Grabmäler aus dem 16. Jahrhundert und einen barocken Hochaltar.

Vom »Schlößle«, der alten Burg der Herren von Summerau, ist nichts mehr zu sehen. Leupolz und Praßberg waren Lehen des Klosters St. Gallen.

Tourenbeschreibung Von der Ravensburger Straße in *Wangen* zweigt man nach der Bahn rechts nach *Beutelsau* ab. Zunächst am Gleis entlang kommt man an die *Argenbrücke* und fährt dann rechts bis zur Steigung, die man das Fahrrad, unter der Autobahn durch, hinaufschieben muß.

Man bleibt auf dieser Straße, bis vor Saamen der Wegzeiger »Röhrenmoos« nach links weist. Ihm fährt man nun nach und kann dann am *Großweiher* baden.

Vom Weiher muß man wieder ein kurzes Stück zurück, links aufwärts; am Hof vorbei (auch von hier abwärts kommt man zu einem Badeplatz) erreicht man eine Aussichtsbank. Auf dem hochgelegenen Sträßchen radelt man weiter und biegt an der Gabelung nach rechts ab. Durch *Nußbaum* und *Ehrlach* erreicht man *Stützenberg*. Hier hält man bei der Gabelung rechts nach *Weihers*. Dahinter, an der Bushaltestelle, wendet man sich nach links (ohne Wegzeiger) nach *Steinberg* und gelangt mit 16 Prozent Gefälle auf die Hauptstraße, der man rechts nach *Leupolz* folgt.

Nach dem Anstieg bei der Kirche, in der weiten Rechtskurve, folgt man nach links dem Wegzeiger »Bach, Halden, Niederlehen«. Man erreicht, immer geradeaus dem Hauptweg nach, *Nie-*

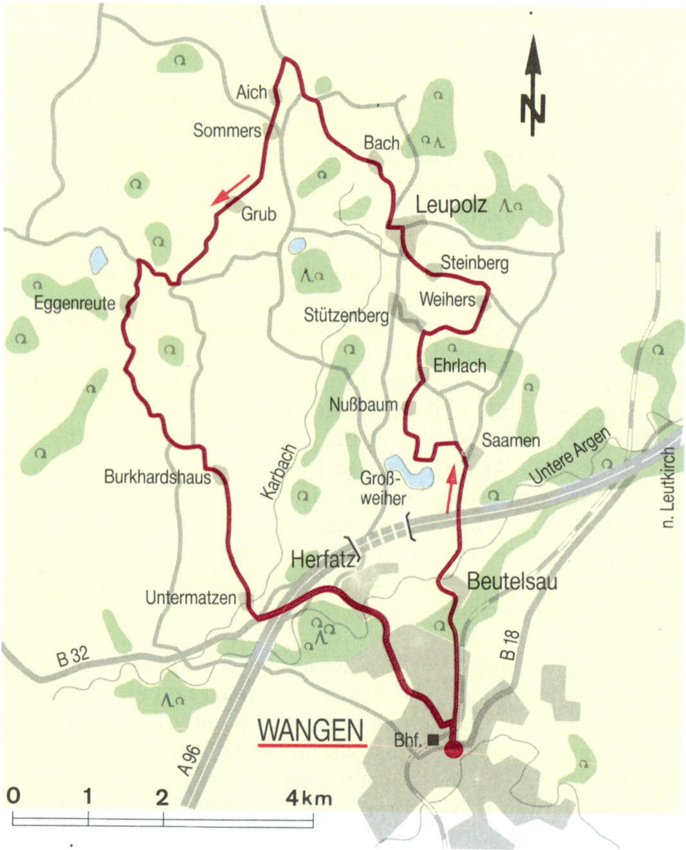

derlehen. Auf der halben Höhe, beim Bildstock fährt man kurz geradeaus, bei der Gabelung links und folgt von *Untersteig* dem Wegzeiger »Sommers« wieder nach links. Durch *Aich* und über die Hauptstraße gelangt man nach *Sommers* und radelt geradeaus in Richtung Grub. Beim *Hof Baumann* ist eine kleine Kapelle unter einem Baum mit einer Bank. In *Grub* hält man sich geradeaus in Richtung »Hartmannsberg, Haag, Eggenreute«. In *Hartmannsberg* verläuft der Weg nach links, dann durch *Haag* bis zur Kreuzung vor *Eggenreute.* nach rechts Richtung Hannober hat man durch den Wald auf der K 8042 ein Gefälle von 13 Prozent, und biegt am Waldrand vor dem Bach links zur *»Haselmühle«* ein, davor aber nach links aufwärts durch *Ettenlehen* nach *Lerchensang.* Vor diesem Weiler muß man nun wieder links aufwärts, an der Gabelung weist der Wegzeiger links nach *Burkhardtshaus,* das man auf der K 7991 durchradelt und dann mit 13 Prozent Gefälle durch *Untermatten* ins Argental kommt. Man folgt dem Wegweiser »Karbach« links über Bundesstraße und Autobahn, fährt durch den Weiler und hält beim Haus 344 rechts auf den gesperrten Weg oberhalb der Argen. An der Autobahnmeisterei fährt man vorbei und gelangt vor der Argenbrücke auf den ausgeschilderten Radweg nach *Wangen.*

59 Spazier- und Aussichtsfahrt rund um Wangen nach Osten

Verkehrsmöglichkeiten Bahn bis und ab Wangen (Fahrrad am Bahnhof).
Parkmöglichkeiten Parkplatz an der Umgehungsstraße und an der Argen.
Tourenlänge Etwa 30 Kilometer.
Fahrzeit Gute 2 Stunden.
Höhenunterschiede 240 Meter Steigung, 240 Meter Gefälle.
Karten 1:50 000 L 8324 Wangen/Allgäu, 1:200 000 Mairs Generalkarte (Blatt 25).
Wissenswertes Wangen liegt auf einer römischen Niederlassung. Es war Freie Reichsstadt. Vor dem Lindauer Tor ist an der Hauswand das »Wunder von Wangen« gemalt: Jonas wird ohne Stiefel vom Walfisch verschluckt und mit Stiefeln wieder ausgespuckt!

In der Kapelle von Alleschwende ist ein Schnitzaltar von 1465. In der Kirche von Eisenharz ist ein Vortragekreuz von 1300.

Die Kirche von Siggen, mit altem Turm, ist barock. In Ratzenried steht das neue Schloß, das Anfang des 19. Jahrhunderts von den Grafen von Beroldingen erbaut wurde und heute den Waldburg-Zeil gehört.

Deuchelried hat eine Kirche mit schönem Hochaltar.

Tourenbeschreibung Von der Stadtmitte in *Wangen* wählt man zunächst die Straße nach Leutkirch. Kurz nach der Altstadt zweigt man halb rechts in die Straße »Am Engelberg« ab. Am Krankenhaus vorbei kommt man nach *Deuchelried,* das man nach rechts durchfährt und auf der K 8009 nach Watt aufwärts

verläßt. Durch *Bach* und *Wohnried* kommt man nach *Breiten,* biegt hier rechts ab nach *Watt* und dort dem Wegzeiger »Gerazreute« nach (Aussicht). Vor *Gerazreute* wendet man sich bei der Einmündung nach links in die K 8011. Etwa 300 Meter danach, bei einer ehemaligen Käserei, hält man (ohne Wegzeiger) in das 6-t-Sträßchen nach rechts. Eine Hofdurchfahrt in *Schlichten,* dann die Kapelle in *Alleschwende* zeigen, daß man auf dem rechten Weg ist. An der Kreuzung bleibt man geradeaus zur *Briegelmühle* und gelangt nach *Haizen,* hält an der Einmündung rechts aufwärts auf der Landesstraße 320 B. Durch *Sandraz* radelt man bis kurz vor die runde Kapelle am Ortseingang von *Eisenharz* (wenn man nicht die Kirche besichtigen will) und biegt nach links auf die Kreisstraße 8013 nach *Matzen* und dort wieder links nach Siggen ab. In *Siggen* hält man rechts nach *Göttlishofen* auf der K 8012, kreuzt dort nach links versetzt die Vorfahrtsstraße und radelt über *Bliderazhofen,* dort bei der Einmündung links, und weiter durch *Bummeles* oberhalb des *Argentals* nach *Meggen.* Hier wendet man sich an der Bushaltestelle links in Richtung »Zaun« (nach der Rechtskurve, bei dem Schuppen unter den hohen Bäumen, geht ein Fußpfad mit Platten zum »heiligen Land«, dem Meggener Graskreuz. Es hat ein käfigartiges Gitter um sich und eine Kreuzgruppe daneben. Es ist eine Wallfahrtsstätte). Abwärts gelangt man an eine Einmündung bei der man nach links dem Wegzeiger *Schwenden, Ratzenried* folgt. In diesem Ort fährt man an Kirche und Schloß vorbei in Richtung Wangen. Im Wald wendet man sich nach links Richtung Deuchelried. Durch die reizende Landschaft mit der Kapelle unter

Zu Tour 41, 59 **Luftaufnahme »Bayerischer Bodensee«,** im Vordergrund **Nonnenhorn, Halbinsel Wasserburg und Insel Lindau**

(Foto: Verkehrsverein Nonnenhorn/Franz Thorbecke)

dem Kreuz auf dem Hügel, auf der K 8010 radelt man durch *Bühl* und in *Zurwies* geradeaus über die Kuppe nach *Deuchelried.* Auf dem gleichen Weg wie bei der Herfahrt gelangt man am Krankenhaus vorbei wieder nach *Wangen.*

60 Baderundfahrt am Bodensee von Lindau aus

Verkehrsmöglichkeiten Bahn oder Schiff bis und ab Lindau (Fahrrad am Bahnhof).
Parkmöglichkeiten Großer Parkplatz über der Bahnlinie am See.
Tourenlänge 25 Kilometer.
Fahrzeit 2 Stunden.
Höhenunterschiede 160 Meter Steigung.
Karten 1:50 000 Bodensee (Blatt Ost), 1:200 000 Mairs Generalkarte (Blatt 25).
Wissenswertes Lindau wurde im 13. Jahrhundert freie Reichsstadt und war es bis 1803. Am Hafen steht der alte Mangturm, der früher als Leuchtturm diente. Der neue Leuchtturm und der große bayerische Löwe bewachen die Hafeneinfahrt. Sehenswert sind die Peters-, die Marien- und die Stadtkirche sowie das alte Rathaus und das Haus zum Cavazzen, das schönste Bürgerhaus am Bodensee. Zwischen Degersee und Schleinsee befinden sich die Reste einer Schanze und einer Ringburg aus der Vorzeit. In den einzelnen Weilern sind hübsche bäuerliche Barockkirchlein. Nonnenhorn hat als Andenken an die »Seegfrörne« 1880 vor der spätgotischen Jakobskapelle einen Felsblock stehen; an der unteren Dorfstraße ist eine Weinpresse (Torkel) von 1591.
Tourenbeschreibung Man verläßt den Kopfbahnhof Lindau mit dem Rad zunächst am *Omnibusbahnhof* vorbei. Dann fährt man neben den Bahngleisen auf einem Radweg, der auf dem *Eisenbahndamm* verläuft. Dieser Damm schließt zusammen mit der Straßenbrücke den kleinen See zwischen Festland und Insel ein. Am Ende des Dammes kreuzt man die Gleise und radelt daran weiter bis zum Haltepunkt Lindau – *Aeschach.* Hier geht es durch die Unterführung, man hält sich dann, sobald als möglich, links und erreicht auf einem Sträßchen neben den Gleisen die Bundesstraße 31. Ganz kurz fährt man darauf in Richtung Friedrichshafen und kann dann nach rechts in die Schönauer Straße einbiegen. Am Ortsende des Lindauer Stadtteils *Schönau* fährt man unter der Bahnlinie nach Kempten durch. Um die 50 Meter

Steigung zu überwinden, zieht sich die Bahnlinie in einer großen Schleife um den Hoyerberg herum. Nach dieser Unterführung hält man sich links in Richtung Tettnang. Die Straße weist nun eine ähnliche Schleife auf, wenn sie zwischen dem Rengolsberg und dem Dachsberg herum nach *Eggatsweiler* hinaufführt. Links an einem Waldrand entlang radelt man nach *Dürren.* An den Gebäuden der *Hörbolzmühle* vorbei erreicht man ein weiteres Waldstück links der Straße. Am Ende dieses Waldstücks passiert man dann die Grenze vom Freistaat Bayern nach Baden-Württemberg. Man hält sich nun links, folgt dem Wegzeiger zum Degerseestüble und kommt an den *Degersee,* den ersten Badesee. Noch ein Stück am See entlang radelt man nach *Busenhaus,* folgt dem Sträßchen links und bei der Einmündung rechts nach *Wielandsweiler,* wo man schon den Wegzeiger zum Schleinsee findet. Auch hier ist wieder die Möglichkeit zum Baden gegeben. Nach *Schleinsee,* an der Einmündung am Waldrand, hält man sich links und radelt weiter nach *Nitzenweiler,* Gemeinde Kreßbronn. Hier zweigt man wieder rechts ab und folgt dem *Betznauer Bach* durch ein Waldstück nach *Berg.* (Wer noch eine ruhige Aussicht liebt, sollte sich bei der Gabelung links Richtung Gattnau halten und dann das Fahrrad gleich links den Hohlweg hochschieben. Oben ist ein Feldweg mit Aussichtsbänken ohne jeden Autolärm.) Von Berg fährt man dann im Bogen ins Tal und nach *Kreßbronn* am See. Auch auf diesem Abschnitt hat man immer wieder hübsche Blicke auf den See und die Schweizer Alpen am gegenüberliegenden Ufer. Im Zentrum Kreßbronns stößt man auf die Bundesstraße 31, der man wenige Meter nach links folgt (Achtung, starker Verkehr!). Dann zweigt man rechts ab, überquert die Bahnlinie Friedrichshafen – Lindau und kommt bei der Anlegestelle am See raus. Nun hält man sich links und fährt auf dem schmalen Ufersträßchen ins benachbarte *Nonnenhorn.* Am *Malerwinkel* mit einem hübschen Blick auf *Wasserburg* mit Kirche und Schloß vorbei radelt man weiter auf der Hauptstraße in den Ort. Über den *Bichlmühlebach,* am Campingplatz vorbei rechts ab, führt der Weg nach *Bad Schachen,* einem Stadtteil von Lindau. Am langgestreckten, gepflegten *Lindenhofpark* vorbei erreicht man die Ausgangsroute beim Eisenbahndamm in Lindau. Auf demselben Weg kehrt man dann auf die Insel zurück. Ein Rundgang um die Insel mit ihren zahlreichen Sehenswürdigkeiten rundet dann die Radtour ab.

10 Regeln beim Radfahren

1. Grundregel beim Radfahren auf der Straße ist das Verhalten des Radfahrers gemäß der Straßenverkehrsordnung.
2. Das Rad muß in Ordnung sein: Bremsen, Licht, Klingel, Rückstrahler usw. müssen funktionieren. Flickzeug und Pumpe nicht vergessen. Vor der Radtour das Flicken einmal üben. Zur Sicherheit gehört auch, den Zustand der Reifen zu kontrollieren. Reifen, die abgefahren oder brüchig sind, sollten ausgewechselt werden. Sind alle Schrauben fest angezogen?
3. Zur Sicherheit im Straßenverkehr empfiehlt sich eine knallig bunte Kleidung. Abstandshalter schützen nicht nur die Kinder. Für die Dunkelheit eignen sich neben den Rückstrahlern auch Seitenreflektoren in den Speichen.
4. Die Sitzposition auf dem Fahrrad muß stimmen. Der Sattel ist richtig eingestellt, wenn man, auf dem Fahrrad sitzend, bei ausgestrecktem Bein mit der Ferse auf dem Pedal stehen kann.
5. Die Kleidung soll grundsätzlich praktisch und bequem sein. Es gibt für Radfahrer kein schlechtes Wetter, ausgenommen, man ist falsch angezogen. Unterwäsche oder ein Trikot, das Schweiß aufsaugt, sowie ein guter Trainingsanzug sind ideal. Für längere Fahrten empfiehlt sich eine Fahrradhose, wie sie die Rennfahrer tragen. Auf der Sitzfläche ist ein weiches Leder eingenäht, das ein Wundreiben verhindert.
6. Nach Möglichkeit verkehrsreiche Straßen in den Städten, Bundesstraßen und befahrene Landstraßen meiden.
7. Anfänger sollten zunächst auf ruhigen Straßen und Wegen bis zu 10 Kilometer zurücklegen und nach und nach auf 15, 20 etc. Kilometer steigern, bevor man sich zu einer großen Tour entschließt.
8. Zum Radwandern werden möglichst gute Tourenkarten im Maßstab 1:50000 benötigt, um sich unterwegs genau orientieren zu können. Auch örtliche Radwegekarten sind dafür geeignet (beim Buchhandel erhältlich!).
9. Zum Transport von Proviant, Regenbekleidung und Verbandszeug (was nie fehlen sollte) eignet sich bei kurzen Fahrten ein Korb, der auf dem Gepäckträger mit einem Gummiband verankert wird. Bei mehrtägigen Radtouren empfehlen sich Radtaschen am Hinterrad und eine kleine Gepäcktasche für Karten und Proviant, die am Lenker angebracht wird.
10. Bei Gruppenfahrten stets auf den »schwächsten« Teilnehmer achten. Von Zeit zu Zeit Treffpunkte ausmachen, wenn individuelles Fahren gewünscht wird.

ADAC-Fahrrad-Sicherheits-Check

Sie sollten öfter Ihr Rad checken, vor allem vor Touren, und Mängel sofort beheben!

Beleuchtung Sind die Kabelanschlüsse fest? – Gibt der Scheinwerfer helles Licht? – Liegt der Dynamo gut am Reifen an? – Funktioniert die Schlußleuchte? – Sind die Rückstrahler an den Pedalen unbeschädigt? – Sind Vorder- und Hinterrad mit Speichenrückstrahlern (je 2) oder Leuchtreifen ausgerüstet?

Bremsen Sind die Bremshebel fest angeschraubt und gut erreichbar? – Sind die Seilzüge gut geschmiert? – Passen die Bremsklötze zur Felge? Sind sie möglichst knapp eingestellt? – Sind Felgen und Bremsklötze öl- und fettfrei? – Ist der Rücktrittbremshebel fest am Rahmen angeschraubt?

Räder und Reifen Profil ausreichend, Seitenwände unbeschädigt? – Stimmt der Luftdruck? (Reifen nicht mit dem Daumen eindrückbar?) Sind Speichen und Radmuttern fest?

Antrieb Ist die Kette richtig gespannt? (etwa 1 cm Spiel) – Sind die Tretkurbeln fest? – Haben die Füße auf den Pedalen guten Halt? – Ist die Schaltung exakt eingestellt?

Fahrgestell Sind alle Schraubverbindungen fest – vor allem an Lenker und Sattel? – Ist die Lagerung der Gabel richtig eingestellt? Kein Spiel? – Läuft das Fahrrad geradeaus? Sind Rahmen und Gabel nicht gestaucht? – Steckt der Lenkerschaft mindestens 7 cm im Rahmen? – Steckt die Sattelstütze mindestens 7 cm im Rahmen? – Ist die Glocke helltönend?

Zu Tour 42 **Pfahldorf – Museum Unteruhldingen** (Foto: Reinhard Kuntzke)

Anschriftenverzeichnis

Deutsches Jugendherbegswerk
Bismarckstraße 8, D-32756 Detmold

Deutsches Jugendherbergswerk
Landesverband Bayern
Mauerkircherstraße 5, D-81679 München

Deutsches Jugendherbergswerk
Landesverband Schwaben
Urachstraße 37, D-70190 Stuttgart

Deutsche Wanderjugend
Wilhelmstraße 39, D-75378 Bad Liebenzell

Europäische Wandervereinigung e. V.
Reichsstraße 4, D-66111 Saarbrücken

Verband Deutscher Gebirgs- und Wandervereine e. V.
Reichsstraße 4, D-66111 Saarbrücken

Deutscher Alpenverein
Von-Kahr-Straße 2–4, D-80997 München

Touristenverein »Die Naturfreunde«
Bundesgruppe Deutschland e. V.
Großglocknerstraße 28, D-70327 Stuttgart

Jugendherbergen

D-89143 Blaubeuren
Auf dem Rucken 69

D-89077 Ulm/Donau
»Geschwister-Scholl-JH«
Grimmelfinger Weg 45

D-88400 Biberach/Riß
Heusteige 40

D-87700 Memmingen
Kemptener Straße 42

D-88212 Ravensburg
»Veitsburg«

D-87437 Kempten
Saarlandstraße 1

D-88316 Isny/Allgäu
»Georg-Sulzberg-Heim«
Dekan-Marquart-Straße 18

D-78224 Singen
Friedinger Straße 28

D-88662 Überlingen
»Martin-Buber-Jugend-begegnungsstätte«
Alte Nußdorfer Straße 26

D-88046 Friedrichshafen/Bodensee
»Graf-Zeppelin-JH«
Lindauer Straße 3

D-78464 Konstanz/Bodensee
»Otto-Moericke-Turm«
Zur Allmannshöhe 18

CH-8260 Stein am Rhein/Schweiz
Hemishofer Straße 711

CH-8590 Romanshorn/Schweiz
Gottfried-Keller-Straße 6

CH-8280 Kreuzlingen/Schweiz
Promenadenstraße 7

A-6900 Bregenz/Österreich
Belruptstraße 16a

Naturfreundehäuser

Spatzennest
D-89134 Blaustein
Anfragen: Eugen Bader, Mähringer Weg 104, D-89075 Ulm

Im Ried
D-89143 Blaubeuren

Vereinsheim Butzenberger Alm
D-88255 Baienfurt
Anfragen: Franz Pfau, Neu-Briach 14, D-88255 Baienfurt

An der Rotach
Untereschstraße 11, D-88046 Friedrichshafen

Rechberghaus
Rothenstein Rechberg 2, D-87730 Grönenbach
Anfragen: Charlotte Unold, Rotreiserstraße 63, D-87700 Memmingen

Hegau-Haus
Duchtlinger Straße 55, D-78224 Singen

In den Herzen
Karl-Wolf-Straße 19, D-78315 Radolfzell
Anfragen: NFH In den Herzen, Postfach 1425, D-78304 Radolfzell

Bodensee
Radolfzeller Straße 1, D-78315 Radolfzell

Bootshaus Konstanz
Am Wintersteig 11–13, D-78462 Konstanz

Wollmatinger Ried
Rudolf-Diesel-Straße 30, D-78467 Konstanz

Wichtiger Hinweis

Da Jugendherbergen und Wanderheime zum Teil während der Woche und zu bestimmten Zeiten des Jahres geschlossen sind, empfiehlt der Verlag, sich frühzeitig vor Beginn einer Wanderung mit den genannten Häusern in Verbindung zu setzen und die folgenden Angaben nur als Hinweis zu betrachten und sich zum Planen – besonders einer längeren Wanderung – folgende Verzeichnisse zuzulegen:

1. Deutsches Jugendherbergsverzeichnis
2. Naturfreundehäuser in Deutschland
3. Die Alpenvereinshütten

im jeweils gültigen Jahrgang. – Zu beziehen über den Buchhandel oder über eine der vorstehenden Adressen.

Fahrradverleih an Bahnhöfen

Leutkirch, Kißlegg, Wangen, Wolfegg, Bad Waldsee, Lindau, Aulendorf, Ulm, Laupheim, Biberach, Bad Schussenried, Ravensburg, Meckenbeuren, Langenargen, Wasserburg, Radolfzell, Ludwigshafen, Uhldingen-Mühlhofen, Konstanz.

. . . rund um Jugendherbergen: Allgäuer Alpen

Tips für Trips: Ausflugsziele, Wanderungen, Radtouren. Beschrieben von *Veit Metzler*.

. . . rund um Jugendherbergen: Bayerische Alpen

Tips für Trips: Ausflugsziele, Wanderungen, Radtouren. Beschrieben von *Veit Metzler*.

. . . rund um Jugendherbergen: Pfalz

Tips für Trips: Ausflugsziele, Wanderungen, Radtouren. Beschrieben von *Heinz R. Wittner*.

. . . rund um Jugendherbergen: Hunsrück-Nahe

Tips für Trips: Ausflugsziele, Wanderungen, Radtouren. Beschrieben von *Heinz R. Wittner*.

. . . rund um Alpenvereinshütten: Mit Kindern im Gebirge

Allgäu und Lechtal.
Beschrieben von *Klaus Umbach, Wilfried Dewald* und *Wolfgang Mayr*.

Wandern mit Kindern und Jugendlichen

Spiele, Abenteuerwanderungen, Wander-Rallye und viele weitere Möglichkeiten.

Wandern mit Kompaß und Karte

und anderen Hilfsmitteln zur Orientierung.
Von *Heinrich Streich*.

Mit Kindern und Jugendlichen im Gebirge

Mit Gruppen im Gebirge – mit der Klasse unterwegs – praktische Tips, Ratschläge und Planungshilfen für Touren.

Radwandern gut vorbereiten Technik – Planung – Tips

Rund ums Rad. Kleine Geschichte des Fahrrads. Das Fahrrad in seinen Einzelteilen.

Wandern gut geplant und vorbereitet

Ratgeber und Wanderregeln.
Von *Friedrich Schuhmacher*.

Auf den Spuren der Römer im Rheinland

Ausflüge zu den Überresten aus römischer Zeit. Beschrieben von *Werner Schönhofen*.

wandern+ radwandern

Die zuverlässigen, tausendfach bewährten Wegweiser mit der Marke ›Kompass‹ und dem roten Punkt

Die schönsten Wanderungen

Allgäu I: Ober-Ostallgäu
Allgäu II: Region Westallgäu
Altmühltal/ Frankenalb Süd
Bayerischer Wald
Berchtesgadener Land
Bergisches Land
Bodensee
Dresden
Eifel (gesamt)
Eifel 1: Ahrgebirge/Osteifel
Eifel 2: Deutsch-Belgischer Naturpark
Eifel 3: Vulkaneifel – Südeifel
Ems – Weser
Erzgebirge
Fichtelgebirge
Fränkische Schweiz/ Frankenalb Nord
Großer Fränkische-Schweiz-Führer
Frankenwald
Frankfurt-Offenbach
Harz
Hohenlohe mit Georg-Fahrbach-Weg
Hohes Venn
Holsteinische Schweiz
Hunsrück
Lüneburger Heide
Mark Brandenburg Ost
Mark Brandenburg West
Mittelrhein
Mosel, Wanderregion
Münsterland
Niederrhein
Oberbayern I: Bayer. Voralpen/West
Oberbayern II: Bayer. Voralpen/Ost
Oberlausitz
Oberschwaben
Odenwald
Ostseeküste/Rügen
Pfalz
Großer Pfalz-Führer
Rhön mit Vogelsberg
Saarland
Sächsische Schweiz
Sauerland
Schwäbische Alb
Schwäbischer Wald
Schwarzwald Mitte: Kinzig – Feldberg
Schwarzwald Nord
Schwarzwald Süd: Feldberg – Rhein
Spessart
Stuttgart mit Schönbuch
Taunus
Teutoburger Wald
Thüringer Wald
Vogtland
VVS-Wanderführer Region Stuttgart
Weser-Leine-Bergland
Westerwald

Streckenwanderwege

Albrandweg
Lech
Mainwanderweg
Moselhöhenwege
Sauerland-Höhenring
Schwarzwaldhöhenwege
Fernwanderwege im Voralpenland
Westpfalz-Wanderwege

Europäische Fernwanderwege

Lexikon Europäische Fernwanderwege

E 1: Flensburg – Genua

E 3: Böhmerwald – Atlantik

E 5: Bodensee – Adria

Große Wanderwege – Übersichtskarte Europäische Fernwanderwege u.a.m. 1:550000 BRD

Wandern in Europa

Dolomiten
Harz-Niederlande-Wanderweg
Kanarische Inseln
Riesengebirge
Teneriffa
Trentino I Ost
Trentino II West
Tschechoslowakei
Vogesen Nord
Vogesen Süd

Wanderbares Österreich

Burgenland
Kärnten
Osttirol
Salzburger Land
Tirol
Vorarlberg
Wien, Wanderregion

Die schönsten Radtouren

Allgäu/Bodensee
Altmühltal/ Frankenalb Süd
Bayerischer Wald
Bergisches Land mit Siegerland
Berlin und Umland
Deutschland, Radfernwandertouren (Ost)
Deutschland, Radfernwandertouren (West)
Donau
Eifel
Fränkische Schweiz/ Frankenalb Nord
Hamburg/Umland
Harz/Weser/Leine
Hohenlohe/Taubergrund
Hunsrück/Saarland
Rad-Deutschland-Tour: Von JH zu JH (Ost)
Rad-Deutschland-Tour: Von JH zu JH (West)
Kurhessen-Waldeck
Lüneburger Heide mit Wendland
Mark Brandenburg Ost
Mark Brandenburg West
Mecklenburg-Vorpommern
Münsterland
Niederrhein 1
Niederrhein 2
Oberrhein – Elsaß I: Heidelberg – Straßburg
Oberrhein – Elsaß II: Straßburg – Basel
Oberschwaben/ Bodensee
Odenwald
Ostfriesland
Ostsee und Holsteinische Schweiz
Ostseeküste/Rügen
Rhein
Rheinhessen – Pfalz
Mit der S-Bahn an Rhein und Ruhr
Rhön/Vogelsberg
Romantische Straße
Ruhrgebiet
Sauerland
Schwäbische Alb
Schwäbischer Wald/ Neckarland
Schwarzwald
Spessart/Kinzigtal/ Fränkisches Weinland
Taunus/Wetterau
Teutoburger Wald
Thüringer Wald
Tour de Baden-Württemberg
Tour de Ländle I
Voralpenland I: Iller – Donau – Lech
Voralpenland II: Lech – Donau – Salzach
Westerwald
Balearen
Belgien
Dänemark
Frankreich
Inn
Loire
Niederlande
Rhône
Schweiz

DJH-Wegweiser

Wandern mit Kompaß und Karte
Spuren der Römer im Rheinland
Spuren der Römer: Rhein – Main
Spuren der Römer: Main – Rems
Spuren der Römer: Rems – Donau
Wandern mit Kindern und Jugendlichen
Wandern gut geplant und vorbereitet
Radwandern gut vorbereiten
Kinder und Jugendliche im Gebirge
...rund um Alpenvereinshütten
...rund um JH: Allgäuer Alpen/ Bayerisch Schwaben
...rund um JH: Bayerische Alpen
...rund um JH: Hunsrück/Nahe
...rund um JH: Pfalz
...rund um JH: Vulkaneifel/Südeifel
...rund um JH: Saarland
...rund um NFH: Pfalz

Radwandern bei der Deutschen Wanderjugend

Bewegung, Wandern, sportliche Betätigung ist seit Jahren in weiten Kreisen der Bevölkerung verbreitet. Die Menschen versuchen, hier einen vernünftigen Ausgleich im Verhältnis zur Hektik des Alltags zu finden.

Die Deutsche Wanderjugend (DWJ) pflegt als Jugendverband natürlich das Wandern. Mit Hinsicht auf jugendpflegerische Aspekte entwickelt sie Methoden und Formen kind- und jugendgerechten Wanderns. Die Gruppen der Deutschen Wanderjugend legen bei ihren Freizeiten und Fahrten neuerdings den Schwerpunkt auf das Radwandern. Dabei gewinnt das Fahrrad als ökologisch sinnvolles Fortbewegungsmittel immer mehr Freunde. Die Radwanderungen bei der Deutschen Wanderjugend erzielen ihre Attraktivität auch aus sozialen und medizinischen Gründen. Regelmäßiges Radfahren dient natürlich der Gesundheit und macht Spaß. Radfahren in der Gruppe fördert soziales Handeln, gegenseitige Rücksichtnahme und vermittelt Natur- und Umwelterlebnisse. Die Gruppen erarbeiten gemeinsam ihre Radstrecken aus, wobei sie besonders Nebenstraßen und Land- und Forstwirtschaftswege bevorzugen. Dadurch gehen sie dem gefährlichen Autoverkehr aus dem Wege. Radwandern ermöglicht aber auch die Erkundung der weiteren Umgebung und bringt den Jugendlichen Land und Leute, Sitten und Gebräuche, historische Stätten, Sehenswürdigkeiten und Naturerlebnisse näher.

Neben dem Radwandern lernen die Kinder und Jugendlichen bei der Wanderjugend natürlich, wie man richtig wandert, erfahren alles über eine wandergerechte Ausrüstung von den Wanderschuhen bis zum Rucksack und über den Umgang mit Kompaß und Karte.

Wandern ist aber nur ein Teil der Aktivitäten. Die Jugendarbeit der Deutschen Wanderjugend umfaßt ein viel breiteres und aktuelles Angebot. Die Jugendgruppen der Wanderjugend legen die Inhalte und Schwerpunkte ihrer Arbeit selbst fest. Im Rahmen einer sinnvollen und aktiven Freizeitgestaltung werden in der Gruppenarbeit oft musisch-kulturelle Aktivitäten bevorzugt: Basteln, Werken, Pantomime, Laienspiel, kreatives Gestalten, Singen und Instrumentalspiel, Volkstanz. Die vielfältige Bildungs- und Jugendarbeit der Deutschen Wanderjugend erstreckt sich auf Freizeiten, Fahrten, Zeltlager, Lehrgänge zur politischen Bildung, internationale Jugendbegegnungen. Eine wichtige Aufgabe stellt der aktive Natur- und Umweltschutz für die Wanderjugend dar.

Wer mehr über uns, die DWJ, wissen will, schreibt an die

DWJ-Bundesgeschäftsstelle,
Wilhelmstraße 39,
D-75378 Bad Liebenzell